治蜀兴川
——论感恩与敬畏公共文化建设

钟佩霖 ◎ 著

四川省社会科学研究"十三五"规划
2016年度一般项目（项目编号 SC16B081）

西南交通大学出版社
· 成 都 ·

图书在版编目（CIP）数据

治蜀兴川：论感恩与敬畏公共文化建设 / 钟佩霖著. 一成都：西南交通大学出版社，2019.6
ISBN 978-7-5643-6923-1

Ⅰ.①治⋯ Ⅱ.①钟⋯ Ⅲ.①公共管理 – 文化工作 – 研究 – 四川 Ⅳ.①G127.71

中国版本图书馆 CIP 数据核字（2019）第 117002 号

治蜀兴川
——论感恩与敬畏公共文化建设

钟佩霖　著

责 任 编 辑	居碧娟
封 面 设 计	墨创文化
出 版 发 行	西南交通大学出版社 （四川省成都市二环路北一段 111 号 西南交通大学创新大厦 21 楼）
发行部电话	028-87600564　028-87600533
邮 政 编 码	610031
网　　　 址	http://www.xnjdcbs.com
印　　　 刷	成都蜀雅印务有限公司
成 品 尺 寸	170 mm × 230 mm
印　　　 张	12.5
字　　　 数	218 千
版　　　 次	2019 年 6 月第 1 版
印　　　 次	2019 年 6 月第 1 次
书　　　 号	ISBN 978-7-5643-6923-1
定　　　 价	78.00 元

图书如有印装质量问题　本社负责退换
版权所有　盗版必究　举报电话：028-87600562

前言

临江仙·滚滚长江东逝水

（明）杨慎

滚滚长江东逝水，浪花淘尽英雄。
是非成败转头空。
青山依旧在，几度夕阳红。

白发渔樵江渚上，惯看秋月春风。
一壶浊酒喜相逢。
古今多少事，都付笑谈中。

  这阕词与四川的渊源之一是作者杨慎系四川新都人，其夫人是与卓文君、薛涛、花蕊夫人齐名的蜀中四大才女之一——黄娥。杨慎，字用修，别号升庵，明代著名文学家，明代三才子之首，以博学著称，《明史》称其"记诵之博，著述之富，有明一代数称第一"。祖父杨春，进士出身，官至湖广提学佥事；父亲杨廷和，也是进士出身，官至东阁大学士、首辅大臣。一门三代进士，还出了一个状元，这样的家族不仅在四川，就是在全国亦属罕见。整个明朝，杨慎是四川出的唯一一个状元。

  《临江仙·滚滚长江东逝水》这首词与四川的渊源之二是大文豪杨慎生活足迹遍布四川多地。如泸州，其在行役途中路过泸州，留下"余甘渡口斜阳外，霭乃渔歌杂棹讴"等诗句，前后"侨寓江阳者十余年，交游日众"。在潜居泸州时，完成了大量学术著作，泸州成了杨升庵的第二故乡。

  《临江仙·滚滚长江东逝水》系杨慎所作《廿一史弹词》第三段《说秦汉》的开场词，清代初期毛纶、毛宗岗父子修评《三国演义》时将其移置

《三国演义》卷首。在1994年出品的《三国演义》电视剧中,该词被谱曲成为片头曲,经杨洪基先生经典演绎后,更是流传四海,家喻户晓。这首词气势恢宏,上阕通过历史现象咏叹宇宙恒在、江水长流、青山永驻,而一代代英雄人物却都转瞬即逝,如浪花一闪。下阕表达词人的淡泊名利、超然洒脱、旷达深邃。作者提炼前人的艺术境界,融入自己的人生顿悟,铺排出高远时空里的荡气回肠。从宰相之家的锦衣玉食,到"白发渔樵江渚上……一壶浊酒喜相逢",巨大的落差里,他悲而不伤,甚至欣喜自在地"惯看秋月春风"。他似乎早已明白"是非成败转头空",于是就有了"青山依旧在,几度夕阳红"的坦然。乐观面对生活中的逆境,不消遁,依然"古今多少事,都付笑谈中"。于历史,于社会,于现实人生,疲惫且清醒的心灵最后发出了千古慨叹![1]

在杨慎试图在如东逝的滔滔江水的岁月之河中探索永恒的宇宙真理,在是非成败如流星闪逝中寻觅人生真谛时,其留给后世的思想和精神已光耀千秋、泽被四海。作者在噩运中积极乐观的人生态度包含了对美好生活的感恩与对浩瀚宇宙的敬畏,是无比宝贵的精神财富。人类的精神和思想是永恒的,文化是精神和思想的血脉,是人类之根。一个国家和民族的衰败定是源于文化之衰败,一个国家和民族的兴盛定会源于文化之兴盛,没有例外。文化强国、文化强省已成为中国和四川省的重要战略,涉及弘扬优秀传统文化、培植文化原创力、塑造文化价值观、发展文化产业、建设公共文化服务体系等方面。本课题研究就是响应号召,发掘、弘扬与创新优秀传统文化,为公共文化服务体系之建设抛砖引玉、推波助澜。

能攻心则反侧自消,从古知兵非好战;
不审势即宽严皆误,后来治蜀要深思。
——(清)赵藩《攻心联》

武侯祠是我国唯一的君臣合祀祠庙和影响最大的三国历史文化遗迹,享有"三国圣地"之美誉。"攻心联"悬于四川省成都市武侯祠内殿堂前正中,写的人物和事件也主要发生在四川。这是这副千古名联的四川渊源。

赵藩(1851—1927)字樾村,一字介庵,别号爱仙,晚号石禅老人,生于云南省剑川县向湖村,白族人,是清末民初著名的政治家、学者、诗人和书法家,时任四川盐茶使者,辛亥革命后被举荐为众议院议员,作为

---

[1] 散文网 http://www.sanwen.com/sanwen/1292257.html。

云南军政府代表出任孙中山领导的护法军政府七总裁之一兼交通部部长。赵藩于清光绪二十八年（1902）撰书"攻心联"，是武侯祠50多副对联中最负盛名的一副。

"攻心联"对仗工整，"攻心"对"审势"，"知兵"对"治蜀"，为动宾结构；"反侧"对"宽严"，为并列结构。全联节奏清晰，为八七句式，节奏点均平仄相对、交替。此联主张以史为鉴，提出了"后来治蜀要深思"，寓意深远且书法精美，是不可多得的名联，为联中极品，深得人们喜爱，毛泽东和邓小平也给予"攻心联"高度评价。

历史是现实的一面镜子，读古而知今。后来治蜀要深思，深思什么？要攻心！要审时度势！要因时而变，因势而变！培根在《习惯论》中写道："思想决定行为，行为决定习惯，习惯决定性格，性格决定命运。"而思想由什么决定，从根本上说是文化。从人类与社会发展的时与势的角度，以文化人、文化育人是历史潮流，是人类发展亘古不变的风口。各个时期的人们对"攻心联"都有许多思考、认识和解读，尽管解读的角度不尽相同，但多有借古鉴今、古为今用、治蜀兴川的愿望，这也是本课题的缘起之一。

钟佩霖
2018年11月

目 录

绪 论 ……………………………………………………………………001
 一、选题背景及意义 ………………………………………………001
 二、文献综述 ………………………………………………………006
 三、研究重点、难点和创新点 ……………………………………022
 四、研究思路和方法 ………………………………………………022

第一章 公共文化及相关概念的内涵 ……………………………024
第一节 公共文化的概念、特征与功能 ……………………………024
 一、公共文化的相关概念 …………………………………………024
 二、公共文化的主要特征 …………………………………………026
 三、公共文化的主要功能 …………………………………………028

第二节 感恩文化的含义与内容 ……………………………………031
 一、基本概念释义 …………………………………………………031
 二、感恩文化的内涵诠释 …………………………………………031
 三、感恩文化的主要内容 …………………………………………033

第三节 敬畏文化的含义与内容 ……………………………………041
 一、基本概念释义 …………………………………………………042
 二、敬畏文化的内涵诠释 …………………………………………042
 三、敬畏文化的主要内容 …………………………………………043

第二章 四川省公共文化建设的问题与原因 ……………………052
第一节 四川省公共文化建设的现状 ………………………………052
 一、四川省公共文化建设成就 ……………………………………052
 二、四川省公共文化建设存在的问题 ……………………………054

第二节　四川省公共文化建设的困境……055
一、感恩与敬畏文化挖掘浅且文旅融合发展不深……055
二、培育大众社会主义核心价值观内生动力不足……056
三、供给主体的定位失准出现多元合作明显乏力……056
四、供需双方沟通不畅使供给需求错位现象频发……057
五、公众参与和公众支持的力度呈现出两极分化……058
六、多元化资金投入不足致使资金投入相对匮乏……059
七、城镇更新文化内核认识浅导致文化品位不高……060

第三节　四川省公共文化建设困境成因……061
一、对感恩与敬畏文化价值认识不深……061
二、社会主义核心价值观的内化障碍……061
三、供给主体观念滞后致使供给乏力……062
四、公民文化自省迟缓，文化认知不足……063
五、供给方式粗放，缺乏管理精准性……064
六、运行机制不成熟，缺乏供给稳定性……064
七、对城镇更新的文化内核认识不清……066

第三章　四川感恩与敬畏文化的形态与具体表现……067

第一节　感恩先辈：巴蜀名人故事……067
一、川人来源……067
二、川人性格……068
三、川人交往……070
四、川人精神……071
五、四川名人……072

第二节　敬畏人民（一）："攻心联"的故事……086
一、有关"攻心联"的解读之一……086
二、有关"攻心联"的解读之二……087
三、与"攻心联"有关的两个典故……098

第三节　敬畏人民（二）：四川保路运动……099
一、四川保路运动缘由……099
二、四川保路运动过程……100
三、四川保路运动意义……101

第四节　敬畏生命　珍爱和平（一）：南宋城堡的故事……101

　　　　一、烽火通信……………………………………………101
　　　　二、筑城工事……………………………………………103
　　　　三、背叛之恨……………………………………………105
　　　　四、决战之际……………………………………………106
　　　　五、丹青墨画……………………………………………108
　　第五节　敬畏生命　珍爱和平（二）：湖广填四川的故事……109
　　　　一、战乱之始：抗击金蒙………………………………110
　　　　二、战乱之继：农民起义………………………………110
　　　　三、战乱之续：清初战乱………………………………111
　　第六节　敬畏历史（一）：红军长征的四川故事………………111
　　　　一、长征背景……………………………………………112
　　　　二、四川足迹……………………………………………113
　　第六节　敬畏历史（二）：四川抗战的故事……………………118
　　　　一、为国为民，川军出川………………………………118
　　　　二、舍身救国，英勇抗战………………………………119
　　第七节　敬畏历史（三）：建川博物馆的故事…………………123
　　　　一、景点介绍……………………………………………123
　　　　二、创建历程……………………………………………124
　　　　三、建筑布局……………………………………………124
　　　　四、建馆情怀……………………………………………130

第四章　感恩与敬畏文化在治蜀兴川中的作用……………………132
　　第一节　感恩与敬畏文化和美丽四川的创建…………………132
　　　　一、四川为何美丽，感恩美丽四川……………………132
　　　　二、敬畏自然家园，创建美丽四川……………………143
　　　　三、敬畏市场规律，雄起四川力量……………………144
　　　　四、感恩先民创造，弘扬四川文化……………………146
　　第二节　感恩与敬畏文化和多难四川的重建…………………150
　　　　一、在敬畏中总结教训，在多难中奋进………………150
　　　　二、在感恩中总结经验，化悲壮为豪迈………………153
　　第三节　感恩与敬畏文化和法治四川的构建…………………159
　　　　一、敬畏历史与法治四川的构建………………………160
　　　　二、感恩人民与法治四川的构建………………………160

第四节　感恩与敬畏文化和团结四川的构建 ·················· 161
　　　　一、感恩祖国，民族团结铸就繁荣复兴 ···················· 161
　　　　二、感恩人民，民族团结同奔全面小康 ···················· 162
　　　　三、敬畏历史，民族团结发扬优秀文化 ···················· 163
　　第五节　感恩与敬畏文化和开放四川的构建 ·················· 164
　　　　一、感恩时代，开放四川结硕果 ·························· 165
　　　　二、敬畏历史，改革开放续华章 ·························· 166

第五章　感恩与敬畏文化的价值和四川公共文化建设的对策建议 ··· 168
　　第一节　感恩与敬畏文化的价值 ···························· 168
　　　　一、感恩与敬畏文化是中国优秀传统文化的两大基石 ········ 168
　　　　二、感恩与敬畏文化是社会主义核心价值观的内核 ·········· 173
　　第二节　加强四川省公共文化建设的宏观建议 ················ 176
　　　　一、以感恩和敬畏文化夯实民众的核心价值观 ·············· 177
　　　　二、积极培育多元化的主体，强力促成供给合力 ············ 177
　　　　三、积极鼓励公民个体参与，不断增强供给意识 ············ 179
　　　　四、合理选择供给方式，逐渐增强供给的科学性 ············ 179
　　　　五、完善供给运行机制，不断提高模式运行效率 ············ 181
　　　　六、城镇更新以文化为内核，建可持续精神家园 ············ 181
　　　　七、走出文旅融合新路，展生态之美，呈人文之韵 ·········· 182

参考文献 ·· 184

后　　记 ·· 188

绪 论

一、选题背景及意义

做什么人？走什么路？为什么而活？这是每一个人一生都要时常想的人生三大哲学问题。我们要建设什么样的家园？走什么样的建设道路？为什么样的宏伟目标而建设？这也是我们必须要时常准确把握的时代课题。中国共产党代表全国各族人民在对国际、国内形势和全球实际精准把握和科学论证的基础上，具有前瞻性地给出了答案：我们的近期理想是建成小康社会，中期理想是建成社会主义现代化国家，远大理想是实现共产主义。要实现近期理想、中期理想和远大理想，我们要走新时代中国特色社会主义道路。有了明确的道路，有了伟大的理想和目标，怎样才能脚踏实地、坚定不移、不懈奋斗？这就必须要有为实现理想提供强大精神动力的伟大信念，这个信念就是习近平总书记所强调的：不忘初心，方得始终。全心全意为人民服务，实现中华民族的伟大复兴。人的理想和信念从何而来？我的理解是依靠文化，文化依靠学习、教育和宣传。所以笔者以公共文化建设为视角，探索治蜀兴川的路径，其背景和意义大致有以下几个方面。

（一）以文化人——从源头改变人们的行为

利益可能改变世界，但能支配世界的只有思想。思想从何而来，最主要从文化中来。人们常说"屁股决定脑袋"，这是利益的驱使，而"脑袋指挥屁股"，却是思想的重生。人的行为常常受到利益驱使，可利益本身以及人的身外之物，均是由思想支配的。英国经济学家凯恩斯认为，思想超过利益，具有支配力量。英国资产阶级革命和法国大革命都是资产阶级革命，但是产生了不同的结果：英国走向君主立宪制，法国走向民主共和制，表面是阶级利益的驱使，本质是思想的不同，根源是文化的差异。当代各国限制权力的宪法，就是人类文明成果从利益走向文化的体现。

文化是一种社会精神力量，深植于每个民族的生命力、创新力和凝聚力之中，是一个民族源远流长、生生不息的精神基因，是世界各国公认的综合国力的重要标志。在一定地域范围内劳作、栖息的人们在适应、影响和改变环境的过程中,通过转变社会组织结构与机能,并在社会制度、社会规范、风俗习惯等的影响和制约下,慢慢形成这一地域范围内的独特的民族或地域文化。而这些大浪淘沙似的经过时间积淀下来的文化成果铸就了一个民族独有的文化标识和文化基因。

文化的形成、发展及变化过程是人们与环境相互作用的过程,是人们适应和改变世界的结果。一方水土养一方人,一方人又不断影响着一方水土。不同地域、不同民族的人们在不同文化的形成过程中,使世界文化富有多样性。因此生活在世界各大洲不同肤色的人们虽然有着相似的生理结构,但是却有着诸多不同的心理和行为。而在不同文化下生活的人普遍具有的心理和行为特征,均已经深深地根植于当地的传统文化之中。地大物博、幅员辽阔的中国,不同地域有自然、民族、社会、经济等方面的特色与差异,形成了不同的地域文化。地域文化如同涓涓细流,共同汇入中国文化的大海。而中国文化也以润物细无声的点滴之势深刻影响着各个地域文化。本书旨在以四川文化建设为切入点,对其历史文化的发展进行梳理,以期弘扬地方优秀公共文化,不断推动和繁荣四川先进文化建设。

(二)文化强省——顺应文化强国的时代召唤

古人云:"欲灭一国,必先除其文化。"文化是一个国家或民族生存和发展的基础。印度河流域文明的消亡,主要归咎于其文化的消失、中断以致传承断续,其承载文化的语言和文字都亡了。所以才引起了一系列的连锁反应。中国文明一直延续到今天是因为中国文明内核的中华文化不曾断灭。砥砺前行的中华文化铸就了中国文明,中国文明对推动人类历史的前进作出了不可磨灭的贡献。这也是中国成为世界举足轻重、经济腾飞并屹立于世界民族之林的国家的真正底气之所在,这也是我们中华民族伟大复兴的精神内核和原动力。对一个国家而言,文化强则国强,文化弱则国弱,文化亡则国亡。强国必须强文化,而先进文化不但可以强国、强省,而且还可以凝聚民族气节,进行精神价值引领。

自党的十八大以来,以习近平同志为核心的党中央,将文化建设提到了前所未有的高度。习近平就文化建设作了一系列重要的讲话,如讲到了"四个自信",其中之一就是文化自信。党中央和国务院就文化建设工作做了一系列的安排和部署,如党中央提出了"五位一体"的战略部署,其中就包括了文化建设。而且,习总书记还在不同的场合、多个重要讲话中强调了中国要走文化强国之路。与此同时还分析了文化对于一个国家的综合实力、竞争力的重要性。这是一个国家在宏观层面的文化战略布局。

建成全面小康，成为富强、民主、文明、和谐、美丽的社会主义现代化国家，既要实现中国人民物质生活的改善和提高，也要实现精神生活的丰足和充盈。改善和提高人民的精神生活，就要重视和加强文化建设。近年来，四川省委省政府高度重视四川的文化建设，与文化强国的国家层面宏观背景遥相呼应，将中央和习总书记关于文化建设的讲话精神融会贯通，并结合四川文化建设的具体情况，实事求是，开拓创新，提出了一系列全面而重大的建设性举措。如省委提出四川的文化建设一定要与我们四川作为西部经济高地的地位相适应，提出四川要多出精品，要打造"文艺川军"等要求。经过"十二五"时期的发展，全国、全省的文化事业建设、文化产业发展呈现出勃勃生机，并在长期的建设中取得了丰硕的成果。四川省文化建设从多项发展指标看已经排在了全国前列，发展态势良好。可以说，全国、全省的文化建设经过"十二五"时期，取得了长足发展，为进一步推动文化强国、文化强省的建设奠定了坚实基础。

（三）幸福人民——响应中国社会主要矛盾的指引

毛泽东同志指出："在复杂的事物的发展过程中，有许多的矛盾存在，其中必有一种是主要的矛盾，由于它的存在和发展规定或影响着其他矛盾的存在和发展……任何过程如果有多数矛盾存在的话，其中必定有一种是主要的，起着领导的、决定的作用，其他则处于次要和服从的地位。"[①]中华人民共和国成立后，百废待兴、积贫积弱，人民日益增长的物质文化需要同落后的生产力之间的矛盾成为社会的主要矛盾。因此，中国共产党把大力发展社会生产力作为解决主要矛盾的根本途径。经过全国各族人民的奋发图强、自力更生、艰苦奋斗，特别是改革开放40年来，我国社会生产力水平突飞猛进，生产能力全面增强，国内生产总值稳居世界第二，取得举世瞩目的伟大成就。同时，我国作为世界上人口最多的国家，到2020年要全面建成小康社会。在基本满足物质文化需要后，人民向往的美好生活呈现出广泛而丰富的特点，对物质与文化、环境与安全、公平与正义、民主与法治等方面的需要与日俱增，与人民安居乐业幸福指数紧密相关的就业、教育、医疗、居住、养老等方面的难题亟待解决。在基本解决落后的社会生产力之后，日益凸显的问题是发展的不平衡与不充分，制约和影响着人们美好生活的实现。比如，从今天人们的生活来看，一些人物质财富

---

① 毛泽东：《毛泽东选集》，人民出版社1991年版。

有了极大丰富，幸福感却没有同步增加。这告诉我们，物质财富带来的幸福感短暂并且有可能有害，而精神世界的丰富则更能提高人们的幸福感，如科学的理想、坚定的信仰、富足的情感、自我的实现、丰富的内心等。人类发展的历史告诉我们，真正流传于世的更多是人类的精神财富，比如文明与文化。而物质世界的变化，更多是形态与数量的变化。

顺应时势的发展变化，党的十九大报告指出，中国特色社会主义进入新时代，我国社会主要矛盾已经转化为人民日益增长的美好生活需要和不平衡不充分的发展之间的矛盾。①这是中国共产党坚持马克思主义世界观和方法论，综合和客观地分析历史和现实、理论和实践、国内和国际等方面情况所得出的结论。从人类社会和我国社会发展的历史方位，从中华民族和国家事业发展的大局角度，得出科学而正确的结论，具有深厚的理论依据和坚实的现实基础。这也是实施"五位一体"和"四个全面"战略布局的具体体现和外在表征，充分地表达了人民不仅需要高度发达的物质和文化发展的愿望，也需要绿水青山、清新空气的愿望，更需要政治廉洁、法制健全、国防强大和社会和谐的愿望。

（四）助力复兴——挖掘优秀传统文化内核

在中国近现代史上，当八国联军占领北京，中华民族生死存亡的时候，北京卫戍部队的官员王懿荣，在八国联军进入的那一天自杀了，自杀时书桌上还放着甲骨文的残片。王懿荣是甲骨文的发现者，而甲骨文告诉当时苦难中的中国人，4000多年前我们的祖先曾经创建了一个伟大的商代。也是在八国联军侵入北京的那两天，在敦煌发现了藏经洞，告诉大家我们的祖先还开创了一个盛世叫唐代。②值得中国人牢记的两个石破天惊的事件，是历史的巧合，还是生生不息的中华文明的抗争？无论是甲骨文还是敦煌经卷，都是我们中华儿女精神血脉的载体，是我们传承文明的手段。从历史传承的角度，滚滚长江东逝水，浪花淘尽英雄，古今王侯将相、富贵达人不可胜数，留名后世、泽被苍生的却寥寥无几，只有卓越不凡、心怀大爱而敢于立言者，才能为后世所记诵。如《史记·太史公自序》："古者富贵而名摩灭，不可胜记，唯倜傥非常之人称焉。盖西伯拘而演《周易》；仲

---

① 《习近平在中国共产党第十九次全国代表大会上的报告》，《人民日报》，2017年10月28日。
② 唐加文：《梳理中华文明的基本脉络》，《科学大观园》2012年第21期，第70-72页。

尼厄而作《春秋》；屈原放逐，乃赋《离骚》；左丘失明，厥有《国语》；孙子膑脚，《兵法》修列；不韦迁蜀，世传《吕览》；韩非囚秦，《说难》《孤愤》；《诗》三百篇，大底圣贤发愤之所为作也。"古人之言包含修身、齐家、治国及平天下。旨、疏、词、文、诗、章、简、约、信、函、儒、释、道、兵、民、官，无不有言，而优秀的传统文化正是藏于其中，是人类之精神食粮和文化瑰宝。

在纪念中国共产党成立95周年大会上，习近平总书记指出："坚持不忘初心、继续前进，就要坚持中国特色社会主义道路自信、理论自信、制度自信、文化自信，坚持党的基本路线不动摇，不断把中国特色社会主义伟大事业推向前进。"①其中，文化自信是推动个人、国家、社会前进的精神力量，是更基础、更广泛、更深厚的自信。源远流长的中国优秀传统文化是我们文化自信的前提和基础，为文化强国提供了深厚的文化底蕴和支撑，而感恩与敬畏文化就是中国优秀传统文化的两大基石。感恩与敬畏文化旨在以人为本，致力于人类的可持续发展。敬畏文化可以让人们有敬畏，因敬生畏，远离危难，更加平安地生活。感恩文化可以使人们心中有爱，感恩、报恩、施恩，更加幸福地生活。所以感恩与敬畏文化就是解决安全与发展的文化，理应成为社会公共文化建设的核心，为中华民族伟大复兴注入强大的智慧力量。

（五）以知促行——践行习近平新时代中国特色社会主义思想"四川篇"

良知是指路明灯，它永远明亮，指引人们前行之路。如《大学》中所说："大学之道，在明明德，在亲民，在止于至善。"也如康德所言："有两种东西，我们对它们的思考越是深沉和持久，它们所唤起的那种越来越大的惊奇和敬畏就会充溢我们的心灵，这就是繁星密布的苍穹和我心中的道德律。"②人们怎样才能致良知？《礼记·大学》言："古之欲明明德于天下者，先治其国；欲治其国者，先齐其家；欲齐其家者，先修其身；欲修其身者，先正其心；欲正其心者，先诚其意；欲诚其意者，先致其知；致知在格物。物格而后知至，知至而后意诚，意诚而后心正，心正而后身修，身修而后家齐，家齐而后国治，国治而后天下平。"

---

① 《习近平在庆祝中国共产党成立95周年大会上的讲话》，《人民日报》2016年7月2日。
② 康德：《实践理性批判》，商务印书馆1992年版。

党的十八大以来，习近平总书记关心四川工作，多次发表重要讲话和指示，涉及四川工作的方方面面，这是我们四川做好各项工作的指导思想。这就是我们治蜀兴川的"知"，不忘初心、真知必行、方得始终。今天四川发展已经站在新的起点，面对新时代、新形势、新挑战，我们要以习近平总书记对四川工作重要指示精神为指导，进一步解放思想、统一认识、理清思路、完善举措，推动治蜀兴川再上新台阶。中共四川省委十一届三次全会于2018年6月29日至30日在成都召开，研究部署深入贯彻习近平新时代中国特色社会主义思想"四川篇"，审议通过了《中共四川省委关于深入学习贯彻习近平总书记对四川工作系列重要指示精神的决定》和《中共四川省委关于全面推动高质量发展的决定》。从公共文化建设与服务的角度讲，感恩与敬畏文化就是治蜀兴川的道德准则和"良知"。

二、文献综述

（一）感恩与敬畏文化的文献综述

与感恩相关的著作有：①李昊天、高富强、李谨主编《感恩》，其主要内容是：感恩是革命老区广元人民的精神与传统，广元儿女从感恩中砥砺前行。在汶川特大地震灾后，红色土地上的广元儿女心怀感恩，众志成城，重建美好家园的事迹。[①] ②闵南主编《感恩老师——有一种大爱叫无私奉献》突出一种关爱叫无微不至，感恩从心开始，让爱温暖人间，是青少年的有益读本。[②] ③杨建峰主编《感恩的心》汇集了关于感恩父爱、母爱、亲情、伴侣、老师、朋友的一系列优秀文章。[③] ④王龙君编著了《学会施恩懂得感恩》，认为当今社会，人和人之间的身体距离很近，但心的距离却遥不可及。学会施恩，懂得感恩使我们凡事以一颗感恩的心去面对，让我们在感恩中重新寻找到成功人生的幸福。[④] ⑤杨英编著《感恩的心大全集》所述：一个懂得感恩的人，才是生活中的智者。一颗感恩的心，是人类心田中真、善、美的种子。它发芽之后，会开出爱心之花，结出善良之果。而我们的人生也将由此进入与众不同的新世界。愿我们都能修一颗感恩的

[①] 李昊天、高富强、李谨：《感恩》，四川美术出版社2011年版。
[②] 闵南：《感恩老师——有一种大爱叫无私奉献》，吉林大学出版社2011年版。
[③] 杨建峰：《感恩的心》，蓝天出版社2016年版。
[④] 王龙君：《学会施恩懂得感恩》，吉林大学出版社2010年版。

心，激发心灵深处的真、善、美，忘记生活里的烦恼，实现快乐的生命旅程，找到真的幸福。①

与敬畏相关的著作有：① 史怀哲著《敬畏生命：史怀哲自传》。在书中，史怀哲细述了自己传奇的生活经历，也对道德伦理、生命本质等人生问题发表了独到的洞见。他的人生历程和思想闪光在今天这样一个年代具有领航人一样的意义。史怀哲是欧洲优秀文化孕育出的杰出人物，诺贝尔和平奖获得者。这是一本关于敬畏生命的经典著作。② ② 丁照著《一个令人敬畏的星球：地球究竟是什么？》。作者通过全方位论述，说明了文明诞生与发展所需的各种自然条件的极端复杂性和敏感性，并以非线性科学的观点说明了地球演化过程的不可重复性。作者还通过对生命本质的理解，说明地球演化与生命发育的共同点，从另一个角度提出了对地球的认识，以进一步激发人们对地球的敬畏之心。作者还论述了人类的弱点和地球环境的未来趋势，说明人类必将战胜各种挑战，迎来光辉的未来。本书旨在促进人与自然的和谐相处，促进人类的自尊自爱，促进人们珍惜宇宙中这颗独有的文明星球。本书是一本关于敬畏地球的精品著作。③ ③ 袁卫星著《心存敬畏》。书中观点：敬畏是对内心的审视，对情感价值的追求，对自我以外他者的尊重。④ ④ 俞可平著《敬畏民意：中国的民主治理与政治改革》。著述重要论点之一是强调从制度上保障"权为民所用""权为民所赋"和"权为民所有"的重要性。⑤ ⑤ 钟佩霖著《感恩与敬畏——双心教育论》首次提出了双心教育论，分析了双心教育的内涵、价值意蕴、实现机理和理论建构、实践路径等。⑥

与治蜀兴川相关的著作有：① 裴泽庆、李翔宇著《四个全面战略引领下治蜀兴川的基层实践》，提供了治蜀兴川许多典型基层案例。⑦ ② 中共四川省委组织部编写的《治蜀兴川的改革新路》《治蜀兴川重在厉行法治》《治

---

① 杨英：《感恩的心大全集》，中国华侨出版社 2011 年版。
② 阿尔贝特·史怀哲：《敬畏生命：史怀哲自传》，江苏凤凰文艺出版社 2017 年版。
③ 丁照：《一个令人敬畏的星球——地球究竟是什么？》，清华大学出版社 2016 年版。
④ 袁卫星：《心存敬畏》，福建教育出版社 2013 年版。
⑤ 俞可平：《敬畏民意：中国的民主治理与政治改革》，中央编译出版社 2012 年版。
⑥ 钟佩霖：《感恩与敬畏——双心教育论》，四川大学出版社 2016 年版。
⑦ 裴泽庆、李翔宇：《四个全面战略引领下治蜀兴川的基层实践》，西南财经大学出版社 2016 年版。

蜀兴川关键在全面从严治党》，比较全面地展示了四川省委治蜀兴川的战略思想和实践成果，指出了当代治蜀兴川的路径在改革，重点在法治，关键在治党。③ 中共四川省委组织部编写的《治蜀兴川的全面小康之路》，分析了四川全面小康的背景、机遇、战略、实践。①

以感恩与敬畏公共文化建设为视角论治蜀兴川的著作，目前尚无。

我们以"感恩与敬畏"为主题，通过 CNKI（中国学术文献网络出版总库）共搜得相关文章 1 篇；以"感恩与敬畏公共文化"为主题，通过 CNKI 共搜得相关文章 0 篇；以"感恩文化"为主题，通过 CNKI 共搜得相关文章 836 篇；以"敬畏文化"为主题，通过 CNKI 共搜得相关文章 18 篇。

通过对目前理论学术界现有的专著和期刊论文等研究成果的分析来看，研究主要集中于期刊论文。对感恩文化与敬畏文化的教育研究主要集中在几个方面，即提出依据研究、形成过程研究、内涵研究、当代价值和意义研究、感恩文化的形成路径研究、敬畏文化的形成路径。下面就主要从这几个方面分别进行综合论述。

1. 关于感恩文化和敬畏文化及相关概念提出的内涵研究

万平认为儒家感恩文化是中国传统感恩文化的重要思想来源，其核心理念是儒家孝道。儒家感恩文化核心理念的内涵具体表现为感恩生命、珍惜生命；孝敬父母、遵从父母；感恩宗族、崇拜祖先；感恩自然、效忠国家。儒家感恩文化对现代社会具有重要的哲学价值、伦理价值和政治价值。②

钟铧、解芳指出，作为道德品质的感恩有广义与狭义之分，中国传统感恩文化重视受恩者对施恩者的感恩，轻视受恩者向施恩者之外的其他人的施恩；而西方感恩文化既重视狭义的感恩又强调受恩者对施恩者之外的其他人的感恩。感恩教育亦有广义、狭义之分，广义的感恩教育具有培养施恩品质的必然性，并且在施恩教育效果方面分段式优于渗透式。③

陈伊生认为感恩文化的内涵生动地体现在以下几个方面：强调珍惜生命；强调孝敬父母；强调祭祖敬宗；强调爱国爱民；强调敬畏天地。④

---

① 中共四川省委组织部：《治蜀兴川的全面小康之路》，四川人民出版社 2016 年版。

② 万平：《论儒家感恩文化的核心理念及其现代价值》，《湖南社会科学》2011 年第 5 期，第 43 页。

③ 钟铧、解芳：《感恩·感恩文化·感恩教育》，《德州学院学报》2013 年第 1 期，第 89 页。

④ 陈伊生：《论感恩文化的内涵与当代价值》，《湖北函授大学学报》2016 年第 12 期，第 77 页。

李澍指出儒家思想观下的高校校园感恩文化内涵包括：孝敬父母、尊重师长、报效祖国和社会、保护自然。①

湛红艳认为，感恩不是与生俱来的高尚品德，它需要教育者的点拨和引导，从而沿着"善"的理念轨迹发展，经历了感恩意识的确立、情感态度的形成、行为习惯的养成等阶段，从而内化和积淀成人的个性品质，进而外化于行。从这个层面上来讲，感恩教育主要是作为教育主体的教育者科学合理地采纳和运用一定的教育手段和方法，对作为客体的受教育者有目的、有步骤地实施知恩、感恩、报恩和施恩的教育。②

张利燕、侯小花指出，感恩可以区分为状态感恩和特质感恩。状态感恩表现为个体在接受某种恩惠或者是他者的好处时所产生的情绪状态和心境状态；特质感恩表现为体验感恩情绪的心理倾向。作者就当前比较流行的几种关于感恩的概念进行了分析和探究，最后得出，感恩在其本质规定性上是一种道德情感。③

何安明、刘华山认为，感恩是个体认识到施恩者所给予自己的恩惠或帮助基础上产生的一种感激并力图有所回报的情感特质，是知、情、行的有机统一，是一种积极的、具有道德意义的人格特质；把感恩的操作定义为即时性或持久性感知和体验、表达和回报他人、社会及自然恩惠的情感特质。④

刘洪指出，人不仅是自然界的"生物人"，更是社会大集体中的"社会人"。人的这种"社会化"的社会性必须通过学习群体文化、承担社会角色和掌握运用社会规范来实现"化"的过程。而在这个过程中，要懂得恩情、感恩和感恩教育的真正价值所在。所以说，感恩教育是作为主体的教育者对作为客体的受教育者运用一定的教育方法和教育技巧，通过一定形式的恰当的教学内容对受教育者实施的识恩、知恩、感恩、报恩和施恩的人文教育，是一种以情动情的情感教育，是一种以德报德的道德教育，更是以

---

① 李澍：《儒家思想观下的高校校园感恩文化内涵》，《中国集体经济》2010年第25期，第135-174页。
② 湛红艳：《学生感恩教育探析》，《中国成人教育》2008年第11期，第79页。
③ 张利燕、侯小花：《感恩：概念、测量及其相关研究》，《心理科学》2010年第2期，第393页。
④ 何安明、刘华山：《感恩的内涵、价值及其教育艺术探析》，《黑龙江高教研究》2012年第4期，第92页。

人性唤起人性的人文关怀教育。①

张晓洪、孙渝莉指出，感恩虽然根源于人的本质规定性，但感恩并非是人与生俱来的显意识和行为，它需要教育来点拨和引导，从而使感恩成为人的一种心态、一种品德、一种责任，并且外化为感恩的行为。因而，感恩教育就是教育者从人的本质属性出发，通过一定的教育方法引导受教育者在从自然、他人和社会那里获得便利或帮助之后，在其内心燃起真诚感激的道德认知，并希望采取一定形式予以回馈的行为。②

张海鸥、唐碧红认为，敬畏，是人类特有的一种非常高贵的精神形态。面对宇宙自然、社会历史、文化或知识、情感或理念，人类常常怀有一种敬畏感，这是推动或支撑人类进取向上的精神动力。不同的文化有不尽相同的敬畏方式和内涵，如宗教形式、"诗意栖居""仰望天空"，又如《论语》所载"君子有三畏：畏天命，畏大人，畏圣人之言"。③

任剑涛认为，以文化比较的视阈来看，儒家传统和基督教传统中对于敬畏之心有各自不同的认同与理解。经过纵向和横向的比较而言，这两种敬畏不论在价值构成、理论结构上，还是在论述方式和实践导向上，都有旨趣上的差异性。第一个差异是儒家的敬畏之心落到了圣人之言上，有着明显"向后看"的特点，而基督教的敬畏之心是对千禧王国的殷切期盼，构成了基督教放眼更为辉煌的未来的视界。第二个差异是儒家传统中表达了对于天的敬畏之心，具有某种宗教性质，但是儒家传统中更为重视的还是人伦关系，而基督教传统中虽然有人的向度和倾向，但却是以神为中心的，基督教敬畏的是神而不是人。④

武元婧认为，从理论渊源上来说，施韦泽敬畏生命的伦理思想受到了基督教文化和东方哲学思想的影响，其理论具有非人类中心主义、乐观主义和人道主义的特征，敬畏生命这一中心原则在理论构建上具有肯定世界、肯定生命意志、肯定生命存在价值及肯定所有生命是伦理观照对象四个层

---

① 刘洪：《高校感恩教育的内涵及实施途径》，《学校党建与思想教育》2008年第12期，第48页。
② 张晓洪、孙渝莉：《大学生感恩的心理机制及干预途径研究》，《学校党建与思想教育》2015年第5期，第11页。
③ 张海鸥、唐碧红：《从〈孔子〉看国学的缺失和文化的敬畏之心》，《电影艺术》2010年第3期，第62页。
④ 任剑涛：《敬畏之心：儒家立论及其与基督教的差异》，《中国哲学》2008年第8期，第50页。

次,并具有敬畏自身生命、敬畏自然与所有生命以及人道主义实施三个基本准则。虽然施韦泽敬畏生命的伦理学本身也具有局限性,但对于人们反思自身与现代性以及生态伦理的发展具有积极的启示意义。①

余卫国指出,敬畏和建构社会主义和谐社会有着内在的必然联系,所以,首先得搞清楚敬畏之心的内涵及其构成要素,这里主要是以"君子三畏"来区别于小人之为。第一层次是有德无德;第二层次是有畏无畏;第三层次是知与不知。②

王强指出,敬畏法律的文化自觉,指的是当前中国特色社会主义法治文化建设进程中,在理性思维上形成的对社会主义法治文化发展规律的认识,在观念上形成的对社会主义法治的真诚信仰,在行动上形成的遵守与捍卫社会主义法治的自觉实践。③

2. 关于感恩意识和敬畏意识缺失的原因分析研究

严加银认为,青少年感恩意识的缺失是综合因素共同作用的结果,主要与其成长的家庭背景、学校教育和社会大环境密切相关。主要原因有:第一,我国传统伦理道德在历史继承上出现脱节,使青少年感恩教育失去文化土壤;第二,家庭中的溺爱、感恩教育错位和不作为,让孩子在成长逐渐形成了以我为中心思维方式和行为习惯,潜意识中阻碍了感恩意识的真正形成;第三,学校的教育体制、教育手段和评价体系过于单一,道德教育存在着错位和不足,在一定程度上忽视了对学生的感恩教育和责任教育;第四,在市场经济的冲击下,社会文化和价值观念的多元化以及年轻一代人文思想欠缺所造成的人际关系功利化和物质化。④

张玉嵩指出,感恩是大学生的基本道德素质。但是,当前国人感恩意识缺失的现象比较普遍,其主要原因有:重要因素是家庭极少对孩子进行感恩教育导致其感恩意识淡化;主要因素是学校教育重智育轻德育导致学生感恩意识淡化;深层因素是社会舆论宣传不够导致学生社会感恩氛围

---

① 武元婧:《施韦泽敬畏生命的伦理思想及其当代启示》,《新西部》2016年第24期,第99页。
② 余卫国:《敬畏之心的存有与和谐社会的建构——"君子三畏"及其现代意义》,《湖北社会科学》2011年第6期,第108页。
③ 王强:《培养敬畏法律的文化自觉问题研究》,《西安政治学院学报》2015年第1期,第108页。
④ 严加银:《当代青少年感恩教育探究——以传统孝道为视角》,《西南大学学报》2008年第4期,第152页。

淡薄。①

彭春丽、张宝指出，因为感恩意识缺失，产生了很多社会问题。当前，大学生感恩意识缺乏的真正原因有：一是家庭教育乏力；二是系统教育脱节；三是教育方式陈旧；四是教育取向偏差。②

汤海丽、吴玉明认为，随着社会变迁和现代化进程的不断推进，现代西方感恩文化的植入，中国传统感恩文化受到前所未有的冲击，适应社会主义市场经济发展的新型感恩文化尚在构建。这一时期社会上很容易出现感恩文化的结构性失调。社会成员所认同的一些传统感恩价值标准与我们渐行渐远，而曾经被否定和排斥的道德却逐渐成为许多人的日常行为准则；它反映了当下社会感恩价值标准的双重性或多重性。③

白建国指出，中外历史上有很多人怀着敬畏之心，认真对待文化，尊重文化。但是在推动文化发展的过程中，还有些人对文化的认识存在偏颇，内心没有敬畏之心。比如，将文化功利化，把神圣的文化当作赚钱的招牌。有的"卖文化"，看到一幅字画、一件文玩，第一判断就是"值多少钱"，而不是去关心文化的品位与价值；有的以"救世主"自居，大谈所谓的振兴文化，其实根本不懂文化；有的将文化庸俗化，甚至恶搞文化。凡此种种，内心失去了对文化的敬畏与尊重，其结果肯定不会有文化的创新与发展。④

3. 关于感恩文化和敬畏文化建设路径的研究

徐仁成、赵霞认为，在高校的感恩教育中应融入传统文化，这样才会对人的内心思想及意识培养产生积极的实效性影响。优秀传统文化经历了5000多年的历史积淀，有其深刻的文化内涵，对净化当代人的心灵产生了积极的作用：一是以高校学生内心情感发展为导向，融合优秀传统文化；二是将高校学生感恩意识培养为根本，渗透优秀传统文化；三是结合优秀传统文化融合状况，形成感恩教育科学发展；四是以优秀传统文化融入为

---

① 张玉嵩：《当今大学生感恩意识状况及其强化途径》，《学校党建与思想教育》2008年第7期，第59页。
② 彭春丽、张宝：《论感恩教育缺失问题》，《求索》2007年第9期，第120页。
③ 汤海丽、吴玉明：《感恩的困境与社会主义感恩文化构建》，《铜陵学院学报》2010年第6期，第55页。
④ 《敬畏文化　学习文化　振兴文化　服务文化》，《河南日报》2012年1月11日。

手段，促使感恩教育走可持续发展道路。①

张晓洪、孙渝莉指出，感恩教育对感恩心理的干预，主要是通过三种形式来完成的，分别是：引导树立感恩意识、建立感恩价值观和鼓励实施感恩行为。因此也就形成了相应的感恩教育的心理干预机制，主要从三个阶段实施感恩教育：第一阶段是形成感恩认知，即形成正确的关于感恩教育的自我认同和自我认知；第二阶段是强化感恩情绪，即强化积极的感恩情绪，加强主观的情感体验；第三阶段是促成感恩行为，即适时适地促成适当的感恩行为。②

刘洪指出，感恩教育不仅仅是作为客体的受教育者的一种认知，或者是一种纯主观的教育活动，还要使受教育者形成的相应的品德和行为规范最后落实到行为上，即行为上要适合社会的基本道德规范。所以说，要采取科学合理的实施方法：第一，案例教学；第二，体验教学；第三，团队训练；第四，文化教化；第五，实践活动。③

陈军弟认为，感恩教育是德育的重要内容，为了提高当代大学生的综合素质，必须全面深化地做好感恩教育的实践活动。特别是在新媒体迅速发展的大时代下，大学生时时刻刻都处在"线上"，这对大学生的思想观念和行为习惯造成了极大的影响，也给传统感恩教育带来了严峻挑战。所以说，必须创新感恩教育的路径，改进感恩教育的方法。主要对策有：一是转变教育观念，形成"网上网下"教育互补；二是利用新媒体资源，培育大学生健康感恩意识；三是形成教育合力，建构四位一体的感恩体系；四是提高教育者综合能力素质，熟练运用新媒体开展教育。④

苏静认为，感恩品质的培养需要从外部机制和内部机制着手进行。首先，通过合理的方式使人们形成感恩意识；其次，要注重培养人际感和意志品质；再次，要形成正确的关怀动机。⑤

---

① 徐仁成、赵霞：《传统文化融入高校感恩教育的实效性研究》，《黑龙江高教研究》2014年第12期，第103页。
② 张晓洪、孙渝莉：《大学生感恩的心理机制及干预途径研究》，《学校党建与思想教育》2015年第5期，第11页。
③ 刘洪：《高校感恩教育的内涵及实施途径》，《学校党建与思想教育》2008年第12期，第48页。
④ 陈军弟：《新媒体环境下大学生感恩教育路径探析》，《中国成人教育》2014年第21期，第81页。
⑤ 苏静：《青少年感恩品质形成机制研究》，《中国青年研究》2008年第9期，第93页。

王婕指出，中华传统美德中蕴含了丰富的感恩品质和感恩教育，加大对青少年的感恩教育有助于他们树立正确的感恩价值观。主要的实施路径主要有：第一，礼敬中华，以文化新生传承感恩；第二，氛围营造，以环境感染熏陶感恩；第三，主流导向，以榜样力量示范感恩；第四，感恩建构，以个体教育践行感恩。①

王建平、喻承甫指出，他们采用感恩问卷、自尊量表、应对效能量表、亲子关系问卷、同伴支持问卷、同伴拒绝问卷、学校联结量表、社区安全问卷和社区满意问卷对1000多名中学生进行调查，对影响青少年感恩教育的相关因素进行了矛盾检视和问题剖析，并在此基础上找出了科学合理化的解决措施和路径机制。②

丰根凤、彭青等认为，感恩是中华民族的优秀传统，是一个人的基本品德。但是当前的社会大环境下，大学生感恩教育缺失，主要表现为：对父母缺乏感恩之心；对老师缺乏感恩之情；对国家缺乏感恩之责。其原因主要有：家庭教育不完善；传统的德育与现实的冲突；社会"感恩意识"淡化。所以说，我们必须要加强对大学生感恩意识的培养：第一，要营造感恩教育的良好氛围，家长和教师要成为学生的表率；第二，感恩教育应当是循序渐进的链条式教育；第三，践行感恩，积极开展丰富的感恩活动；第三，开展社会主义荣辱观教育，增强学生的民族责任感。③

祝国超指出，对当代大学生进行感恩教育存在着认识不足、教育活动表面化、缺乏系统性、教育环境缺失以及评价体系不完备等问题。所以，必须对这些问题进行矛盾检视和问题剖析，找出科学合理的解决措施：第一，要以认知教育为基础，培养学生的感恩意识；第二，要以情境教育为载体，激发学生的感恩情感；第三，要以实践教育为手段，内化学生的感恩品质；第四，要充分发挥教师和辅导员的身教示范作用；第五，要建立有效的感恩教育评价体系。④

---

① 王婕：《青少年感恩观念培育的途径探析》，《中州学刊》2015年第9期，第94页。
② 王建平、喻承甫：《青少年感恩的影响因素及其机制》，《中州学刊》2015年第9期，第94页。
③ 丰根凤、彭青：《大学生感恩教育对策研究》，《中国成人教育》2007年第11期，第72页。
④ 祝国超：《大学生感恩教育实践存在的问题与对策》，《教育探索》2009年第11期，第117页。

王强认为,培养敬畏法律文化自觉要立足社会主义法治建设实际,加强社会主义法治文化建设,注重教惩并举,积极培育建设社会主义法治国家的精神力量和内驱动力。①

4. 关于感恩文化和敬畏文化的当代价值和意义研究

何安明、刘华山认为,在神学和哲学领域,感恩一直是被人们思考和颂扬的话题。许多宗教都提倡感恩,把它看作一种值得培育的美德。而感恩的真正价值体现在:它是一种强有力的、积极的人生情感。它塑造我们的核心理念,增进身心健康水平,提升幸福指数,优化情绪情感状态,增强应对能力,增加心灵的宁静与和谐,诱发亲社会行为,具有个体与社会的双重价值。②

陶志琼指出,对于个人而言,感恩教育有着不可低估的重要价值。首先,感恩教育帮助人们训练发现美好并对其感恩的眼光;其次,感恩教育有助于唤起人的感恩心和感恩情,用感恩心来融化人们的自私心、冷漠心和自卑心;再次,感恩教育可以唤起人对人的兴趣,让人的心灵纯洁而高尚,满足精神利益的要求;最后,感恩教育有助于人们人格的全面而健康的发展。③

余卫国指出,敬畏之心和建构社会主义和谐社会有着内在的必然联系,所以,首先得搞清楚敬畏之心的内涵及其构成要素,故用"君子三畏"来进行现代性阐释与解读,有着重大的现代价值和重要意义。第一,由于存在无法认知的事物,故敬畏之心有其存在的必然性。第二,敬畏之心的存在是人类文明进步的阶梯;第三,由于"无畏"产生于"无知",要正确地认识客观事物,就必须对客观事物及其必然性抱有尊重和敬畏之心;第四,有助于人与人、人与社会以及人与自然之间和谐相处,减少摩擦,增强人的德行自觉和自我修养,对建构社会主义和谐社会有着重要的意义。④

张勇认为,近年来发生在我国大学生身上的暴力事件,使"生命教育"

---

① 王强:《培养敬畏法律的文化自觉问题研究》,《西安政治学院学报》2015年第1期,第108页。
② 何安明、刘华山:《感恩的内涵、价值及其教育艺术探析》,《黑龙江高教研究》2012年第4期,第92页。
③ 陶志琼:《关于感恩教育的几个问题的探讨》,《教育科学》2004年第4期,第9页。
④ 余卫国:《敬畏之心的存有与和谐社会的建构——"君子三畏"及其现代意义》,《湖北社会科学》2011年第6期,第108页。

成为一个十分严峻的课题，深入挖掘、充分利用一些课程中的"生命教育"资源也显得至关重要。中国传统文化中的"贵生爱物"思想、"众生平等"观念以及对个体生命道德感、使命感的强调，对生命异化现象的批判，能帮助大学生体认生命的神圣，提升生命的价值，摆脱生命的羁绊，树立尊重自然、善待自然、保护自然的观念。"敬畏生命"应当成为当代大学"中国传统文化"课程的一个十分重要的关键词。①

郑泰森指出，敬畏自然，才能避免遭受大自然的惩罚；敬畏规律，事情才能办好。当文化成为一个国家、一个地区软实力的核心构成，只有敬畏文化，软实力的培育才有依托的根基。对文化失去了敬畏，优秀的文化传统就会遭到破坏。在实践中，就会办无知无畏的蠢事。②

（二）公共文化的文献综述

我国学者对公共文化的研究开始得较晚，但是在改革开放之后，研究的范围逐渐扩大，学术成果逐渐增多，关于公共文化服务方面的研究也形成了一些有价值的理论成果，目前主要包含以下几个方面：

1. 关于公共文化和公共文化服务的内涵研究

陈亮认为，公共文化是一个综合的总体性概念，囊括了公共文化设施、文化场所和文化活动，内部各个构成要件之间是上下联动、相得益彰和互促互进的动态发展过程，而整个过程中表征着文化性、公益性、社会性、民族性和地域性的文化特有性质。③

周晓丽、毛寿龙认为，公共文化是一种能够被消费的产品，能够满足人们某种需要的属性。但从本质上来讲，公共文化就是能让广大社会公众接触或享用的具有物质或精神享受的一些产品或设施，如书籍、文化电影、音乐产品、广告、公园、图书馆、博物馆等。④

万林艳则认为，公共文化主要指具有群体性、共享性等外在公共性特

---

① 张勇：《敬畏生命：中国传统文化的一个关键词》，《现代大学教育》2009年第2期，第39页。
② 《敬畏文化　学习文化　振兴文化　服务文化》，《河南日报》2012年1月11日。
③ 陈亮：《论公共文化的基本特性》，《山东行政学院山东省经济管理干部学院学报》2006年第5期，第37页。
④ 周晓丽、毛寿龙：《论我国公共文化服务及其模式选择》，《江苏社会科学》2008年第1期，第21页。

征的文化，其特点是以文化站、群众艺术馆等公共文化场所为依托，借助公共图书馆、公共博物馆等公共文化资源，发展群众参与性、资源共享性的文化。①

齐勇锋则提出，文化产品和物质产品在根本内容和性质上是完全不同的，在整个推进的过程中应该加以区别，有区分地对待。公共文化产品的外在表征完全不同于一般的物质文化产品，其具有精神消费的重大意义，不但蕴含着外部效应急剧放大的特点，而且还具有文化积累和文明传承的特有性质。②

周晓丽、毛寿龙认为，公共文化服务是公益性质的文化活动和一种具有很强的积极外部效应的公共服务，是共建共享的文化互动过程。其目的不是营利，而是为社会提供非竞争性、非排他性公共文化产品的资源配置活动。③

张晓明、李河认为，基于现代市场经济的快速发展和深入推进，可以从两个不同的维度对公共文化服务进行诠释和解读。从广义上来讲，公共文化服务实际上是由政府主导的从上而下的对文化领域提供的文化管理服务的总称，其涵盖了文化政策服务和文化市场监管服务。从狭义上来讲，公共文化服务就是指为人民大众提供文化消费和文化产品的文化生产和文化消费活动。④

蔡辉明指出，公共文化服务是保障公民权利的基本文化生活权利的重要内容，由政府自上而下所进行指导和有效规制，并加以科学地引导的文化活动。在整个过程中政府起着主导的作用。但是，其全部的实现及其完善必须是社会的广泛参与，并在整个过程中向公民提供公共文化产品与服务的制度和系统的总称。⑤

周和平则认为，所谓公共文化服务指的就是由政府所提供的以保障公

---

① 万林艳：《公共文化及其在当代中国的发展》，《中国人民大学学报》2006年第1期，第20页。
② 齐勇锋：《完善公共文化服务体系提高国家文化软实力》，《中国特色社会主义研究》2012年第1期，第64页。
③ 周晓丽、毛寿龙：《论我国公共文化服务及其模式选择》，《江苏社会科学》2008年第1期，第21页。
④ 张晓明、李河：《公共文化服务：理论和实践含义的探索》，《出版发行研究》2008年第3期，第49页。
⑤ 蔡辉明：《新农村公共文化服务供给均等化的制度设计》，《老区建设》2008年第10期，第68页。

民的基本文化权益、满足公民基本文化需求为目的的文化服务。从硬件设施上来讲，主要包括图书馆、博物馆、文化馆、美术馆、影剧院、音乐厅、文化站等；而从主要的形式上来讲，主要囊括了看书、看报、看电影、看电视、看戏、公共文化鉴赏、文化素质培训、群众性的文体活动等。

傅才武认为，公共文化建设的实现要立足于中国的具体实际，形成中国特色的公共文化服务体系，应该出台相应的实施措施和保障机制，形成政府主导、社会参与和市场辅助的共建共享繁荣的局面，采取混合式的服务产品供给模式。[①]

2. 关于公共文化服务绩效评估的研究

公共文化服务绩效评估考核机制的重构实际上是为了考查主体与客体之间的互动关系，主要是看主体对客体的实施行为的影响产生了多大的效力，从而不断促使公共文化服务满足人民大众的基本文化需求，确立其真正的价值导向作用。并以此为主要的目标原则，不断提升公共文化服务的有效性，切实加强提高公共文化的质量，不断满足人民大众对精神文化产品的需求。

沈望舒指出，经过详细的论证研究，运用十项指标来考核公共文化服务绩效，包括公共文化产品与服务的内容指标、社会需求度指标、资源状态指标、文化与科技含量指标、机构职业素质指标、服务功能效益指标、社会满意度和成本运行状态指标、专业技术质量指标、行为流程规范性指标和资金运用指标。[②]

陈威认为，公共文化服务事关人民大众的精神满足和文化消费，要用各方面的综合力量进行共建共享，而对于公共文化服务绩效评估的考核则可以从发展规模、政府投入、社会参与和群众满意度四个方面来设计指标，唯其如此，才能从主体和客体等各个方面对其进行综合全面的考核和科学有效的评价。[③]

向勇、喻文益指出，公共文化服务体系的建设不是一蹴而就的，要经过长期的研究和论证后才能进行有效的推进和建设。但是，整个建设的过

---

① 傅才武：《国家公共文化服务体系建设的价值评估及政策定位》，《江汉大学学报》2010年第6期，第17—22页。
② 沈望舒：《塑造幸福感——中国社会公共文化服务的现实任务》，《北京观察》2006年第11期，第45页。
③ 陈威：《大力构建公共文化服务体系 实现人民群众基本文化权益》，《领导之友》2007年第5期，第37页。

程中必须要有一套科学、合理、有效的绩效评估考核体系，这样才能达到预期的效果。作者从两个方面建立了公共文化服务绩效模型和公共文化服务测评模型，并对例外因素进行了评估。现有的公共文化服务体系测评研究虽然对发展具有一定的积极作用，但大多都缺乏实证分析检验，所以以上研究在科学性和客观性上还有待进一步检验。①

3. 关于公共文化服务体系建设中存在的问题及原因研究

目前，针对公共文化服务体系建设中存在的问题和原因进行研究的文章较多，但主要围绕着资金投入不足、文化建设人才匮乏、群众积极性不高、设施建设不均衡、绩效评估考核不完善等问题。

邱伟认为，公共文化服务体系建设中还存在着诸多问题，我们应该正视这些问题，积极探究解决这些问题的答案。而这些问题是公共文化服务体系建设中必然会遇到的深层次问题，在一定程度上是无法避免的，带有一定的共性特点。这些问题主要表现在：基层地方政府作为基层公共文化服务体系建设的主要推动者和主导者，存在重视程度不够、主导性和推动力乏力的现象。而且还存在着公共文化设施落后、建设后劲不足、基层文化部门管理混乱甚至责任缺失等现象。②

杨玲彦指出，公共文化建设中存在的问题，需要以多措施和多方法并举的形式进行整顿，需要合力并行才能解决。当前，在公共文化建设中还存在着公共文化服务法规建设不完善、公共文化建设人才匮乏和人才结构不合理等问题。这些问题的存在是公共文化服务体系建设中不可避免的，唯有正视这些问题、寻求解决之道才是上策。③

张良从不同的方面对农村公共文化建设中存在的问题进行了深度分析，但是也表现出了对农村公共文化建设现状的担忧。其论文主要是从以下两个维度进行分析和解读的：第一个维度是外部表现维度，主要表现在公共文化建设资源严重不足，公共文化建设过程中可以动员的力量减少以及公共组织缺位所导致的管理混乱；第二个维度是内部表现维度，主要表

---

① 向勇、喻文益：《公共文化服务绩效评估的模型研究与政策建议》，《现代经济探讨》2008年第1期，第21-24页。
② 邱伟：《农村公共文化服务体系建设路径新探索》，《湖北省社会主义学院学报》2014年第4期，第86页。
③ 杨玲彦：《农村公共文化服务体系建设研究》，辽宁大学硕士论文，第58-60页。

现为在农村公共文化建设中农民共享的核心价值逐渐丧失，公共舆论对农民的约束力没有以前那么强烈有效等问题。①

曹爱军、张存刚认为，农村公共文化服务体系建设一直是被地方政府边缘化的建设项目，无法处于核心工作的价值地位，有时会出现挪用公共文化建设资金的现象。这些问题的交错造成了部分基层公共文化建设服务组织服务水平差的局面。但是，必须要着重指出的是，部分农村群众对农村公共文化建设的重视程度不够，参与意识不强，参与热情不高，自身的建设能力也欠缺，有待进一步提高和改善。②

4. 关于公共文化服务体系建构主体的相关研究

胡智锋、杨乘虎指出，政府在公共文化产品建设中的主导作用过于单一，缺乏合力。为了满足人民大众对文化产品的需求，应该倡导政府、企业、社会和个人积极参与其中，同心同德，并力而行，发挥最大的合力，起到最大的功效。唯其如此，方能体现出公共文化服务体系的公共性需求及价值性需求。在整个公共文化服务体系建设的过程中，政府应该给予社会、企业和个人参与的机会，而不应该完全处于垄断的地位。逐步实现政府主导、企业辅助和个人参与的多主体建构机制。③

洪伟达、王政认为，公共文化服务体系建设中公民的参与是必不可少的环节之一，有公民的参与，才能更好地保障公民的文化权益。他们将公民文化参与的内容概括为：文化知情权、文化表达权及文化监督权，认为只要在公共文化服务建设中有效保障公民的文化权益，确保公民参与的基础性地位，才能更好地保证公民参与公共文化服务的普惠性和均等性。在此基础之上，提高公共文化的服务质量和服务水平，满足人民大众对文化产品的需求。④

祁述裕、曹伟认为，现阶段，我国公共文化服务体系建设的水平不高，服务质量也一直处在中下游水平。其主要的原因是公民参与的主体意识不

---

① 张良：《农村文化的内涵分析》，《理论与现代化》2013年第8期，第57页。
② 曹爱军、张存刚：《新农村公共文化服务发展的创新思路》，《太原大学学报》2009年第2期，第5页。
③ 胡智锋、杨乘虎：《免费开放：国家公共文化服务体系的发展与创新》，《清华大学学报》2013年第1期，第139-146页。
④ 洪伟达、王政：《以图书馆为基础推进公共文化服务体系建设》，《图书馆建设》2014年第3期，第12页。

强,积极性不高。加之公共文化服务体系建设的制度不完善,导致了公共文化服务体系建构的主体弱化。所以,以后应该加强信息的对称化管理,疏通与群众互动的渠道,这些都是今后建设公共文化服务体系的重点所在。[1]

李国新认为,当前我国的公共文化建设虽然发生了很大的变化,但是政府主导依旧是公共文化服务体系建设中的特点之一。整个过程依然依赖政府主导包办的传统模式,其原因主要是我国的公共文化服务建设离不开政府的财政支持,基本上都是以政府为主导,利用财政拨款来进行公共文化建设。而且,社会主体参与的主体性没有真正发挥,社会各界在公共文化建设中的作用大大降低了,在发展过程中没有起到合力的作用。加之,在公共文化服务建设实施中,政府没有出台鼓励企业和第三方积极参与的措施和政策,使其处在比较缓慢发展的阶段,公民长期对于公共文化服务的认识还停留在基本的文化参与权及享受权益阶段,在内心深处没有积极参与文化建设和文化服务的动机,缺少大家共办公共文化的意识与观念。[2]

5. 关于公共文化服务体系建设的对策研究

杨志今在《构建现代公共文化服务体系的原则与重点》一文中建议加快推进公共文化服务立法。[3]刘奔前在《农村基层公共文化服务体系建设问题及对策——以安徽省萧县为例》一文中认为,农村公共文化服务体系建设应以农民实际需求为导向,建立公共文化需求表达机制及参与机制。[4]雒树刚在《加快构建现代公共文化服务体系》中指出党的十八大将公共文化服务体系建设作为全面建成小康社会的重要内容,明确提出了到2020年"公共文化服务体系基本建成"的战略目标。党的十八届三中全会将构建现代公共文化服务体系、促进基本公共文化服务标准化均等化作为全面深化改革的重点任务之一。以上文章都针对公共文化服务体系建设中存在的问题提出了多方位的对策建议。

---

[1] 祁述裕、曹伟:《构建现代公共文化服务体系应处理好的若干关系》,《国家行政学院学报》2015年第2期,第119-123页。
[2] 李国新:《现代公共文化服务体系建设与公共图书馆发展》,《中国图书馆学报》2015年第3期,第4-12页。
[3] 杨志今:《构建现代公共文化服务体系的原则与重点》,《求是》2015年第7期,第49-51页。
[4] 刘奔前:《农村基层公共文化服务体系建设问题及对策——以安徽省萧县为例》,《宿州教育学院学报》2016年第19期,第21-23页。

三、研究重点、难点和创新点

（一）研究重点

本课题的研究重点：一是四川省公共文化建设的问题与成因；二是四川感恩与敬畏文化的形态与具体表现；三是探讨感恩与敬畏文化与四川省公共文化建设的融合。

（二）研究难点

本课题的研究难点：第一，梳理感恩与敬畏文化研究的逻辑起点，凝练出对其进行研究的逻辑前提和逻辑层理；第二，针对公共文化建设现实困境的原因剖析；第三，以感恩与敬畏文化为核心的公共文化建设的实现路径和机制完善。

（三）可能的创新点

可能的创新点：第一，对以感恩和敬畏文化内涵旨趣的解读与阐释，并积极探究二者之间的逻辑层理，并引导出感恩和敬畏文化在公共文化建设中的地位与作用。第二，探析感恩与敬畏文化与社会主义核心价值观的关系。第三，揭示感恩与敬畏文化和四川有着天作之合、不解之缘，对四川感恩与敬畏文化的形态与具体表现进行梳理。第四，从五个维度分析感恩与敬畏文化在治蜀兴川中的作用。第五，从感恩与敬畏文化角度对四川省的公共文化建设进行解读和分析，并在此基础上就存在的问题进行剖析，探寻解决问题的方法路径和实现机理。

四、研究思路和方法

（一）研究思路

本课题研究基本遵循提出问题、分析问题和解决问题的思路，以马克思主义基本理论为指导，以提升"治蜀兴川"质量，助推中国梦实现为目的，以感恩与敬畏文化为视角，以当前四川省公共文化建设为分析环境，以感恩与敬畏公共文化建设及四川感恩与敬畏公共文化的作用、价值等为主要内容，采取了以下研究方法。

（二）研究方法

除运用思辨、推理等科学研究的一般方法外，还主要运用了以下几种方法：

1. 辩证唯物主义和历史唯物主义的研究方法

辩证唯物主义和历史唯物主义的研究方法贯穿全文始终，对感恩与敬畏文化的科学内涵进行提炼总结，从而得出感恩与敬畏公共文化的内涵旨趣以及感恩文化和敬畏文化二者之间的逻辑层理，并以历史唯物主义的研究方法梳理了四川感恩与敬畏文化过去与现在的形态与具体表现。

2. 文献分析的研究方法

文献研究方法是本课题研究的基本方法，通过阅读国内外学者对此问题的论述，可以拓宽思路和加深认识。笔者通过对感恩文化和敬畏文化等相关文献的搜集、比较、整理和汲取、梳理，结合当前四川省公共文化建设的最新现状，在对现有研究成果综合和思辨的基础上，探索和归纳公共文化建设过程中存在的问题及其原因，并进一步思考和寻找根源和策略。

3. 历史和逻辑相统一的方法

首先，选定治蜀兴川与公共文化、感恩文化与敬畏文化、感恩与敬畏文化和公共文化等研究对象，从研究对象的历史沿革进行梳理，准确反映历史真实轨迹。其次，注重文化现象本身具有的强大逻辑性和连贯性，进行合乎逻辑的概括。厘清哪些是需要在新时期抛弃的，哪些是继承与发扬的，哪些是可以学习借鉴的，并在此基础上，积极寻求四川省公共文化建设的新理念、新路径和新模式。

4. 比较分析的研究方法

比较研究的方法，通过和横、纵向比较寻找事物发展之规律。通过比较公共文化建设的特点，对其进行问题审视和成因探究，并对影响四川省公共文化建设所涉及的各个方面进行比较分析，总结出四川省公共文化建设的特点和趋势，分析与解读面临的深层次挑战，探索出新时代的大背景下中国特色社会主义的四川公共文化建设的方向。

第一章　公共文化及相关概念的内涵

公共文化建设涵盖了众多文化建设的内容。要明白将感恩与敬畏文化作为公共文化建设的核心原因，需充分理解公共文化概念的释义、生成和特征。公共文化建设是文化强国和文化建设的重要内容，是中国特色社会主义文化建设的重点方向，同时也是不断提高我国文化软实力的必然选择。阐释公共文化的科学内涵，不断规制其在特定语境下的相关概念和特征，是对公共文化建设内容的不断充实和建设路径不断丰富的必然选择。

第一节　公共文化的概念、特征与功能

一、公共文化的相关概念

在中西文化差异的背景下，对公共文化的理解有着不同的维度和释义。西方发达国家对公共文化提及较少，在他们的语境下，提及更多的是公共文化服务、公共文化服务体系及公共文化产品。因此，阐释和定义公共文化相关概念应该结合中西文化的差异，充分考虑汉语和英语两种语言的不同表达方式、不同语境，根据实际情况，对具体问题进行具体分析和解读。公共文化概念的界定和释义，要依据此学科的研究范式和研究方法进行科学的论证和分类，从而得出最能体现其根本性质的科学含义。因此，关于公共文化科学内涵的界定，学术界主要是从两个不同的维度上进行分析和解读的。

第一个维度是从提供文化产品的组织机构来定义的，主要是认为公共文化是隶属于产品的一个类型或是其主要部分的一种分支，系独立供给系统。此系统以国家为宏观主导，以各级政府、公益性社会团体和组织为主体，主旨是为民众提供公益性服务和文化产品。这就决定了"作为一种面向公共领域的、非营利的文化供给系统。公共文化是以国家福利性配置机制和第三部门志愿性配置机制为核心，通过公益性文化营销的路径，由代

表国家、社会或社团的法人或其他组织,向公共领域提供文化产品和文化服务的公益性文化组织形态"①。所以说,从这个层面上来讲,这样的公共文化产品和文化服务是人民大众在物质生产生活和精神消费上所必需的,是社会进步所带来的必然需求和必然趋势,能永续地为社会的可持续全面、良好发展提供思想保证和精神支撑。从文化消费的层面上来讲,这样的公共文化产品是每一位普通民众发展所需要的,这样一个作用深刻体现了文化的兜底功能。

  第二个维度是从文化本身的公共性方面来定义的,主要认为公共文化本质上带有一定的公共性。文化的这种公共性,就是民众拥有表达权、参与权和享受权等基本的文化方面的消费权。而且,公共文化的这种公共性带有浓厚的非排他性,即个体与个体之间、集体与集体之间都有共建共享的性质特点,且其公共性与其价值、贡献呈正比。公共文化的这种公共性还表现在公共文化的持续开展需要的是公共财政的支持,公共财政由全体纳税人共同出资,而非只是部分人、部分群体的特权和专属产品。所以说,公共文化就是由政府主导、由公共财政提供资金支持的源源不断地向社会大众输送文化产品的一种形式,其必须要与当时社会发展的实际情况相适应,与物质基础相契合。

  一般而言,公共文化是由国家倡导、政府主导、公益性机构和社会组织促成,全民参与的精神食粮,传播伦理道德、秩序法则、大众文化、先进文化和核心价值观等,是社会良性发展之需、人民美好生活之需。公共文化这一概念的提出是在资本主义的民主化的过程中,与公共政治并列,发展到现代社会的公共文化。我国自近现代以来,人们主要是从空间上来理解和使用公共文化这一概念,即一些面向公众的场所,如沙龙、咖啡馆、图书馆、体育馆、博物馆、健身场等公共领域。当然,还囊括各级图书馆(公共图书馆)、城市或景区的雕塑(公共艺术)等。

  我国《国家"十一五"时期文化发展规划纲要》第三部分首次规划了公共文化服务,包括完善公共文化服务网络、加强农村文化建设、普及文化知识、建立健全文化援助机制、鼓励社会力量捐助和兴办公益性文化事业等,并提出公共文化投入增加,文化设施和服务网络日趋完善。其一是要抓好基层文化建设,加大力度改善农村及中西部地区公共文化基础设施条件,完善公共文化服务体系,保障农民和城市低收入群体的基本文化权益,完善公共文化设施网络布局;其二是要以大型公共文化设施为骨干,

---

① 陈鸣著:《西方文化管理概论》,书海出版社2006年版,第291页。

以社区和乡镇基层文化设施为基础，优先安排关系人民群众切身文化利益的设施建设，加强图书馆、博物馆、文化馆、美术馆、电台、电视台、广播电视发射转播台（站）、互联网公共信息服务点等公共文化基础设施建设；其三是要创新公共文化服务方式，适应人民群众多方面、多层次、多样化的文化需求，拓宽服务领域，创新服务方式，提高服务质量。健全公共文化服务组织体制和运行机制等。党的十五大报告中把我国文化领域分为公益性文化事业和经营性文化产业两大部分。在社会主义市场经济条件下，我国通过建设公共文化服务体系来囊括、确定公益性文化事业的范围和边界，重新认定其功能、结构和运行机制。

二、公共文化的主要特征

从广义层面来说，有了人类社会就有了文化的产生，就有了公共文化。公共文化具有全民参与、建设、共享及非营利的公益性质。从人类历史来看，不同国家、不同地区、不同民族以及不同历史时期的公共文化有着内容与形式的差异。但总的来说，公共文化有着自己的特点，包括以政府为代表的建设主体的非营利性，以全民为服务对象的大众性、服务内容的非均衡性、服务目标的非差异性等特点。

（一）建设主体的非营利性

根据公共文化的性质特点，公共文化建设的特点之一就是向人民大众提供文化产品，利用公共财政的支持，源源不断地向公众输送文化产品，这就是其公益性质，也就是非营利性。作为当代社会中普遍认同的服务型政府，其提供公共文化服务与市场提供文化服务性质不同，政府提供公益性文化服务体现了其公共性的本质要求。如政府建设公共报刊栏、阅览室、城市图书馆、网络及电子图书馆、纪念馆、博物馆、电视台、广播站、健身馆、健身广场、公共文化"云服务"等公共文化设施，主要目的是文以化人，文以育人，让全民在精神层面有更多文化受益与获得感，而非营利目的。当然，这些都是政府利用人民大众的公共税收所进行的文化活动，是由全体纳税人共同出资的。所以，这样的模式就形成了由政府主导、公众参与、社会响应的文化活动。政府主导兴建一批又一批便民活动设施，积极开展有关文化主题的活动，举办各种有关文化主题的讲座和座谈会，均不以赚钱为目的，而是以是公益性为主要出发点。因此，与公共文化相关的机构、组织等的设立，活动的开展体现了公平性，其及时、充分地将最新科技成果运用到文化建设与服务中，以求服务更多公众。公益性，既是方向的保证，也是效果的保证。

（二）服务对象具有大众性

政府所提供的公共文化建设，取之于民，用之于民，惠及全体公民。人除了有物质生活外，还有包括文化生活在内的精神生活。在物质极大发展的今天，精神生活对当下人们的幸福指数的影响更大、更深远。公民平等享受社会提供的公共文化服务是受宪法和法律保障的基本权利，也是文明社会里公民基本和重要的权利。公共文化服务需人人平等享有，不应有任何地域、城乡、民族、性别和身份等的差别。所以，政府公共文化建设与服务的初衷及内在要求就是要体现大众性。公共文化是政府主导的、人民大众参与其中的文化互动形式。这就决定了文化活动必然是大众的活动，必然是广大人民大众积极参与其中、广泛参与其中的文化活动。而且，这样的文化活动形式决定了这不是某一部分人的特殊权利，而是大家共建共享的，这就带有普惠性和大众性的浓厚特点。因此，这样一种公共性质的文化形式就是指向全体人民大众，就是为人民大众提供文化产品的，而不应该成为某一部分人的特权或是某一部分人的特有产品。"以提升社会主义文化的先进性为主导，借助于社会主义理论形成的核心价值观，引导社会主义公共文化建设，确保每一位公民都能享受公共文化服务带来的生活便利和精神愉悦，获得最基本的公共文化权益，形成并自觉弘扬社会主义核心价值体系，对社会发展产生积极影响。"[1]

（三）服务内容的非均衡性

服务内容的非均衡性就如教师教学中的因材施教，农民种庄稼时的因地制宜，也如中国各个地方的方言差异。公共文化服务内容的非均衡性取决于各地的物质文明和精神文明发展水平，着眼于民族、历史、文化、传统及风俗习惯等的不同，是在尊重现实差异的基础上给予恰如其分的供给。俗话说，人与人不同，花有百样红。如东部与西部、城市与农村、知识分子和非知识分子等，针对他们的服务内容一定是非均衡的。因区域、人群、需求的不同而呈现差异和非均衡性，就是实事求是，就是坚持了马克思主义的世界观和方法论。因此，文化服务的形式具有多样性，广播、电视、

---

[1] 高福安、刘亮：《国家公共文化服务体系建设现状与对策研究》，《现代传播》（中国传媒大学学报）2011年第6期，第5页。

网络、宣传、讲座、报告、各类教育等都是需要的。内容具有针对性，必然是"阳春白雪"与"下里巴人"并存。深度分析各个区域的人群、各个年代群体的特性，分类、分级引导推进，实现精准供给，这虽是难点，却是政府不得不下大力气去攻坚克难的。

（四）服务目标的非差异性

非差异性，即政府提供机会均等、利益公平的公共文化服务，使社会全体公民平等享有获得公共文化的权利。比如，政府建立了公共图书馆，到图书馆看书的人各种各样，但均可各取所需，非差异地获得文化学习的机会和权益，只是政府采购书籍时需要注意品种的多样性。这种对公共权利的保障，首先来源于宪法和法律，这是有法必依，实现法治中国之应有意义。利益公平就是要像阳光一样普照大地，但需要指出的是，利益公平不是搞平均主义，而是将公共文化建设与服务的文化的供给与不同地区的"消化吸收"能力相结合，可能这个过程中还特别要对落后与欠发达地区给予更多的关注。从机会均等、利益公平目标到落地实施见成效，有一个服务体系建设，从源头权利上的法律保障，到专项物资上的有力支撑，到运行机制上的科学有效，到实施举措上的改革创新，到专业人员上的素质匹配，一环扣一环，环环都重要，环环需落实。总体而言，此项系统工程出发点和落脚点都是以人为本，提高人的文化素养和精神生活，这是初心，公共文化就是要实现动态的共建共享。"创设我国的社会公共文化服务体系是为保障群众文化权益的实现并使之可以便利地享有相关权益。另外，公共文化基础设施建设是否真正便民，也是需要考虑的问题，在布局基础设施时，不能以自我为本位。"①在追求真善美的引导下，在社会主义核心价值观的统领下，充分尊重不同人群的不同合理意愿，充分调动人民群众参与，充分挖掘人民群众的创造力是公共文化建设的核心路线，是实现服务目标的非差异性的保障。

三、公共文化的主要功能

公共文化的功能主要是实现从静态的文化到动态的文化活动的转化，

---

① 罗云川、张彦博：《"十二五"时期我国公共文化服务体系建设研究》，《图书馆建设》2011年第12期，第6-11页。

而不是单独作为文化的一种硬件设施和文化固有的形式。公共文化的建设要以保障最广大人民群众的文化权益为目的，使人民大众能够积极参与，发挥其应该有的价值和功能，以便享有相关的文化权益。但是，在整个过程中，应该正视公共文化的价值功能，科学地把握其应有的逻辑机理，最大限度地满足新时代里人民群众对文化的期许。

（一）公民基本公共文化权益的保障功能

中共十八届四中全会指出：要制定公共文化服务保障法，促进基本公共文化服务标准化、均等化。2016年12月25日第十二届全国人民代表大会常务委员会第二十五次会议通过《中华人民共和国公共文化服务保障法》，这是保障公民基本公共文化权益的重要事件。公共文化服务的建设要以保障公民的基本文化权益为出发点，最大限度满足人民群众对文化消费的需求，并在整个文化活动的过程中，不断地提升公共文化的品质和层次，满足人民大众对高品质文化的精神需要，从而为实现"两个百年目标"提供智力支撑和思想保证。所以说，这样一种需求的满足过程，必然带来文化的昌盛，必然促进文化产业、文化事业的极大昌盛。因此，引导、支持和鼓励广大人民群众广泛地参与其中并发挥主人翁的作用，主动积极、有条不紊地构建对应需求的公共文化发展的长效机制和学习交流研究平台，就是从根本上保障民众文化权益的落地、开花和结果，这些主动作为就能带给民众内容丰富、形式多样、质量优良的文化产品，并且在公共文化服务体系建设中形成以政府为主导、社会广泛参与的活力十足的文化互动和文化合作。在此基础之上，在各种合力的推波助澜下，形成真正意义上的创新性的文化治理模式和良性互动的文化发展机制。与这样一个良好运行的局面相应的就是要加快构建文化共享、互动交流的公共文化网络及环境，引导人民大众投身其中，指导他们开展好文化活动，从而使全体公民在公共文化方面享有的福利与权益得以拓展。

（二）公共文化共建共享的价值引领功能

一个社会怎样才能风清气正？从公共文化共建共享的价值引领来说，需要真善美的价值引领。公共文化的建设必须要有正确的指导思想，这样才能实现重塑文化活动的价值引领功能，从而使广大民众在参与文化活动之后，正能量不断增强，在追求真善美的道路上越走越坚定，越走越自信。

唯其如此，方能普遍牢固地树立社会主义核心价值观和文化观。因此，在整个公共文化建设的过程中，仅有政府的主导、社会的支持和民众的参与是不够的，还要在理论建构层面有正确的指导思想和科学理论，才能高屋建瓴、纲举目张。因此，在创建公共文化服务体系建设的具体形式和具体样态上，一定要以马克思主义中国化的最新理论成果——习近平新时代中国特色社会主义思想为引领，践行社会主义核心价值观，使其充盈求真求善求美的秉性尺度，培育文化素质不断提高的"四有"公民。而且，要形成要我学习与我要学习、宣传教育与自我教育相结合的全面的文化学习的社会生态。采用多样化的手段和措施，多力并举、软硬兼施、刚柔并济，从而使群众的娱乐休闲文化生活有更为丰富和多元化的选择，形成一个完整的选择、甄别、吸纳和内化的公共文化建设的实践过程，并在全社会营造向上、快乐、向善、平等和健康的社会风气。

（三）公共文化建设的均等公平服务功能

当前，我国已迈进新时代的历史发展时期，我国的工业化、城市化、信息化、智能化的发展形势均要顺应时代发展的大势。努力实现城乡公共文化服务的一体化目标，坚持城市反哺农村，坚持文化资源合理配置，注重文化资源的精准扶贫，将扶贫与扶志相结合，促进城乡互通有无、融合发展，满足大众文化需求，提高大众精神生活水平，促进社会的公平和国家的安定。特别要看到农村地区的公共文化建设长期以来形成的短板，要进一步在政策上予以倾斜，在中央财政支持上予以大力资助。对这些地区的公共文化建设中突出的问题要加以重视和研究，找出问题的根源和症结，搭精准扶贫和全面小康的车，全面分析，着力破解，补好建设短板，最大限度地实现公共文化建设的均等公平服务。在全面小康的攻坚克难期，推进基本公共文化建设的均等化。在具体实施的过程中，要彻底、长远地保障公民享有基本公共文化权益的"底线均等"；想方设法使每个公民参与其中，让其成为公共文化建设的主力军、维护者、受益者。基本公共文化服务均等化的实现不是一蹴而就的，不是一天两天就能实现的，这必然是一个长期持续的历史过程。而这整个过程必然也是人人权益实现，区域、城乡、个体间差距不断缩小的过程。

第二节 感恩文化的含义与内容[①]

改革开放后,中国经济突飞猛进,社会物质不断丰富,人民生活水平发生了过去难以想象的改变。但是,在物质繁盛背后却出现了一些道德失范的现象。究其根源,这些现象很大程度上源于一些人感恩情怀、感恩之心的缺失。弘扬感恩文化,建设感恩公共文化显得尤为紧迫和珍贵。首先我们需厘清和阐释清楚感恩文化的含义与内容。

一、基本概念释义

感,《说文解字》说:"动人心也。"《现代汉语词典》说:"① 觉得;② 感动;③ 对别人的好意怀着谢意;④ 中医指感受风寒;⑤ 感觉;⑥(摄影胶片、晒图纸等)接触光线而发生变化。"恩,《说文解字》说:"恩惠也。从心因声。"《现代汉语词典》说:"恩惠。"感恩,《有道汉语词典》说:"① 感谢别人给予自己的恩惠;② 餐前或餐后对上帝表示感谢。"现代文豪潘岳《关中》诗云:"观遂虎奋,感恩输力。"即"感戴恩德"之意。感恩之心是指对他人、社会和大自然给予自己的恩惠和好处从内心产生认可并意欲回馈的一种认知、意志、行为和情怀,也指主体对有利于自己生存和发展的外界因素表示接受且回报的一种心灵情感。

那么,激发、培育感恩文化,就是指组织者运用一定的方式、方法和途径,以一定的感恩教育素材,对被教育者实施的人文关怀和素质培养,其核心目的是使受教育者知恩、感恩、报恩,甚至主动施恩。所以说,催生感恩文化是善端的启发和德行的培养,是以情感动人和以善启迪人的情感教育和人性教育。

二、感恩文化的内涵诠释

我国感恩的理念源远流长,自古就有"受人滴水之恩,当涌泉相报"等古训。知恩图报是中华民族的传统美德,也是每个公民应当具备的基本道德准则。因此,对当代大学生进行感恩文化的渗入是公共文化建设的重

[①] 本节摘自笔者《感恩与敬畏——双心教育论》一书(四川大学出版社2016年版,第27-43页),有改动。

要内容之一。感恩文化的内涵和组成部分主要有以下四个层面,即感恩文化的认知层面、情感层面、实践层面和价值观层面。

(一)感恩文化的认知层面

认知层面是感恩文化的基础,是进行感恩教育的前提条件和开始准备阶段。人类发展至今,对于是非、对错、黑白、美丑、善良与邪恶等有了基本的标准,这也是人类向往美好事物和走向美好生活的基本前提。而人只有认识和知道了什么是对的、好的、美的和善良的,什么是错的、坏的、丑的和邪恶的,才会形成善恶对错的评价准则,才可能产生行动上的驱动力。而且,要让人对某一事物或是某一思想观念进行先前性的认识和认知,就需要对人进行后天的引导和教育,不然更多的人会走弯路甚至邪路。这也是人类代代相传的,在自我意识觉醒之后进行的行之有效的现实路径。感恩文化就是要使人懂得识恩、知恩、感恩和施恩,对外界给予自己的恩惠,内心认可并心存感激之情,并通过自己的具体行为回报施恩人的实践活动。所以说,感恩文化是帮助人识恩、知恩,使人发自内心地明白,所有的恩惠绝非天经地义,也非理所当然,而是要在自我认知之后进行报恩的教育。

(二)感恩文化的情感层面

感恩文化仅仅解决认识和知道感恩是什么还是不够的,需要唤醒人的感恩情感。当然,情感的产生既需教育,也需要体验和感同身受,也就是"身临其境"的切身体验。德育的培育、引导以及规范都需要在现实生活的社会实践活动中得以完成,因为情感是要在生活中的点点滴滴的人与人、人与社会的互动中觉醒、察觉、培育和形成的。如"锄禾日当午,汗滴禾下土,谁知盘中餐,粒粒皆辛苦",其实古人早知道了情感体验教育的重要性。这就像人们常说的话:一个人只有当了父母以后,才会完全明白做父母的无私与辛苦。人们在日常生活中得到的恩惠真真切切、实实在在,也就会本能地唤起人的大脑情感体验的生成,从而产生一种温馨的体验、幸福的感受以及被爱的满足,使其内心的感恩意识转化为感恩的情感,这就使感恩主体有一个初步感知、认同和内化的过程。

(三)感恩文化的实践层面

"纸上得来终觉浅,绝知此事要躬行。"有了感恩的认知,有了感恩的情感,还需要感恩的行动,也就是说,要把自己认知后的意念、思想和情感外化为现实具体的社会实践活动，唯有如此，感恩教育才会开花结果。当然，特别需要指出的是，感恩文化就是要引导受教育者把感恩的认知和情感融入实际行动中，在感恩的具体行动中切实体验和得到更多的快乐，形成良性循环，养成知恩图报、乐善好施、不图回报的习惯。这样的习惯就如人要呼吸、人要吃饭穿衣一样，要真正地融入受教育者的内心世界，外化为受教育者的具体行为。

（四）感恩文化的价值观层面

从认知到情感再到具体行为，再从行为到情感再到认知，是理论指导实践，让实践升华理论的过程，同时也是一个良性循环的过程。当然，人作为受教育的主体，在此过程中，要在真正意义上形成感恩的价值观。在这个价值观的层面上，人们会发现"我为人人，人人为我"的人生真谛，也会体验到诗人汪国真说的"最会付出的人是最善于生活的人"的境界。

三、感恩文化的主要内容

无论是中国的传统文化，还是近现代、当代的"五讲、四美、三热爱"、八荣八耻以及社会主义核心价值观，对感恩之心内容的阐释与解读主要体现在以下几个方面。

（一）对亲人的感恩之心

亲人就是与自己有人伦关系者，包括直系血亲、旁系血亲和拟制血亲。首先是感恩自己的亲生父母。父母们给予孩子宝贵的生命，含辛茹苦地哺育孩子，并教给孩子做人做事的道理。对父母的爱，唐代著名诗人孟郊的《游子吟》一直感动着世人。"慈母手中线，游子身上衣。临行密密缝，意恐迟迟归。谁言寸草心，报得三春晖。"父母对孩子恩重如山，孩子感恩父母是天经地义的事情。《诗经·小雅》言："父兮生我，母兮鞠我。拊我畜我，长我育我，顾我复我，出入腹我。欲报这德，昊天罔极。"养父母虽然不是生育孩子、赋予孩子生命的人，但他们对养子女视为己出，养育和教导他们成人，体现了人间的大爱。继父母通过姻亲和继子女建立父母子女的关系，按法律的规定，继父母对继子女有抚养关系的，继子女对继父母有赡养的法律义务。《增广贤文》言："羊有跪乳之恩，鸦有反哺之义。"这体现了古人对于感恩父母理想的朴素愿望。其次，除了父母以外，配偶也是至亲之人。古人言："百年修得共枕眠。"夫妻是可以集爱情、亲情、友情三种感情于一体的命运共同体，也是家庭的基础。同样，唐代著名诗人孟郊在其代表作《结爱》中写道："心心复心心，结爱务在深。一度欲离别，千回结衣襟。结妾独守志，结君早归意。始知结衣裳，不如结心肠。坐结行亦结，结尽百年月。"这是一首感人至深的爱情颂歌，一唱三叹，反复吟诵，倾吐内心无尽的爱。在孟郊看来，爱情是情的契合，心的共鸣，是可以超越时间与空间的，引起了无数人的共鸣。再次，祖父母、外祖父母以及兄弟姐妹、姑姑、舅舅等亲人与自己既有血缘关系，又有关爱之情、帮助之恩，对他们感恩也是感恩亲人的重要内容。"弟子入则孝，出则悌，谨而信，泛爱众而亲仁。行有余力，则以学文。"意思是说，为人弟为人子要孝顺父母，顺从兄长，言行谨慎而守信，博爱大众，而亲近仁者。若以上全部做到以后还有余力，则可研修六艺之文。孝悌在我国传统文化里起到了基础的作用。以前强调"百善孝为先"，即一个人有一颗善良仁慈的仁心，能够做到孝顺，他就有了做其他更多善行的可能。

当然，父母是每一个人的至亲，是子女的天和地。所以《孝经》言："身体发肤，受之父母，不敢损伤，孝之始也，立身行道，扬名于后世，以显父母，孝之终也。"就是强调做子女的要珍爱生命、爱护身体、立身行道、光宗耀祖，对父母等长辈尽侍奉之责，死后尽丧葬祭祀之礼等，这是对亲人的感恩之心的外在表现。我国传统孝悌文化源远流长，如中国古代十大孝子的故事流传至今。

1. 大舜孝感动天

舜，传说中的远古帝王，五帝之一，姓姚，名重华，号有虞氏，史称虞舜。相传他的父亲瞽叟及继母、异母弟象，多次想害死他，让舜修补谷仓仓顶时，于谷仓下纵火，舜手持两个斗笠跳下逃脱；让舜掘井时，瞽叟与象下土填井，舜掘地道逃脱。事后舜毫不嫉恨，仍对父亲恭顺，对弟弟慈爱。他的孝行感动了天帝。舜在厉山耕种，大象替他耕地，鸟代他锄草。帝尧听说舜非常孝顺，有处理政事的才干，把两个女儿娥皇和女英嫁给他。经过多年观察和考验，选定舜做他的继承人。舜登天子位后，去看望父亲，仍然恭恭敬敬，并封象为诸侯。

2. 刘恒亲尝汤药

刘恒，汉高祖第三子，为薄太后所生。高后八年（前180）即帝位。他以仁孝之名，闻于天下，侍奉母亲从不懈怠。母亲卧病三年，他常常目不交睫，衣不解带；母亲所服的汤药，他亲口尝过后才放心让母亲服用。他在位 24 年，重德治、兴礼仪，注意发展农业，使西汉社会稳定，人丁兴旺，经济得到恢复和发展，他与汉景帝的统治时期被誉为"文景之治"。

3. 曾参啮指痛心

曾参，字子舆，春秋时期鲁国人，孔子的得意门生，世称"曾子"，以孝著称。少年时家贫，常入山打柴。一天，家里来了客人，母亲不知所措，就用牙咬自己的手指。曾参忽然觉得心疼，知道母亲在呼唤自己，便背着柴迅速返回家中，跪问缘故。母亲说："有客人忽然到来，我咬手指盼你回来。"曾参于是接见客人，以礼相待。曾参学识渊博，曾提出"吾日三省吾身"（《论语·学而》）的修养方法，相传他著述有《大学》《孝经》等儒家经典，后世儒家尊他为"宗圣"。

4. 仲由百里负米

仲由，字子路、季路，春秋时期鲁国人，孔子的得意门生，性格直率勇敢，十分孝顺。早年家中贫穷，自己常常采野菜做饭食，却从百里之外负米回家侍奉双亲。父母死后，他做了大官，奉命到楚国去，随从的车马有百乘之众，所积的粮食有万钟之多。坐在垒叠的锦褥上，吃着丰盛的筵席，他常常怀念双亲，慨叹说："即使我想吃野菜，为父母亲去负米，哪里能够再得呢？"孔子赞扬说："你侍奉父母，可以说是生时尽力，死后思念哪！"（《孔子家语·致思》）

5. 闵损芦衣顺母

闵损，字子骞，春秋时期鲁国人，孔子的得意门生，在孔门中以德行与颜渊并称。孔子曾赞扬他说："孝哉，闵子骞！"（《论语·先进》）他生母早死，父亲娶了后妻，又生了两个儿子。继母经常虐待他，冬天，两个弟弟穿着用棉花做的冬衣，却给他穿用芦花做的"棉衣"。一天，父亲出门，闵损牵车时因寒冷打战，将绳子掉落地上，遭到父亲的斥责和鞭打，芦花随着打破的衣缝飞了出来，父亲方知闵损受到虐待。父亲返回家，要休逐后妻。闵损跪求父亲饶恕继母，说："留下母亲只是我一个人受冷，休了母亲三个孩子都要挨冻。"父亲十分感动，就依了他。继母听说，悔恨知错，从此对待他如亲子。

6. 郯子鹿乳奉亲

郯子，春秋时期人。父母年老，患眼疾，需饮鹿乳疗治。他便披鹿皮进入深山，钻进鹿群中，挤取鹿乳，供奉双亲。一次取乳时，看见猎人正要射杀一只麋鹿，郯子急忙掀起鹿皮现身走出，将挤取鹿乳为双亲医病的实情告知猎人，猎人敬他孝顺，以鹿乳相赠，护送他出山。

7. 老莱子戏彩娱亲

老莱子，春秋时期楚国隐士，为躲避世乱，自耕于蒙山南麓。他孝顺父母，尽拣美味供奉双亲，70岁尚不言老，常穿着五色彩衣，手持拨浪鼓如小孩子般戏耍，以博父母开怀。一次为双亲送水，进屋时跌了一跤，他怕父母伤心，索性躺在地上学小孩哭，二老大笑。

8. 董永卖身葬父

董永，相传为东汉时期千乘（今山东高青县北）人，少年丧母，因避兵乱迁居安陆（今属湖北）。其后父亲亡故，董永卖身至一富家为奴，换取丧葬费用。上工路上，于槐荫下遇一女子，自言无家可归，二人结为夫妇。女子以一月时间织成三百匹锦缎，为董永抵债赎身。返家途中，行至槐荫，女子告诉董永自己是天帝之女，奉命帮助董永还债。言毕凌空而去。槐荫因此改名为孝感。

9. 丁兰刻木事亲

丁兰，相传为东汉时期河内（今河南黄河北）人，幼年父母双亡。他经常思念父母的养育之恩，于是用木头刻成双亲的雕像，事之如生，凡事均和木像商议，每日三餐敬过双亲后自己方才食用，出门前一定禀告，回家后一定面见，从不懈怠。久之，其妻对木像便不太恭敬了，竟好奇地用针刺木像的手指，而木像的手指居然有血流出。丁兰回家见木像眼中垂泪，问知实情，遂将妻子休弃。

10. 江革行佣供母

江革，东汉时齐国临淄人，少年丧父，侍奉母亲极为孝顺。战乱中，江革背着母亲逃难，几次遇到匪盗，贼人欲杀死他，江革哭告，老母年迈，无人奉养。贼人见他孝顺，不忍杀他。后来，他迁居江苏下邳，做雇工供养母亲，自己贫穷赤脚，而母亲所需甚丰。明帝时被推举为孝廉，章帝时被推举为贤良方正，任五官中郎将。

（二）对祖国的感恩之心

人在现实世界中生存发展，需要获得衣食住行等物质条件，也需要慰藉心灵的精神家园，而这一切首先受惠于自己的祖国。人们常说："没有国哪有家，没有家哪有我？"没有祖国母亲的保护，人们就是无根的浮萍、无家可归的游子。祖国包括领土、领海、领空，也包括这片土地上的人，还包括祖国优秀的文化等。人不可能脱离祖国存在。

一方水土养育一方人，祖国养育了人民，人民受到祖国的荫庇。人民以自己的言行表达自己对祖国的感恩，留下许多千古流传的美丽故事，大到世界反法西斯战争、保家卫国，小到关爱一草一木、保护环境。从法国的《马赛曲》到中国的《义勇军进行曲》，均飘扬出澎湃激昂的爱国热情。宋代范仲淹《岳阳楼记》中"先天下之忧而忧，后天下之乐而乐"真切地表达了把祖国和民族利益放在第一位、为祖国前途和命运分忧、为百姓的幸福出力的远大抱负和无私胸怀。明末清初思想家王夫之的"以身任天下"，清代顾炎武在《日知录·正始》中提出的"天下兴亡，匹夫有责"等主张都蕴藏着一种强烈的历史使命感和感恩祖国的崇高精神。"禾苗离土即死，国家无土难存。"祖国不只是秀丽山川，还是主权、安全、财富和民族发展的重要载体。从1931年"九一八事变"至1945年日本宣布投降，不计其数的中华儿女为国捐躯，取得了抗击外敌入侵的全面胜利。在为国捐躯的中华儿女中，爱国将领张自忠于1940年5月1日昭告将领和部队："国家到了如此地步，除我等为其死，毫无其他办法。更相信，只要我等能本此决心，我们国家及我五千年历史之民族，决不至亡于区区三岛倭奴之手。为国家民族死之决心，海不清，石不烂，决不半点改变。"从1998年抗洪到抗击"非典"，从唐山抗震到汶川抗震，从20世纪60年代初举世闻名的大庆石油会战到载人航天，从雷锋为人民服务到北京奥运会上的百万志愿者的微笑服务，这些体现了一代又一代中华儿女感恩祖国、报效祖国的强烈情怀。

（三）对老师的感恩之心

老师最初指的是年老、资深的学者，后来也把向学生传授文化、科学和技术的人尊称为"老师"。我国古代将天地君亲师作为民间祭祀的对象，并设牌位供奉于中堂之上，深刻地体现了中华民族传统文化中敬畏天地、忠君爱国、孝顺亲长、尊师重教的价值取向。祭师即祭圣人，具体是指祭作为万代宗师的孔子，这源自祭圣贤的传统。《礼记·学记》载："凡学之道：严师为难。师严然后道尊，道尊然后民知敬学。是故君之所以不臣于其臣者二：当其为尸，则弗臣也；当其为师，则弗臣也。大学之礼，虽诏于天子无北面，所以尊师也。"意思就是说，凡是做学问之道，当以尊敬教师最难做到。教师受到尊敬，知识才会受到尊重；知识得到尊重，而后民众才知道敬重学习。因此，国君不以对待臣子的礼节来对待臣属的情况有两种：一是在祭祀活动中，臣子是被祭祀之人时，不以对臣下之礼来待他；二是臣为君的老师时，也不应以对臣下之礼来待之。大学的礼仪中，作为国君的老师，在接受国君的召见时不必行面朝北的臣礼。唐代杰出的文学家、思想家、哲学家韩愈在他的传世名篇《师说》中言："古之学者必有师。师者，所以传道受业解惑也。人非生而知之者，孰能无惑？惑而不从师，其为惑也，终不解矣。生乎吾前，其闻道也固先乎吾，吾从而师之；生乎吾后，其闻道也亦先乎吾，吾从而师之。吾师道也，夫庸知其年之先后生于吾乎？是故无贵无贱，无长无少，道之所存，师之所存也。"他在这篇传世名作中强调了求师的重要性，并且认为凡是有学问的人，不论地位高低，不论年龄大小，道理在哪里，老师就在哪里。而"师者，所以传道受业解惑也"更是家喻户晓的名言。韩愈认为老师的教育是传道、授业、解惑三者结合的过程。传道是传授为人之道，用我们时下的观点来看，就包括思想、道德、修养、法律及哲学等人生之道。授业即传授以专业知识和技能，是社会生存的本领。解惑是指为学生解开各种困顿和迷惑。教师培养学生的过程就是传道、授业、解惑三者的合一。老师传授我们做人之道，教我们知识和本领，所以中国传统文化对老师的尊重由来已久。《吕氏春秋·孟夏纪·劝学》中言"疾学在于尊师"，是说要想快速学到知识，主要在于尊敬老师。万代宗师孔子就是尊师的典型代表。他所在的洛阳是周王朝的统治中心，也是当时的文化荟萃之地，藏有丰富的简册图籍、文书档案。当时老子任王朝的守藏史。孔子为通礼乐之源泉，明道德之归因，特地前往老子处向其请教。到达后的第二天，孔子便徒步到守藏史府拜访老子，入府见到老子后，孔子急趋往前，毕恭毕敬地向老子行弟子礼，谦虚地说道："我知识浅薄，对古代的礼制一无所知，特请老师赐教。"老子见他如此谦逊诚恳，便向他详尽地阐述了自己的见解。而程门立雪的典故更是载入当代学生语文课本，"至是，游酢、杨时见程颐于洛，时盖年四十矣。一日见颐，颐偶瞑坐，游酢与时侍立不去。颐既觉，则门外雪深一尺矣"。西周姜太公在《太公家教》里说："弟子事师，敬同于父"，"一日为师，终身为父"等，这些都是尊敬老师、感恩老师教诲的真实故事，在今天仍然值得我们学习和借鉴。

（四）对社会和他人的感恩之心

马克思在《关于费尔巴哈的提纲》中指出，"人的本质不是单个人所固有的抽象物，在其现实性上，它是一切社会关系的总和。"人生活于社会之中，他的各种活动都不可避免地要和他人打交道，要与社会发生各种各样的关系，并因此构成相互依存和相互联系的各种各样的人际关系，如工作关系、生活关系、各种感情与爱的关系，等等。所以，现实社会中的人总是生活在一定社会关系之中。如果每个人都有对社会和他人的感恩之心，那么就能形成人与人之间相互尊重、相互帮助以及相互关爱的氛围。感恩社会就是要感恩社会上的一切好的东西，维护这些好的东西，并尽力改变一些不好的东西。比如感恩和维护我们的公序良俗、一切真善美的事物。从人类发展历史可以看到，劳动改变了人类和世界。在劳动实践中，我们的先辈们从来都没有停止过开拓创新的步伐。从原始社会开始，石器、青铜器和铁制工具推动了社会生产力的发展和社会的进步。当然，特别需要指出的是，中华民族的先辈们发明了陶瓷、造纸、纺织、印刷、火药和指南针等，成就了农业文明的灿烂历史。蒸汽机、纺织机等发明在英国的出现，引起了工业革命，成就了近现代历史上的"日不落"大国。德国人发明的西门子电机、奔驰汽车、迪塞尔内燃机、马丁炼钢炉等直接把德国带入技术创新的强国行列。而在美国出现的电灯、电话、飞机等，使美国一跃成为电气化的工业强国。特别是 20 世纪中叶以来，集成电路、半导体、网络、电脑、Windows 操作系统、iPhone 等发明，更使美国成为信息网络时代的领跑者。诚然，这些人类的伟大发明创造，在改变发明者自己的祖国的同时，也在深刻地改变着世界，世界范围内的人们都受惠于此。就如互联网使地球成为一个村子，世界各地的人们联系更为方便，交往更为紧密；电脑使人们办公更为高效和便捷。所以，从大的范围来讲，对于人类社会的这些精神文明和物质文明，对于我们的先辈们的发明创造，我们都要有深深的感恩之心。

在我国传统文化里，感恩社会、感恩他人一直被推崇备至。儒家把"仁"视为人之所以为人的最高标准和道德原则。孔子说："仁者，人也"，并进一步指出"仁者，爱人"。强调人人都应树立"仁"的目标，尊重人，关心人，帮助人，在对自己的亲友仁爱的基础上形成"四海之内皆兄弟也""泛爱众"的博爱思想。当弟子问及仁德忠义与生命之间产生矛盾冲突怎么办时，孔子说："志士仁人，无求生以害仁，有杀身以成仁。"孟子提出："老吾老，以及人之老；幼吾幼，以及人之幼。"即人们在孝敬、赡养自己的老人时不要忘记其他与自己没有亲属关系的老人。在教育、抚养自己的小孩时，不要忘记其他的与自己没有亲属关系的小孩。孟子所讲的理想社会与孔子所描述的"人不独亲其亲、不独子其子，使老有所终、壮有所用、幼有所长、矜寡孤独废疾者皆有所养"的大同世界是一脉相承的。而墨子提出："视人之国，若视其国；视人之家，若视其家；视人之身，若视其身。是故诸侯相爱，则不野战；家主相爱，则不相篡；人与人相爱，则不相贼；君臣相爱，则惠忠；父子相爱，则慈孝；兄弟相爱，则和调。天下之人皆相爱，强不执弱，众不劫寡，富不侮贫，贵不傲贱，诈不欺愚，凡天下祸篡怨恨，可使毋起者，以相爱生也，是以仁者誉之。"墨子的"兼相爱、交相利"的主张，不但主张对人如对己，爱人如爱己，人与人之间相亲相爱，还强调了不受地位等级和家族地域的限制。在儒家孝悌仁义的范畴，要求人们对长辈要孝敬，对晚辈要慈关爱，对同辈要友好，对朋友要宽厚。朋友虽不是亲属，但相互友好，很多时候胜似血亲。俗话说："在家靠父母，出门靠朋友。"真正的朋友之间要诚实、信用、忠义，而且能够先为对方着想。物以类聚，人以群分。他们有共同的兴趣爱好，在遇到困难时主动向对方伸出援手，能分享彼此的快乐和分担对方的忧愁。意大利文艺复兴运动的杰出代表乔万尼·薄伽丘说："友谊真是一样最神圣的东西，不光是值得特别推崇，而是值得永远赞扬。它是慷慨和荣誉的最贤惠的母亲，是感激和仁慈的姊妹，是憎恨和贪婪的死敌；它时时刻刻都准备舍己为人，而且完全出于自愿，不用他人恳求。"西汉著名史学家司马迁在《史记·刺客列传》记载了诸多"士为知己者死"的刺客侠士事迹，其中以"鱼腹藏剑"的专诸、"弟忠姐烈"的聂政、"图穷匕见"的荆轲、"斩衣三跃"的豫让为最，被后人称为"四大刺客"。他们都以视死如归、冒死行刺以报知遇之恩的壮举震撼山河，在人类历史上留下了自己的侠义之名，感人至深，万古流芳。诸葛亮为报刘备三顾茅庐之恩，"鞠躬尽瘁，死而后已"。"武圣"关羽在华容道义释曹操，以报昔日不杀和厚待之恩。

（五）对自然的感恩之心

印第安人有句著名的谚语："人类是属于自然的，但自然绝不仅属于人类。"中国古代民间祭祀天地君亲师，祭天地就是源于人们对自然的崇拜与感恩，将天作为主宰一切的至上神。天地相配，孕育万物，祭天地还有顺天意、感恩造化的意思。"地者万物之本源，诸生之根源也。"人类的衣食住行均来源于大地生长的万物。天无日月，就无昼夜的循环、四季的更替以及阴阳的交错，大地上的万物根本就无法生存。所以，人们常把天视为父、地视为母。班固的《白虎通义》中言："王者所以有社稷何？为天下求福报功，人非土不立，非谷不食。故封土立社，示有土也，稷，五谷之长，故立稷而祭之也，古有国者必立社稷，社稷代表国家，以社稷的存亡，示国家之存亡。"而在《易经》中，乾主要是指天，有天父之义；坤则主要是指地，有地母之义。受限于人类对宇宙认识的不足，在古人的思想中，天如严父，地像慈母。地球一直以它有限的资源给了我们太多太多的恩泽，却从未索取过一点回报，就如自然界的水。老子曰："上善若水。水善利万物而不争，处众人之所恶，故几于道。居善地，心善渊，与善仁，言善信，正善治，事善能，动善时。夫唯不争，故无尤。"大自然的万事万物中，老子认为水之德性是最接近道的，对水也是最为赞美的。水，无色无味，以百态呈现于自然界，给万物带来益处而从不要求回报。因此，中国民间以祭拜天地的方式表达对自然的感恩。人类源于自然，在自然里生活，在自然里发展，死亡后又回归自然，生生不息。

人类应当对大自然有感恩之心，因为脱离了大自然母亲的怀抱，我们便没有了栖息生存的土壤。人们生存空间中水、大地、空气及种类繁多的动植物既是大自然的恩赐，也是我们的祖先留下的最为宝贵的遗产。水、空气和大地是大自然生物的生命之源，是人类生生不息、繁衍不止的根本，为人类提供了生存、发展所必需的一切条件。大自然，我们人类在深深敬佩的同时，也是应该学习的。因为在每一种生物的身上，都有它们特殊的生存智慧和优秀品质。马克思说过："科学只有从自然界出发，才是现实的科学。"人类的许多创造发明都受自然万物的启发而来。人类的祖先从大自然的雷电、山火等得到火种，从而开始了熟食、取暖和照明等；从动物的巢穴学习了房屋建筑；鲁班受长着锯齿的野草的启发，发明了锯子；人类从自然更替中摸索出了天文历法；飞机是模仿鸟的结构制造；现代仿生学、红外感应均师法自然；从大自然姹紫嫣红的斑斓色彩中，得到启发的人类培育出多种彩色的棉花，让"繁花似锦"变为"锦似繁花"，无须染色、不会褪色……所有的这些都是人类在大自然现有资源的基础上取得的，这些也是大自然对人类的馈赠。所以，我们要对大自然怀有深深的感恩之心。

第三节　敬畏文化的含义与内容[①]

社会是由个人组成的，无论是社会交往、公共生活，还是职业生活、家庭生活，都离不开个体的参与，社会生活的各个领域都是建立在个人生活活动的基础之上。在社会交往中，人们要对自己所生存的自然环境以及社会环境有发自内心的敬畏之心，做事要"三思而后行"，对社会上的一些行为要进行甄别，择善而从、行有所止。

[①] 本节摘自笔者《感恩与敬畏——双心教育论》（四川大学出版社2016年版，第43-60页），有改动。

一、基本概念释义

敬,《说文解字》的解释是:"肃也。"《现代汉语词典》中写道:"① 尊敬;② 恭敬;③ 有礼貌地送上。"畏:《说文解字》里说:"恩惠也。从心因声。"《现代汉语词典》说:"① 畏惧;② 佩服。"敬畏:《现代汉语词典》说:"又敬重又畏惧。"这是人对待外物的一种心理态度,包括了敬与畏这双重情感。敬指恭敬、尊敬、彬彬有礼;畏指害怕、畏怯、战战兢兢。敬畏之心是指人类对自然规律和社会规律所怀有的一种敬重与畏惧心理。敬畏文化是指教育组织者运用一定的方式、方法和途径,以一定的敬畏教育素材,对被教育者实施的人文关怀和素质培养,其核心目的是使被教育者心有敬畏,行有所止。

二、敬畏文化的内涵诠释

回顾人类历史进程,人类的敬畏经过了很长的不自觉阶段。应当说,在每一个民族的早期阶段,人们都是有敬畏之心的。因此,直至今日,世界仍遗留下了许多风俗、禁忌、节日等。这是大自然适者生存的法则下,先辈们在与自然相处过程中采取的体现当时最高认识水平的生存策略。正是对宇宙和大自然的认知有限,人们对未知世界充满敬畏,这使人们对未知领域怀有敬畏,行为上有节制,人与自然都在相对和谐的状态下进步与发展。

人类社会进入近现代以后,由于科学与技术的飞速发展、生产力的快速提高,人类进入了一段自信心极大膨胀的"无畏"阶段。不过,人们慢慢对过去的行为进行了深刻的反思:自然及万物均有其发展规律,规律只可发现,不能改变和逾越,所以人类应当有所敬畏。"有两样东西,我们愈经常愈持久地加以思索,它们就愈使心灵充满日新月异、有加无已的景仰和敬畏:在我之上的星空和居我心中的道德法则。"①这是西方著名哲学家康德的名言,体现了他对待自然和人类理性的自觉敬畏。敬畏是对超出想象、非同一般的物体、事件或者人产生的心理情绪,包括尊敬、畏惧和佩服等。一个人具有敬畏之心,大脑中就有了为人处事的准则,就会注意什么事是可以做的,什么事是不能做的;哪些是危险的,哪些是安全的;哪些是禁止的,哪些是合法的。古人有言:"凡善怕者,心身有所正,言有所

---

① 康德:《实践理性批判》,商务印书馆2000年版,第177页。

规，纠有所止，偶有逾矩，安不出大格。"明代哲学家、思想家朱熹认为，"敬之一字，圣门之纲领，存养之要法"，是"万善之源"。当代社会中，每一个人都要自觉接受培养敬畏之心的教育，敬畏自然，敬畏生命，敬畏法律，敬畏人民。唯其如此，个人才能拥有平安和自由，才能成为一个有修养、有品行、有道德、有纪律的人，而社会才能有真正意义上的和谐和稳定。

三、敬畏文化的主要内容

当前，我国处于社会转型期，道德失范、社会失范现象易发。所以，加强个人品德建设要充分承认不同的道德主体可以有不同的道德理想和道德境界，不同的道德主体有着不同的道德需求。我们要遵循先进性和广泛性的统一，用不同的道德标准去规范不同层面的道德主体的道德行为，针对不同的道德主体采用不同的方法，真正做到尊重差异，包容多样。但是，对敬畏之心的道德教育丝毫不能放松，因为敬畏之心的教育强调以一定的敬畏教育素材，对被教育者实施人文关怀和素质培养，其核心目的是使被教育者心有敬畏，行有所止。敬畏之心的主要内容涵盖了对自然的敬畏之心、对历史的敬畏之心、对法律的敬畏之心、对生命的敬畏之心。

（一）对自然的敬畏

早在20世纪80年代初，联合国大学就召开了一次多学科专家讨论会。主要议题是：什么是当今最紧迫的全球性问题？而会议讨论的结论是：协调人类活动与自然环境的关系。这就充分地说明，改变人与自然的紧张关系已成为人们的普遍共识。1992年联合国提出的《21世纪议程》，其主题思想就是协调好人口增长同资源、环境的关系，以寻求世界各国各地区社会经济的协调与可持续发展，即强调人与自然的和谐关系。在人类社会的历史长河中，人类绝大多数时间对自然都是充满敬畏之心的。虽然，不同历史阶段的敬畏之心含义不完全一致。但是，随着人类对自然认识的逐步深入，人类对自然的态度也随之发生了变化，大致走过了从畏惧到崇拜，从崇拜到藐视，从藐视到尊重自然的一个演进过程，这个过程是渐进、曲折和有内在联系的。

2008年5月12日，汶川大地震造成数以万计的生命在一刹那间消失，人们在灾难救助的过程中听到和感受到的更多的是"地震无情，人间有爱"。这与唐山大地震有较大差异，在科学技术更为落后的1976年，人们的救灾宣传较多的却是"人定胜天"。同样是大地震，救灾口号的变化，传递了中国人面对可知亦不可知的大自然,从相信"人定胜天"到"敬畏自然"。对自然的敬畏之心让人类在大自然面前的行为受到一定的限制和约束,不敢肆意妄为。敬畏自然不是无所作为,也不是反科学,更不是走向宗教。敬畏自然就是人类要相信和明白自然有其规律,人类要生存和发展,就应当不断探索和发现自然规律,并顺应和利用自然规律办事,不能违背和破坏自然规律,否则就会被自然惩罚。因此,与自然和谐相处是人类理性与明智的选择,这种选择一方面要发挥人的主观能动性,积极发现和认识自然世界的规律,在此基础上顺应和合理利用规律,为人类的生活提供便利;另一方面,人类与自然及宇宙相比较是极其渺小的,人类要想长久地生存下去,就不能为所欲为,而应当有所为有所不为。大自然是我们的朋友,我们尊重它,敬畏它。懂得了尊重和敬畏,我们就不会简单地认为,科学技术发展了,我们就可以控制自然。人类对自然的认识虽然在进步和发展,但是无论多么广阔和深入,也永远只是无限之中的一个小点。自然太浩瀚,人类很渺小。我国古人认为人类是自然的一部分,崇尚"天人合一",强调人类和自然的和谐共存。先秦思想家老子崇"道",主张"惟道是从"。老子指出:"人法地,地法天,天法道,道法自然。"由此可见,老子对"道"的释义为"自然"。"自然"即成为道家哲学思想的核心。"自"为"自己、本身"之意思,"然"有"如此、这样"的含义。"自然"即不以人的意志为转移的客观存在。因此,老子得出"辅万物之自然而不敢为"的结论,一件事情做与不做,一个行为为或不为的答案在于是否符合自然法则。而庄子在传承老子的"自然"理念的同时,对自然和不自然以通俗而寓意深刻的例子予以区分。其代表作《秋水》篇:"曰:'何谓天?何谓人?',北海若曰:'牛马四足,是谓天;落马首,穿牛鼻,是谓人。故曰,无以人灭天,无以故灭命,无以得殉名。谨守而勿失,是谓反其真。'"这段对话用比喻故事告诉人们,牛和马都有四条腿、四只脚,就叫自然;给马头上笼头,给牛鼻穿引绳索,这就叫人为的不自然。因此,不要以人为毁灭天然,不要因世事而忽视天命(即天道),不要以有限之得而殉葬无穷之名。恪守此三原则,叫作返璞归真。所以说,老庄哲学思想认为:人类道德的行为是顺乎自然的,即"道之尊,德之贵,夫莫之命而常自然","天在内,人在外,德在乎天"。

(二)对历史的敬畏

历史就是过去发生的客观事实,历史不能改变和选择,一个国家和民族的历史是一个国家和民族继往开来的基础。人们对自己的国家和民族历史的态度，体现出他们的世界观、价值观、情感和价值诉求等。历史是民族精神文化的血脉，现实与历史总是有着千丝万缕的联系。不敬畏历史，就是对自己民族传统文化的割裂。对历史的敬畏之心至少包括了尊重历史和以史为鉴两个方面的含义。尊重历史简单地说就是历史原来是什么，那么它就是什么。尊重历史要求人们不管是编纂历史，还是研究历史都要有实事求是的历史观。尊重历史要求记录历史的人必须原原本本地按历史所发生的情况记载，不偏不倚，求真务实。敬畏历史的前提和基础是要尊重历史事实。从历史事实中知道自己祖国和民族是从哪里来，未来要到哪里去。历史记载着世界文明的兴替，传承着各个民族的梦想，也预示着各民族的未来。对一个民族的侵略和征服，最致命的是对其民族文明和传统文化的颠覆，而颠覆他族文明和文化最直接的手段就是篡改其历史。历史是民族的根，尊重中华民族的历史，就要尊重我们上下5000年的文明史、中华民族近现代170多年的不屈抗争史、中国共产党90多年的艰苦奋斗史、中华人民共和国70年的发展史等。尊重历史就要正视历史事实，牢牢记住我们历史上的辉煌与曲折、成功与失败、顺境与逆境。不以过去的成功否定过去的失败，不以过去的失败否定过去的成功，也不能以过去来否定现在，以现在否定过去。那种只看到别人好，对别人顶礼膜拜，看不到自己的好，无视自己的历史文化，抹杀民族精神，彻底否定传统文化，数典忘祖的历史虚无主义，是自我丑化、矮化，是无自信心、无正确历史观和历史责任感的表现。

　　人们常说历史总是惊人的相似，其实这也说明历史发展是有其自身规律的，既然人类历史是不以人的意志为转移地依照其内在规律不断向前发展，那么看清历史发展的大趋势，顺应历史发展的主潮流，以史为鉴就可以启迪未来，就能够把握住历史发展及社会变革的机遇。"以史为鉴"是中国古代政治实践与史学思想的重要命题。早在周公之前，"以史为鉴"的思想就有了萌芽，上古先民规避祸灾的行为是历史意识起源的重要来源之一。这种意识，经夏商两代直到周初，才日臻完善。周代的鉴戒观念，包括"以天为鉴"和"以事为鉴"等方面，到了"以史为鉴"，方可谓大成。"以史为鉴"历来在中国史学传统中为当政者重视和肯定。比如，司马光等人所编纂的《资治通鉴》，本拟名《通志》，因宋神宗认为该书"鉴于往事，有资于治道"，于是赐名为《资治通鉴》。从"赫赫始祖、吾华肇造"的炎黄以降，中华民族"筚路蓝缕，以启山林"，从来没有停止过对未来的探索。特别是中国共产党的历史，更是一部波澜壮阔、可歌可泣的革命史、英雄史、斗争史，充满了信念的力量、历史的担当。学习党史，从中领悟"乱云飞渡仍从容"的战略定力，领悟"不到长城非好汉"的进取精神，领悟"人间正道"的沧桑巨变，领悟"谁主沉浮"的宏阔厚重，领悟"她在丛中笑"的无私乐观，领悟"闲庭信步"的洒脱自信，令人从历史中汲取营养。敬畏历史，就要把历史作为最好的教科书，从中增智明志。历史是镜子是灯塔，熟读历史，就是要真正掌握其中蕴藏的规律，从而"究天人之际，通古今之变"。①

（三）对法律的敬畏

对法律的敬畏之心既包括感恩法律，又包括敬畏法律。法律时时刻刻都有情地守护着人们的安全、自由等核心价值，天网恢恢，疏而不漏。一旦一个人的行为触犯了法律，他将受到法律的无情惩处。在我国依法治国的背景下，大众树立对法律的敬畏之心尤其重要。树立对法律的敬畏之心首先要树立人们对法律的信仰。法国思想家卢梭曾说："一切法律之中最重要的法律，既不是刻在大理石上，也不是刻在铜表上，而是铭刻在公民的内心里"，"法律只不过是穹窿顶上的拱梁，惟有历史积淀而成的风才最后构成那个穹窿顶上的不可动摇的拱心石"。说的是法律拥有生命的关键是要活在人们的心里。树立对法律的敬畏之心，"敬"源自人们内心深处对法律的坚定信仰，法律受到信仰才会被敬重。而这里被信仰的法律应当是"良法"，"良法"是建立法治社会的价值基础和前提。"良法"的推行还需要"善治"，"善治"是法治的运行模式和实现途径。法律的实施产生的公平、正义、效率、秩序、理性以及稳定等价值是人们对法律"敬"的源泉。"畏"源自法律的威严。法律既对守法的公众进行平等而普遍的保护，也对违法犯罪的人进行严厉的惩罚。这时，法律就体现出利剑的威慑力和强制力。

这不由使人想起西方哲学史上的重要事件之一——"苏格拉底之死"。伟大的古希腊哲学家苏格拉底，因主张无神论及言论自由，与统治当局相背离，被雅典法庭以侮辱雅典神和腐蚀雅典青年思想之罪名判处死刑。在处死前关押的一个月中，他的学生等人已经为他打通各处关节，让他可以从狱里逃出去。并劝告他，法庭对他的有罪判罚是非正义的。可苏格拉底还是毅然选择了走向刑场，视死如归。他说：国家判决我有罪，如果我选择逃走，那么法律就不会得到遵守，法律就失去了它本应该有的权威和效力。当法律没有了权威，正义也会不复存在。这个在今天还让人们扼腕叹

---

① 蔡俊：《敬畏我们的历史》，《人民日报》2014年1月28日。

息的案例中，一个智者用生命诠释了法律的真谛——法律唯有被遵守才能体现其权威性。而法律的权威性，是国家秩序与社会正义的前提。同样以生命为代价来宣示法律神圣不可侵犯的，还有中国法制史上的"李离伏剑"。据《史记·循吏列传》记载："李离者，晋文公之理也。过听杀人，自拘当死。文公曰：'官有贵贱，罚有轻重。下吏有过，非子之罪也。'李离曰：'臣居官为长，不与吏让位；受禄为多，不与下分利。今过听杀人，傅其罪下吏，非所闻也。'辞不受令。文公曰：'子则自以为有罪，寡人亦有罪邪？'李离曰：'理有法，失刑当刑，失死当死。公以臣能听微决疑，故使为理。今过听杀人，罪当死。'"最后的结局是李离不受令，伏剑而死。我们今天从法律的角度来解读李离殉法，这一案例的进步意义和对后人的启发至少体现在三个方面：一是当在上级的命令甚至君王的命令与法律相抵触时，李离决绝选择违抗君王的命令来维护法律的权威。这样的选择就表明了李离的法治观：法律的规定是高于君王的命令的。在我国几千年以"人治"为基调的历史长河中，君王的命令绝大多数时候都是高于法律的，甚至为了君王的一句话而毅然赴死的"忠臣"举不胜举。但如李离这样违君之命，以身殉法的案例是极为罕见的。二是李离所处的时代强调"刑不上大夫"，这是对李离等官职在大夫以上的人给予的"特权"，而大夫以上的人的犯罪是奏请君王最后裁决。但李离却以"王子犯法，与庶民同罪"的精神来否定晋文公为其所做的开脱，这充分表明，我国早在春秋时期，"法律面前人人平等"的思想已然萌芽。三是不论以古代还是以今天的法律来考量，李离的判罚错误并非故意，只是一个过失行为，其责任应该由国家或法律部门来承担，李离完全可以用引咎辞职的方式来承担相应的责任，而李离却选择了以身殉法的方式来谢罪。这种严以律己的行为，虽有迂腐的一面，但却彰显了法律的神圣不可侵犯的威严。三国时期蜀国丞相诸葛亮挥泪斩马谡的案例也是敬畏法律、维护法律权威的典型。

在法律知识、法律观念、法治精神、法治信仰还有待完善的今天，一些人对法律还不能自觉地产生"敬"。故让人们产生"畏"法律的意识就尤为必要。这样，法治建设才能"螺旋式上升"。古人云："畏则不敢肆而德已成，无畏则从其所欲而及于祸。"信仰法律是法律产生普遍力量的源泉，忠诚法律是大众产生勇气的源泉。心里时时有法律，就会将法律作为做人、办事、为官的底线。对法律的敬畏强调有规则意识，勿以恶小而为之。从小到过马路、开车遵守交通规则，大到依法治国，都要求人们在思想上有法治信仰，在观念上有法律意识，在行为上体现法律规则。这才能无论何时何地都将法律、纪律融入生命之中，并且像人离不开空气、离不开吃饭穿衣一样重要。把法律和纪律当作高压线，规矩就是红线，都不能逾越。古人言："戒慎乎其所不睹，恐惧乎其所不闻。莫见乎隐，莫显乎微，故君子慎其独也。"习近平同志说：领导干部要"心存敬畏、手握戒尺、慎独慎微、勤于自省"。这里尤其强调"慎独"的重要性。当下的少数人在公开场合、集体活动和有人监督的时候同在私人场合、无人监督、无人注意的情况下的言行完全不一样，这不仅是因为修养不够，更是对法律、纪律、规矩缺少敬畏之心的外在表现。

（四）对生命的敬畏

现代西方具有广泛影响的思想家阿尔贝特·施韦泽（也有人译阿尔贝特·史怀泽）创立了以"敬畏生命"为核心的生命伦理学，他的生命伦理学首次将伦理学的范畴由人扩大到大自然的所有生命。学说对"人类中心主义"遗留下来的问题进行了深刻反思，引导人类不断地革新思维方式并友善地对待和敬畏包括人、动植物在内的所有生命。当然，他的生命伦理学也是当今世界关爱地球、热爱和平、保护环境的重要思想资源。

"敬畏生命"是施韦泽的生命伦理学基石，它的含义是：无论是对人的生命，还是对其他一切生物和动物的生命，都必须保持敬畏的态度。他说："善是保持生命、促进生命，使可发展的生命实现其最高的价值，恶则是毁灭生命、伤害生命，压制生命的发展。这是必然的、普遍的、绝对的伦理原则。"[①]"只涉及人对人关系的伦理学是不完整的，因而也不可能具有充分的伦理动能。"[②]"由于敬畏生命的伦理学，我们与宇宙建立了一种精神关系。我们由此而体验到的内心生活，给予我们创造一种精神的、伦理的文化的意志和能力，这种文化将使我们以一种比过去更高的方式生存和活动于世。由于敬畏生命的伦理学，我们成了另一种人。"[③]施韦泽的敬畏生命观源于对西方近代认知体系中人是万物之灵、是自然界的主人，人类是无所不能的、可以征服一切的思想观念的异议和反对。20世纪，人类对大自然和其他生命的无畏征服行为给人类带来了灾难，施韦泽的"敬畏生命"理念便应运而生，得到了人们广泛的认可，因为他把准了时代的病脉。

---

① [法]阿尔贝特·史怀泽：《敬畏生命》，上海社会科学出版社1992年版，第9页。
② [法]阿尔贝特·史怀泽：《敬畏生命》，上海社会科学出版社1992年版，第8页。
③ [法]阿尔贝特·史怀泽：《敬畏生命》，上海社会科学出版社1992年版，第8页。

史怀泽生命伦理思想的形成受我国道家思想影响至深,并与东方世界的老子、庄子等先哲产生了强烈的共鸣。"兵者不祥之器,非君子之器,不得已而用之,恬淡为上。胜而不美,而美之者,是乐杀人。……吉事尚左,凶事尚右。是以偏将军居左,上将军居右;言以丧礼处之。杀人之众,以悲哀泣之;战胜,以丧礼处之。"①在我国传统自然伦理文明中,道家学派以其对宇宙万物认识的全面性、哲学性、宇宙性和自然性而自成一派,其理论体系蕴含了十分丰富的生态伦理思想。因此,许多人认为,"最能够与当今西方所倡导的生态伦理精神相契合者非道家、道教文化莫属"。②道教的生命伦理思想,源于《老子》"道生万物"的宇宙观,其遵循万物递进化生的思维路线,主张重人贵生。"生",即生命。生命源于自然,并与自然浑然一体,为"精气之所集也"。"生"体现的是生生不息不断前行的进取精神。道家在重视和敬畏生命方面强调"贵生",认为世间万物的生命是非常宝贵的,而生命的价值是不能估量的。从老子主张的"摄生""贵生""自爱"和"长生久视",到《庄子》里所言的"保生""全生""尊生""尽年""天地与我并生,万物与我为一"等,均体现了重人贵生的理念。而早在2500年前的印度佛教中,就有了体现佛教生命观的"不杀生"戒,"生"包括人及一切畜生。违反此戒就构成破门罪,将失去佛教徒资格。佛教传入中国以后,佛教文化便成为中国传统文化的组成部分,对中国人的信仰、思维、性格、行为、追求、文艺及习俗等都产生了重大而深远的影响。在恪守"不杀生"戒的基础上,我国佛教提出了禁食一切动物的"素食"要求。在著名音乐家、美术教育家、书法家、戏剧活动家弘一法师的传记里,我们看到一个让人深深感动的细节:法师圆寂前,一再叮嘱弟子在将他的遗体装龛时,须在龛的四个脚各垫一个装满水的碗,免得蚂蚁、虫子爬上自己的遗体后在遗体火化时被无辜烧死。这一细节体现了弘一法师对于世界上包括蚂蚁、虫子等在内的微小生命的深切怜悯和敬畏之心。从教育的角度来看,我们敬畏自然界的一切生命,也是关爱人类自己。教育家、画家丰子恺曾谆谆教导小孩子不能肆意脚踩蚂蚁,更不能肆意用火或水去迫害蚂蚁。在丰子恺眼里,这样做不仅是出于怜悯之心,也是对小孩子残忍之心的防微杜渐。如果从小就习惯因恶小而为之,长大以后这种恶的习惯可能就扩

---

① [法]阿尔贝特·史怀泽:《对生命的敬畏——阿尔贝特·史怀泽自述》,上海人民出版社2007年版,第273-274页。
② 蒋朝君:《道教生态伦理思想研究》东方出版社2006年版,第18页。

大了。从人类与其他生命属于命运共同体这一角度看，人类敬畏自然界的一切生命，不只是因为人类需要有敬畏之心和怜悯之心，更重要的是人类之外的其他生物的命运也同人类命运联系在一起。事实上，当人类对生命抱有敬畏之心时，世界就会丰富多彩、无限生机，人们才能时刻体会到生命之高贵与瑰丽。就如地上搬家的蚂蚁、天空翱翔的雄鹰、柳树枝头的麻雀、雪域高原的羚羊、水中戏水的鱼类，等等，无不蕴藏着和谐世界的生命元素，人类也才会感受到"海阔凭鱼跃、天高任鸟飞""鸢飞鱼跃，道无不在"的生命感悟与快乐。自然界诸多关于生命之重的故事，让人深深感动。如湖泊中十分凶猛的黑鱼却爱子如命，黑鱼崽的父母冒着生命危险守护在鱼卵与幼苗旁，不让其他鱼类或蛙类靠近，直到孩子们有了独立生存的能力。江西九江立有一尊雕像，是为纪念一只名叫赛虎的狗。这只狗挽救了九江林业汽修厂三十多人的生命。雕像旁的碑文载明了赛虎的生平及救人事件的过程："赛虎，三岁余，雌性狼狗，育有十三子。2003年11月28日，林业汽修厂晚餐炖一大锅肉，赛虎一反常态，对锅狂吠。众人遂掷肉于地，赛虎不食，依旧哀嚎不已。众人不解，准备进餐。赛虎回望主人，悲鸣数声，吞下地上之肉，随即七窍流血中毒身亡。此刻，人们终于明白，义犬赛虎以死警示肉中有毒，挽救了三十余人性命……今葬贺家山，立碑铭志以警世人！"

珍爱生命，远离"黄赌毒"。这是一句大家耳熟的宣传话。"黄赌毒"是社会的毒瘤，是社会万恶之源。人类的本性是趋利辟害的，但为什么还是有人陷入"黄、赌、毒"的三害而不能自拔，其中一个重要的原因就是对自己的生命缺乏敬畏，不能远离威胁自己健康及生命的危险之源。

珍爱生命，远离"黄赌毒"，是因为其社会危害范围广泛。首先，"黄赌毒"会造成人身体损害、甚至是毁灭。而"黄""毒"人员更是感染、传播各类肝炎和艾滋病毒的高危群体。其次，"黄赌毒"会使人精神上犯病，表现为理想信念迷失，不思进取，在行为上也就常常表现出失范和无畏，从而走上违法犯罪的歧途。一些人受"黄赌毒"的侵害，在精神上犯病后，不断产生负能量。再次，"黄赌毒"破坏社会风气，对涉世不深的青年和学生危害尤大。最后，"黄赌毒"破坏亲情、友情、爱情。一个人若染上"黄赌毒"，他的世界观、人生观和价值观都会发生改变，就会陷入唯利是图、利益至上的拜金主义和享乐主义的深渊而难以自拔，最终酿成妻离子散、家破人亡的悲惨结局。

（五）对互联网的敬畏

互联网，英文名称"Internet"，是网络与网络之间以一组通用的协议串连互通，形成逻辑上的单一庞大国际网络。互联网是全球性的，互联网的出现是人类通信技术的一次伟大革命，互联网具有不受空间限制来进行信息交换的特点，信息交换具有时域性和互动性以及信息交换的大众化和个性化的特点，当然，互联网也有信息储量巨大、高效、快捷，信息交换的形式多样化等优点。互联网广泛应用于网络信息获取、电子商务、网络交流互动、网络娱乐和电子政务等领域，给人类提供了广泛、高效、便捷的技术服务。由此可以看出，网络化时代的到来给人们的生活带来了巨大的变革，人们的学习、工作和生活越来越多地和网络世界紧密联系在了一起，很多事情可以借助网络而更加便捷地完成。互联网已经成为当今信息社会最富有挑战性、最具有影响力的系统，并积极推动着社会经济、文化、教育和科技的发展。而且，互联网的发展大大地缩短了人们之间交往的时间和距离，加强了人们之间的沟通和联系。但是，我们仅从技术的角度来认识互联网显然是不够的。我们在看到互联网的优点和好处的同时，也要看到人类不合理使用互联网而带来的危害，并对其存敬畏之心。互联网的危害主要来自违反法律和违背道德的使用。同时，在我国网络法律法规还不完善、相应的法制规范体系尚未能完全发挥作用的情况之下，虚拟的互联网世界构成了对真实世界道德规范的强烈冲击，违背社会道德规范的行为时有发生，给我国社会转型期的道德建设带来了严峻的挑战。所有这些都是因为对网络缺少敬畏之心，所以，我们要对网络心存敬畏，加强媒介素养，对互联网的上信息进行甄别，然后择善而从。

第二章 四川省公共文化建设的问题与原因

回顾和总结过去，才能分析和看清现在，才能不负未来。我们先来审视四川省公共文化建设的现状。近年来，四川省的公共文化建设取得了可喜的成绩和令人骄傲的成就。随着社会经济的不断发展和人民生活水平的逐步提高，人民群众对文化产品的需求也出现了质和量的提高。但是，我们必须明确的是，公共文化的建设是一个国家和地区经济社会发展的重要体现，对社会经济的发展和国民整体综合素质的提升具有重要的作用。所以要在着力抓好公共文化建设的同时，积极有效地保障广大人民群众的公共文化权益，助推国民经济又好又快地发展。

第一节 四川省公共文化建设的现状

一、四川省公共文化建设成就

四川省的公共文化建设走在全国的前列，在基础设施建议方面卓有成效，城乡公共文化服务保障机制进一步健全，公共文化服务模式不断创新并积极推广。据统计，2014年四川省在全国31个省市区的公共文化机构数、电视节目数等方面名列前茅。其中，文化馆机构207个、文化站机构4595个，位居全国第一；全年公共电视节目205套，全国排名第一；群众文化机构组织文艺活动56 310次，全国排名第一；群众文化机构举办训练25 350班次，全国排名第四；公共文化投入总量（77.05分）全国排名第五。[①]在"中国民间文化艺术之乡"（2011—2013）评选大赛中，来自四川省的32个县（区）、乡镇榜上有名，总数排名全国第二。

近年来，四川省按照党的十八大确定的关于推进社会主义文化大发展、大繁荣的各项战略部署，积极打造国家公共文化服务体系示范区，全面提

[①] 孙逊：《2014年中国公共文化服务发展报告》，商务印书馆2016年版，第94-97页。

高公共文化服务质量，深入全省各基层不断丰富群众文化，特别是在公共文化数字化、智能化服务管理系统领域的开发与运用实践中积累了丰富的实战经验。比如郫都区积极探索运用现代信息网络技术提升基层公共文化服务水平的有效路径，初步建立起了区—镇—村三级数字联动管理、服务、监督和考核体系，取得了阶段性的探索成果。公共文化服务体系建设取得了突破性进展，区文化馆、区图书馆均被评为国家一级馆，全区14个镇（街道）综合文化站、201个村（社区）文化活动室标准化建设全面完成并向群众免费开放。利用现代数字信息技术对区—镇—村三级文化服务功能实施全面整合和纵横联动，强化对基层公共文化服务的监督、管理、服务和考核能力，实现政府投入的保值增值并满足群众多层次的文化需求。① 郫都区的公共文化数字化建设遵循了公共文化自身的发展规律，顺应了社会发展潮流，在政府的主导下，企业和社会积极参与，从实际出发，坚持好用实用、效率优先的原则，积极梳理业务模块，搭建文化服务共享平台，实现区、镇（街道）、村（社区）三级联动，加强电子阅览、图书管理、政务办公、绩效考核、资源共享等方面智能化数字化管理，取得了可喜的成绩。

成都市是第一批创建国家公共文化服务体系示范区，作为西部公共文化建设的代表，成都市建立了"决策落实机制、政策保障机制、财政投稿机制、监督检查机制、资金管理机制、包片辅导机制、队伍建设机制"，不断完善和加强公共文化服务管理长效机制；将市、县、乡、村"四级"公共文化服务全部经费支出归入各级财政预算；设立了落实可持续发展战略的公共文化服务专项资金，对扶持公共文化服务项目专款专用；实现"两馆一站一室一点"建设达标全覆盖。乡镇综合文化站按照"四统一"实现标准化建设，文化站成为乡镇的标志性建筑。在队伍建设方面，开设了100所以上市民文化艺术学校或辅导站；建立了1000名以上持证上岗的文化艺术骨干辅导员队伍；组建了10 000人以上的文化志愿者队伍。在提升服务质量方面，实行"一馆一团一车"，提升公共文化服务水平；以农民工、老人、少年儿童、残疾人等弱势群体和特殊人群为重点，深入开展文化惠民活动。

2011年12月，成都市委提出要依托国家公共文化服务体系示范区建设文化之都的基本任务，"到2020年，把成都建设成中西部最具影响力、全国一流和国际知名的文化之都"的奋斗目标，打造"图书馆之城""文化广

---

① 刘新成、张永新、张旭：《中国公共文化服务发展报告（2014—2015）》，社会科学文献出版社2015年版，第292页。

场之城""非物质文化遗产之城""博物馆之城""文化创意之城"。[①]为此，成都市制定、实施了《成都市文化发展"十二五"规划》《成都市创建国家公共文化服务体系示范区规划（2011—2015）》《成都市民办博物馆发展规划（2010—2015）》和《成都市中心城区公共文化基础设施布点规划（2012—2020）》等，并面向全国公开招标制定《成都市城市文态建设规划》，对城乡公共文化建设进行了全面部署。

二、四川省公共文化建设存在的问题

随着中国社会逐步进入全面小康，新时代人们对文化生活的需求日益增长，对公共文化建设提出新的、更高的要求，问题和矛盾也呈现出来。

一是群众参与度不高。虽然建立起了各级公共文化服务机构，但是服务方式单一，服务内容老旧，服务水平有所欠缺，接待的群众数量有限，回应性不足。

二是设备没有充分利用。由于一些基层文化机构工作人员的业务能力有待提高，管理上有所欠缺，导致一些设备闲置、损坏、丢失或被挪用的情况时有发生。比如图书使用效率不高，电脑等设备存在损坏情况。

三是公共文化服务的提供者基本上是政府，缺少社会资本的加入，导致提供的服务形式单一，效率低下，供需脱节。虽然有大量免费项目，但是群众参与积极性仍有待提高。

四是管理部门多头建设，缺乏统筹科学完整的管理体系和绩效评估体系。

五是公共文化服务存在不均衡现象。这主要是指服务质量发展不均衡和空间发展不均衡。

六是公共文化建设专门人才的缺乏。从业人员素质有待提高，相关培训的数量和质量都有待提高。

七是快速发展与运营困境的矛盾。比如博物馆建设速度快，而筹集的展品和吸睛率跟不上。有一些新开的艺术场馆开放一阵子后就运营不起来了。比如北川地震博物馆建成后，就陷入了运营困难，甚至连博物馆运营所需要的电费也难以承担。[②]

八是四川部分城镇没有将文化作为内核，或对城市的文化内核认识不深。

---

① 连玉明、武建忠：《中国政情报告（2013—2014）》，当代中国出版社2013年版，第194页。
② 祁述裕：《中国社会管理和文化管理论丛（2014）》，国家行政学院出版社2015年版，第260页。

九是在公共文化建设上缺乏"感恩和敬畏"这样的核心理念,对四川的感恩与敬畏文化挖掘不充分,弘扬不系统,这是我国当下的文化环境存在的问题,故文化建设缺乏深厚的文化积淀和思想渊源,其传播的有效性和发展的可持续性都受到严重挑战。

十是对四川公共文化产品的原创性挖掘不够深入,品牌塑造不够完善,产业化发展不够充分。

十一是四川文旅融合在硬环境方面还存在出行堵、停车贵、进门挤、赏景苦、如厕难等制约因素,在软环境方面还存在服务意识差、服务不规范、彰显感恩与敬畏文化少、商业味重,文化体验差等现象,少数地方感恩与敬畏之心缺失,存在承诺的吃住条件不达标、产品有瑕疵等现象。

第二节 四川省公共文化建设的困境

当前,四川省的公共文化建设取得了巨大进步和可喜成果。但是,公共文化建设的具体落实中仍然存在着一些上述问题带来的困境。这使得公共文化建设的成绩受到了影响,也使得公共文化建设的效果大打折扣。这些困境主要有感恩与敬畏文化挖掘浅且文旅融合发展不深、培育大众社会主义核心价值观内生动力不足、失准的供给主体定位产生多元合作明显乏力、不畅的供需沟通形成供需错位现象、两极分化的民众参与和支持格局及多元化资金投入不足致使资金投入相对匮乏、城镇更新文化内核认识浅导致文化品位不高等原因。

一、感恩与敬畏文化挖掘浅且文旅融合发展不深

四川是感恩与敬畏文化的富集地。不管是富饶的山川河流物产还是辈出的人才和悠久的历史文化,天府之国实至名归,是大自然的恩赐。四川及川人在一个个重要的历史关头,在民族危亡时刻,挺起了不屈的钢铁脊梁,不断创造出历史的奇迹。这绝不是历史的偶然,而是四川这片神奇而美丽的土地上的山、水、人和事共同形成的历史必然,其中最为主要的就是感恩与敬畏文化。纵观历史,感恩与敬畏文化同四川有着不解之缘,这种文化已融入了川人的精神血脉,成为川人的文化基因。但是,我们也应该看到,与四川丰富的感恩与敬畏文化资源相比,我们对这一优秀传统文

化的挖掘还不够充分，也欠缺对感恩与敬畏文化系统性的梳理、宣传和弘扬。

文化强国和发展全域旅游是党中央、国务院已确立的关于文化、旅游发展的宏观战略。2019年4月29日，四川省发布的《关于大力发展文旅经济加快建设文化强省旅游强省的意见》确立明确目标：经过5年努力，把我省建设成为社会主义核心价值观广泛践行、文化事业繁荣发展、文旅产业深度融合的文化高地和世界重要旅游目的地。这是直面文旅融合发展不深这一现实而孕育出的愿景和目标。文旅融合发展不深表现在：对文旅融合的必要性、重要性、可能性及创新性的认识还不到位，导致观念变革上不够彻底，行动上踌躇不前，公共服务设施更新不及时，群众的参与度不高，对各个旅游景点的文化内核挖掘还不够系统和深入等。

二、培育大众社会主义核心价值观内生动力不足

在资讯爆炸的时代背景下，全球的思想和舆论竞争日趋激烈。坚守思想和舆论的阵地，牢牢把控其主动权和话语权，不仅是实现中国梦的需要，更涉及国家的安全与稳定。社会主义核心价值观凝聚了中华优秀传统文化，汲取了人类文明优秀成果，体现了习近平新时代中国特色社会主义思想，是中华民族伟大复兴的核心软实力。2013年12月23日，中央刊发了《关于培育和践行社会主义核心价值观的意见》。几年过去了，就全国及四川的实施效果来说，仍然有些不足的地方，特别是培育大众社会主义核心价值观内生动力不足。其主要体现为：在社会主义核心价值观的培育过程中，部分领域和部分人群更多地停留在认识和学习过程，离内化于心、外化于行有不小的距离。更有少部分群众连社会主义核心价值观的内涵都不了解。部分民众内心的价值观就是物质至上，成为拜金主义者，完全与社会主义核心价值观相背离。明显存在社会主义核心价值观的内生动力障碍。

三、供给主体的定位失准出现多元合作明显乏力

公共文化建设中虽然有了多元主体的构成结构，但是在整个公共文化建设的过程中，依然是由政府主导的，而且主要是政府主导的以公共财政物资为主的运行模式。近几年来，在多方力促下，公共文化建设的主体有了逐渐扩大的趋势，形成政府、企业、社会组织和公民个人参与的多元化综合联动的建设格局。尤为可喜的是，社会组织和公民个人参与公共文化

建设的热情和积极性都有了显著的提升。但是，建设的过程中依然问题频发。首先，公共文化建设的主体定位出现了失准和错位的情况，部分基层干部对公共文化建设的重视度不够，重要性认识不足。在他们的眼里，公共文化建设是务虚，产出看不见、摸不着，难以评估，投入资金就是浪费，没有必要投入过大的人力财力，所以出现了重视产业的发展，轻视文化事业，使得一系列公共文化建设的相关政策无法真正落实到基层的现象。有些公共文化建设的资金虽然拨下去了，但还是被挪为他用。其次，一些地方的公共文化建设的基础设施和文化活动场所被大量占用，还有的被其他政府职能部门挤占或是挪作他用。这样的情况在公共文化建设中比比皆是。一些地方在思想上对公共文化建设的重视度不够，致使多部门联合建设的文化效能成了泡影。公共文化建设的多部门联动工作机制尚未形成，公共文化建设的目标还没有上升到刚性要求，思想观念偏差和考核引导机制不到位不健全，从某种程度上来说制约和限制了公共文化建设的发展。再次，公共文化建设中以政府为主导，形成了企业、社会组织和公民个体参与的多元主体。即使如此，部分企业主体依然没有认识到自身在公共文化建设中的重大价值和作用，没有认识到供给主体的重要性。企业参与公共文化建设的主要目的还是经济利益，首要考虑的是加入公共文化建设对自身利益最大化的回报比。因此，多数企业文化的初心是以追求企业利益，而非承担社会责任，其"用心"就决定了其在公共文化建设中的热情和专注。最后，社会组织由于自身建设不足和发展限制，起步晚，发展速度慢，无法形成规模优势，导致社会组织无法成为公共文化建设中的主体。而且，公民个体参与公共文化建设的意愿和动机并不强烈，这样一种散漫的结构形式使各个主体之间的合作并不是特别紧密。由此出现了相互脱节、合作欠缺的不良局面，这也在深层次反映出，在公共文化建设中，各个文化建设的主体对自身的定位是不准确的，各个建设主体之间的关系也是不明确的。

四、供需双方沟通不畅使供给需求错位现象频发

在公共文化建设中，文化的主导者和文化的需求者之间往往会因沟通不畅、信息不通，致使公共文化建设需求错位现象频频发生。要想根治这样的问题着实有一定的难度。因为公共文化建设的主导者和消费者之间不能很好地进行对接，政府主导的建设主体不能很好地体察人民群众的呼声和需求，而文化消费主体的人民大众也没有强烈的意愿把自己的心声表达

出来。因此，在公共文化建设的整个过程中，就出现了公共文化建设的形式过于单一、内容比较单调的窘境，难以形成百花齐放的格局。因为在改革开放以前，由于社会生产力的发展水平很有限，经济、通信和科技都不是很发达，广大人民群众的公共文化消费形式可能简单地局限于去电影院看一场电影、去音乐厅听一场音乐演出或者是到赶集的地方看一场戏，这样简单的形式或是单一的内容已经令他们十分满足。但是，改革开放以来，我国面貌巨变，取得令世界赞叹的成就，在2010年超越日本成为世界第二大经济体。在经济又好又快发展的同时，人民群众的物质生活水平有了大幅度的提升，他们开始更加重视生活质量和生活水平，也更加重视生活和消费的层次和品质。但是，我们必须明确指出的是，我们的公共文化建设没能更好地契合经济社会的快速发展，经济发展和文化建设不对等的情况时有发生。而文化建设的滞后性反过来又开始逐渐影响和制约经济社会的发展。就如同走路时一脚高一脚低的人，始终无法正常行走，更不用说是快速持久地奔跑了。

公共文化建设主要包括文化设施和文化活动，在四川省内很多城市都存在着文化设施和文化活动不匹配的现象。尽管艺术、体育、娱乐等活动场所、广场、设施，相关技能培训组织均有较大改善，但是技能培训和文化活动室方面的推广和建设还存在着明显的差距。与整个文化设施建设不匹配相对应的就是公众参与文化建设的意识和热情并不是很高。有的公众虽然对文化建设的要求甚高，但是向政府表达文化权益诉求的意愿并不强烈。这就导致了一些文化建设的需求和意愿无法有效地反映给当地基层政府，从而导致了以政府为主导的文化建设与公众对文化权益的诉求之间存在着交流不畅的现象。公众的表达意愿不强烈，或是表达不足致使政府无法在第一时间有效获取公众关于文化建设的正确信息和渴求。这些问题的存在应该引起有关部门和各地基层政府的重视，逐步建立有助民意传达的长效机制，唯其如此，方能在经济发展的同时取得文化建设的繁荣。

五、公众参与和公众支持的力度呈现出两极分化

一锅难调众口。这样的现状和趋势实际上在很多领域和地方都是存在着的。因为文化建设事业是一个面向大众的具有明显公共性质的活动。参加者是单独的公民，每一个文化活动参与者的真实意愿和想法在很大程度上是无法一一满足的，也就是说无法顾及每一个人的真实感受，无法满足

每一个参与者的真正需求。有些民众在政府主导的公共文化活动中表现积极，参与的热情和积极性都很高。这类人群在集体性活动中容易组织，对其他民众的带动性也很高。他们是典型的参与公共文化建设的主力军和助推者。但是，有部分民众不愿参加公共文化活动，他们参与意识和参与意愿不强烈，对文化建设活动持观望和冷淡处理的态度，积极性很低。这样一种情况是长期存在的，公众对于公共文化建设呈现出明显的两极分化的态势。

显然，这样一种两极分化的趋势对公共文化建设的影响也是非常大的，在一定程度上导致了无法形成多元主体共同参与公共文化的综合协调格局。所以说，大力培育公众的参与意识，深度挖掘公众的需求点，有意引导公众的兴趣和价值观，对公共文化多元供给制的建设来说是极为重要的。当然，这样一种情况的出现绝非偶然因素所导致，而是有着深层次原因的，因为政府主导和长期包揽公共文化的供给，使得大部分民众认为公共文化建设的供给由政府提供是理所当然的事情。与此同时，大部分民众对于市场作为供给主体的接受度不是很高，在一定程度上出现"排异"的现象。由于长期的免费参与和政府公共财政的支持，使民众对于需要付费的高品质文化活动，接受度与参与度较低。这些都是长期存在的问题，需要建立长效机制予以改变。

六、多元化资金投入不足致使资金投入相对匮乏

政府是公共文化建设中的主要推导主体，同时也是公共文化建设的主要出资主体。这些资金的主要来源还是公共财政收入。政府把这些公共财政收入的资金以文化建设专项拨款形式进行下放，专门用于公共文化建设、文化基础设施建设和相关文化活动的开展。拨款是文化活动和文化场所建设的主要资金来源。由于文化建设的资金来源主要是以这样的形式下放的，所以中间经过了层层的把关和一级一级的审查，权责体系有待完善。与此同时，暗藏着的操作空间尚未杜绝，导致经费使用效率与质量受到影响。显然，这样一种模式的期限和质量都取决于政府主导的质量。但是，由此造成的情况是，由于文化活动都是在资金所支持的范围内进行的，所以有些公共文化建设并未遇到资金不足的情况。

在整个公共文化建设的过程中，政府依然是文化建设主要的资金供给者。企业资金投入相对较少，社会文化组织的投入也相对不足，这些代表文化建设的主体在资金投入上的不足致使文化建设资金缺乏多元性。首先，

除了政府以外，企业作为文化建设的主体，资金投入的积极性和投入量明显不高。企业是以营利为目的的，资本增殖是其永远的价值追求，这也是资本在当前运行的必然逻辑。所以，企业主体仅仅对能够为自己创造利润的文化建设活动感兴趣。其次，政府作为文化建设的主体，习惯性地抱有全权包揽的态度，没有对文化建设的资金来源采取扩充的具体措施。而且，受一直以来的行政惯性等因素的影响，政府对多元资金的动员、筹集表现得不够积极，致使政府和其他社会力量合作不够，信息流通不畅，互动机制不健全不完善，使得筹资渠道狭窄，公共文化建设的专项经费单一，资金来源缺乏多元化。

七、城镇更新文化内核认识浅导致文化品位不高

有人的地方，就有文化。城镇是人口聚集地，也是这片土地上的人们祖祖辈辈聚居的地方，是历史文化的重要载体。城镇更新是城市现成区规划重构、翻新重建、清理整治和功能完善，是对现有空间形态、主体布局和功能配套的升级换代。四川省部分地级、县级城市和乡镇在更新时，在城市的中心区过于寸土必争，城镇的整体建设出现商业空间肆意挤占公共空间现象，公共空间远远不足，一些城市甚至连公共厕所都非常缺乏，城市公园也很难见到。部分城镇在规划与建设过程中对城市的历史和文化的保护和挖掘不足，一些具有城镇历史血脉和文化基因的建筑和街道等没能得到有效保护，城市丢失了文化底蕴甚至灵魂。一些城市一座座高楼大厦拔地而起，但配套的公共文化设施不完善甚至缺失，形成急功近利的商业氛围，没有文化的浸润，丢失了人文关怀。另外，一些城镇对科技与智能等现代元素的运用和普及率不够，将现代科技与人工智能应用到公共文化就更少。还有个别城市的公共宣传站位不高、视角不广，弘扬社会主义核心价值观等不够，对城市涌现的典型先进人物和事件的报道和塑造较少，而对影响社会和城市形象的负面事件没能正确引导甚至束手无策。部分城镇的公共文化讲座举办不多，群众参与度不高，城镇和地方文化研讨会等开展比较少，有的开展了但没能将研究智慧融入城镇的更新中，等等。总之，在这些城镇的文化更新中，整体上呈现出城镇更新文化内核体现不足导致文化品位不高的现象。

第三节 四川省公共文化建设困境成因

对于四川省公共文化建设中存在的这些问题，必须要进行科学的分析和预判，并在此基础之上制定切实可行的改进措施，不断完善相关的制度机制。公共文化建设中存在这些问题是必然的，因为文化建设不同于其他的硬件设施建设，其必须要经历时间的积淀，还要动员不同的人群主体参与其中并发挥自己的力量。所以说，这个过程中必然带有一些深层次的矛盾和问题。我们对四川省公共文化建设中困境的成因进行了分析，主要有对感恩与敬畏文化价值认识不深、社会主义核心价值观的内化障碍、供给主体观念滞后致使供给乏力、公民文化自省迟缓文化认知不足、供给方式粗放缺乏管理的精准性和运行机制不成熟缺乏供给稳定性、对城镇更新的文化内核认识不清等。

一、对感恩与敬畏文化价值认识不深

对感恩与敬畏文化价值认识不深主要体现在三个方面。一是同全国多数地方一样，一段时间以来，我们将物质文明建设置于精神文明建设之上，所以总体上普遍呈现文化的发展滞后于经济的发展的局面。二是对感恩与敬畏作为世界优秀传统文化和中国传统优秀文化的两大基石的地位和纲举目张的作用认识还不够到位，没能有意识地将感恩与敬畏文化作为公共文化建设的内核。三是对四川作为感恩与敬畏文化富集地的挖掘不充分，较少运用历史的眼光将四川这片土地上的重大历史事件作纵向串联和比较思考，所以就缺乏将感恩与敬畏作为四川人的精神血脉和文化基因的梳理和系统化总结，也没能认识到感恩与敬畏文化和四川的深刻联系。

二、社会主义核心价值观的内化障碍

社会主义核心价值观对于全民来说是精神层面、道德层面的东西，没有强制力和约束力。培育社会主义核心价值观依赖人民对它的价值理解、认同和选择。社会主义核心价值观内化障碍的原因主要有以下几个方面：一是部分民众不知晓。不知晓的原因一是身处偏远乡村，处在文化辐射的薄弱环节，以及认为自己的知识文化有限，缺乏学习社会主义核心价值观的兴趣。二是一部分民众不学习。不学习的原因是在精神文明建设的过程中，我们往往停留在只提出精神文明建设的口号，却没有分析和遵循精神文明建设的内在要求和规律。经济基础决定上层建筑，物质的高度文明是精神的高度文明的基础。由于我国地域发展的不均衡，包括四川在内的许多地区的民众还走在脱贫的路上。还有部分民众虽脱了贫，但整天为生活奔波忙碌。处于这样的社会发展阶段，建设精神高度文明的物质基础条件还不够成熟。三是一部分民众不选择。不选择社会主义核心价值观的原因是改革开放以来，物质建设从匮乏到丰富，市场经济的内在利益驱动机制，加之精神文明建设的滞后，使部分民众在物质世界中迷失，价值观歪曲，一切向钱看。

三、供给主体观念滞后致使供给乏力

随着经济社会的全面进步与发展，我们的生产方式和生活方式都发生了很大的变化。这种深刻的变化，也带来了我们思想观念的深刻变化。我国已进入改革发展的关键时期，改革更加深化，开放更加扩大，涉及经济体制、文化体制、对外策略、思想观念、社会结构、利益格局等多方面的变化。公众对文化的选择大大增加了，人们思想的多样性、选择性和多变性更加明显。这样一些变化必然要求我们用适应社会变化的思维观念来建设公共文化。以这样的方式建设公共文化才能使其呈现活力和生机。当前，四川省的公共文化建设中一些问题就是思想观念滞后造成的。

首先，从政府的角度来探讨，由于在公共文化建设中，政府扮演着主导者的角色，加之公共文化建设的公共性和公益性，其在社会建设中关乎整个社会文化建设的方方面面，这就决定了政府必须以主导者的身份进行文化建设和供给。以前的公共文化建设中，政府都是以公共财政为支持进行全权包揽。这样一种文化建设模式难以为继。如此持续下去，公共文化建设将后续乏力。这就必然要求政府根据新形势、新情况，改变服务理念和服务方式。在需要政府创新开拓、监督、管理或者承担责任的时候做好自己该做的，其余方面放手，让其他多元主体共同参与其中并发挥自己的力量。其次，从企业参与的角度来讲，大部分企业参与公共文化建设的初衷就是为了获取更大的利润，其目的大多不是为了公益性质。这深刻地体现出了企业在公共文化建设中市场观念的落后。企业如果仅仅从市场经济的角度出发，为了一己私利而置社会责任于不顾，必然的结果就是，在公共文化建设中，企业主体和政府主体以及其他的建设主体之间会发生不可避免的矛盾和冲突，而且也会与其他建设主体的利益相违背。这样一种结果必然影响各个主体之间的协同合作，也势必影响公共文化建设的效果。再次，从社会文化组织的角度分析，在整个公共文化建设的过程中，社会组织的文化建设的目的和政府为主导的文化建设的目的在一定程度上来说是一致的，都具有非常强的社会公共性和全民公益性。但是，社会文化组织的主体性质、宗旨和范围决定了其文化建设类型不同于政府。社会文化组织的文化建设会受到来自各方面条件的制约和限制，其发展规模会受限，这也决定其在文化建设中的建设功能和文化供给功能会受限。长此以往，则形成社会组织中立的思想观念，形成了既不打头阵也不会掉队，既不主动也不被动的落后观念。这样一种结果必然是不利于公共文化建设的。最后，从公民个体层面来讲，公民个体在公共文化建设中主人翁意识不强，主体意识薄弱，没有认同感和归属感。当然，这样一种情况的出现是公民个体长期处在单一的供给环境中所导致的。长期的被动接受者的角色，使得公民个体在公共文化建设中始终处于被动边缘的地位，公民也习惯了这种"事不关己"的角色扮演。所以说，要打破这种落后的观念。

四、公民文化自省迟缓，文化认知不足

今天，我国的已发展成为世界第二大经济体，国内的基础设施建设日趋完善，人们的生活水平不断提高，硬件设施大大改善。在这种背景下，党中央越来越重视文化建设的巨大作用，提出了道路自信、理论自信、制度自信、文化自信。文化建设在中华民族伟大复兴的征程中的地位和作用得到充分彰显。但是，伟大的构想需要脚踏实地的努力和行动，从认识、行动到效果都要把重要性体现出来，真正从知道变成做到、得到。面对现实，我们在看到成绩的同时，也需明白，一些地区的文化建设情况不容乐观，特别是一些贫困的农村地区。这些地区交通设施落后，又处在比较偏远的地区，不管是基础设施建设还是其他各个方面的建设都与城市有着很大的差距。所以说，对这些地区来说，不管是基础设施建设还是整个文化建设都有很大的提升空间。部分农村地区，人们的主要精力还是在如何经济脱贫上，还没有足够精力和时间去脱自己精神方面的贫。长此以往，就形成了经济建设和文化建设之间的不对等和不协调。而部分公民把文化建设的内涵和本质简单地归结为教育，把文化建设理解为看一场电影和跳几支广场舞这些形式简单的娱乐活动，对于一些技能培训却了解甚少，而且对技能培训的热情和参与意识并不强烈。这样一些错误的观念和错误的认

识导致农村地区的文化建设程度偏低，使得文化建设与推广在农村地区大打折扣，也不利于文化自信的全面落地。

五、供给方式粗放，缺乏管理精准性

在公共文化建设中，整个文化的公共供给方式不是单纯由政府来决定和裁决的，而是受多种因素共同制约的。政府可以作为公共文化建设中的供给方，社会组织也可以成为公共文化建设中的供给方，但是他们的供给方式由于情况的不同，会出现完全不同的类型和特点，各有其优势。但是，在整个公共文化建设的过程中，各个建设的主体要根据建设的具体情况明确各方面建设的关系，要进行精心的分析和论证，然后要认真地选择具体的供给方式，进行科学合理的安排，这样，经过精心的组合，供给的效率和水平会得到大大的提升。

当前，四川省的公共文化建设在供给方式上呈现多元化的趋势和格局，面对不同的群体、不同的地区，供给主体的选择较为粗放，缺乏精细考量。多元化合作或互助的供给方式有时脱离了实际的需求，一些文化建设出现劳而无功、实效不佳的情况。在供给的主体上有时也出现随意性，如多为自愿加入和自愿组合，分工区分不恰当，各主体关系不明确，也没有科学合理地处理权力分配的关系，不利于合作的有理有序进行。这些情况的真实存在在一定程度上限制和制约了公共文化建设的广度和深度。各个主体之间的搭配合作关系势必会影响公共文化建设的质量。而政府在公共文化建设中的主导地位和主体地位，在一定程度上影响了其他主体的地位和功能的发挥。所以，政府作为主要的供给主体，一定程度上限制了其他供给主体的供给方式。因此，综合来看，在四川省的公共文化建设中，供给方式的多元化程度并不是很高，整个多元化的供主体结构还有待优化，供给方式搭配的效果也不是很好，在各个环节都有一些问题出现，致使公共文化建设的结果也受到了一定的影响。如若不采取正确的供给方式并进行科学合理的安排，则会在公共文化建设推进的历程中，把相应的供给主体排除在供给过程外，其最终的结果必然是资源的严重浪费和供给乏力。这就必然要求这些供给主体之间信息互通，多方协作，不断增强公共文化建设的可持续性。

六、运行机制不成熟，缺乏供给稳定性

四川省在公共文化建设中，缺乏比较健全的运行机制，各个部门不能

有效地整体划一，积极配合，常常出现机制不健全、运行机制不完善的缺点。首先，在公共文化服务设施管理机制层面，四川省在公共文化建设中，全省大部分地区建立了比较全面的基础设施和文化活动场所。公共文化服务设施总体上来说还是比较完善的，但是这些公共文化服务设施使用率比较低。因为缺乏专门的人才指导或是专门的培训，公众们对其中的部分设施不会准确使用，这样一种窘境使得部分设施被破坏或者是无人使用。而其中一些比较先进的设施设备则长期暴露在室外或者是无人看管，有的被破坏，有的则年久失修，导致无法正常使用。还有一部分室外活动场所和文化广场位置比较偏僻，也就是说文化活动场所不是最佳选址，晚上缺少照明，故不能很好地服务群众，降低其服务功能，使其被限制在一定的范围之内，反而占用了一些宝贵的土地资源。其次，新时代背景下，四川省还有一些地区和城市的公共文化服务领域存在陈旧死板、缺乏活力、管理理念落后、人员配备不齐的局面。一些公共文化服务综合服务中心的管理人员能力不强，专业素养不够。但更为关键的是，他们由于种种缘故，很少参加专业的培训和相关的教研活动及座谈会，不能适应新时代背景下公民大众对精神文化生活多元化的需求。这样的结果就是出现了这样一个恶性循环，公共文化服务的设备设施不能很好地被使用，相关的专业指导人才也不能很好地指导公民使用这些设备，致使它们被荒废和被闲置。而政府为主导的公共文化建设投入那么多人力财力物力，让其荒废，诚为可惜。再次，在筹资机制和评估反馈机制层面，筹资机制不健全不完善是造成当前资金来源性差的主要原因之一，也是造就多元主体真正缺位的主要原因之一。虽然政府的公共财政投入还是公共文化建设主要的资金之源，但创新意识必须要有，因为时代在变，社会方方面面都在改变，不能刻舟求剑。对非政府主体，要拓宽筹融资渠道，明晰责权利，打通体制内外的不必要界限，发挥其他社会组织和主体筹集资金的积极性。比如，四川的建川博物馆聚落就是民间资本公共文化建设的成功典范。目前，在四川省的公共文化建设中，开展的部分活动和投入的部分设施设备缺乏跟踪和评估反馈，就少了结果考量。必须明确指出的是，问题导向和结果考量同等重要，评估反馈机制既是途径也是保障。在整个公共文化建设的过程中，如若不建立健全的完善的评估反馈机制，相应的问题和矛盾无法得到及时的反映和总结以及根治，文化建设就只能流于形式主义，从整体效果上来看，这是不利于公共文化建设的可持续发展的。

七、对城镇更新的文化内核认识不清

城镇更新文化内核体现不足导致文化品位低，其根源还是因为这些地方在城镇更新的过程中对文化内核认识不清。因为有什么样的认识，就会产生什么样的作为，有什么样的作为就有什么样的城镇风貌。对城镇更新的文化内核认识不足的原因主要有以下几个方面：一是没有思考过什么是城镇更新的核心，或是思考了但没有把文化摆在城镇更新的内核位置，对文化的重要性认识不够，因此文化的位置没摆正，城镇更新的主旨就会不同程度地偏离。二是思考了，但没有厘清城镇走过的昨天，没能认清城镇建设的今天，没能看清城镇发展的明天。三是认识和需要还有差距，不能实事求是，没能以放眼世界和放眼全国的眼光看城镇更新的核心和主旨，对文化改变世界、文化强国及文化强省的战略布局缺乏深层次的认识。四是对中国社会主要矛盾的变化认识不够，回应滞后，过于偏重物质文明建设，轻精神文明建设，对"五位一体"的战略认识、贯彻还不到位，因此才会出现商业空间对公共空间的过度挤占、公共宣传站位不高、公共文化讲座举办不多、城镇和地方文化研讨会等开展较少等现象。

第三章 四川感恩与敬畏文化的形态与具体表现

四川有悠久的历史、勤劳的人民、灿烂的文化、肥沃的土地、富饶的物产、富集的资源、优美的风景，素有"天府之国"的美称。好山好水好风光，好人好物好故事。四川的传奇故事与感恩与敬畏文化有着天作之合，是川人和国人不可忘却的历史记忆和民族文化，也昭示了感恩与敬畏文化是川人的精神基因，理所当然应当成为四川公共文化建设的力量源泉和伦理基石，有着传承文化、激励后人、启迪智慧的宝贵作用。每每读到这些历史故事，作为一名土生土长的四川人，感恩和敬畏之心油然而生。

第一节 感恩先辈：巴蜀名人故事[①]

四川人的构成主要为本土四川人和后来的湖广等地移民。简单地说，四川人原本是全国各地移民的后裔。秦灭蜀后，就曾"移秦民万家"充实川蜀；东汉末到西晋，又发生过大规模的移民活动；从唐末五代到南宋初年，有大批北方人迁居蜀地；元末明初，南方移民大批进入四川；明末清初的大规模移民活动前后延续一百多年，即所谓"湖广填四川"；抗日战争时期，大批"下江人"即长江中下游居民迁居四川。中华人民共和国成立后，大批北方干部进入四川，三线建设时期又有大批来自全国各地的人员进入四川，并从此落地生根，定居蜀地。

一、川人来源

在中国历史上，四川人口的"大换血"就达六次之多，以至于出现了移民在数量上超过土著、亲戚遍全国的现象。随着移民的进入，必然发生

[①]《灿若群星的巴蜀名人》，http://www.360doc.com/content/17/1220/07/18841360_714677110.shtml。

不同地域文化的碰撞。中原文化、南粤文化、吴越文化、楚文化等同形成于先秦的巴蜀文化之间的碰撞持久而激烈。碰撞的过程也是融合的过程，其结果便是一种新的区别于原有的古蜀文化的新文化的诞生。在这种历史背景下，四川人的性格就不能不出现异质并存、错综复杂的现象。第一次跨进蜀地的人总会有耳目一新之感，似乎自己是跨进了一个新的国度。唐肃宗乾元二年（759），"诗圣"杜甫逃离战火纷飞的中原，从华州经秦州、同谷，来到成都，不禁大感惊奇。这种惊奇感之强烈，甚至压倒了艰辛旅途给他的感受。他在《成都府》一诗中甚至忘了抱怨蜀道难，而只是大声惊叹道："我行山川异，忽在天一方。但见新人民，未卜见故乡。"

二、川人性格

一是像冲出峡口的山洪，有些"叛逆"，但"叛逆得瑰丽而惊人"。四川人无论是什么身份、职业，都有一种勤劳勇敢、不怕困难、勇往直前的性格。这种性格的形成与其所处的地理条件分不开。四川盆地地势复杂，高山深谷纵横，从中冲决而出的滔滔洪水终归万里长江。得此山川、文化精神的哺育和滋养，四川人出于对贫穷落后的抗争，对美好生活的追求，往往默默无闻，蓄势待发，但一旦突破瓶颈，冲出最隘一个峡口——夔门，便大有一种誓不回头的气势，更能有一番惊世骇俗的作为。对此，余秋雨在《文化苦旅·三峡》中满怀激情地赞扬道："从三峡出发的人，他们都有点叛逆性，而且都叛逆……得瑰丽而惊人。"

二是像终究会燃起的湿木"疙兜"（树根），以"忍耐性"强而著称。忍耐是东亚文明之特征，而四川又是忍耐的典型。一方面，这种性格是他们在长期与恶劣的自然环境的抗争中养成的。在生产劳动中，他们凭借这一精神，"欲与天公试比高"，不夺丰产不回头，表现了人定胜天、不向自然低头的英雄气概。在杀敌战场上，他们凭借这一精神，敢于刺刀见红，作战勇猛，屡建奇功。但另一方面，在相对优越的自然环境中生活惯了的四川人，也养成了一种安于现状、随遇而安的品性。只要基本生活尚能维持，一般不愿抛弃原有的生存方式和生活轨迹。因此，即使受了压迫欺负，他们大多"忍"字当头，一忍再忍，甚至忍辱负重。北方人像干柴烈火，路见不平，拔刀相助，有所不满，拍案而起。而四川人像湿木"疙兜"（树根），更多则是采取传统的"文刺"方式，以幽默俏皮的文字，以入木三分的辛辣讽刺，来发泄胸中的不平之气。四川人干任何事情，开始时总是默默无闻，只是到了关键时刻才轰轰烈烈、闪光发热。

三是像疾风中的"劲草",富有"忠勇牺牲"精神。在国家统一、人民安居乐业的时代里,四川人大多默默无闻,交差完粮,平平淡淡地作百姓的楷模。但在历史紧要关头,当内忧外患严重威胁到国家民族生存时,就会像疾风中的"劲草",表现出强烈的"忠勇牺牲"精神。比如,在抗日战争前,由于四川军阀连年混战,四川人被国人视为"怯于公战,勇于私斗"的人群。但抗日战争的烈火激发了四川人的民族意识和爱国热情,使其义无反顾地投身到保家卫国的滚滚洪流中。川军以窳劣的武器,迎战装备精良的日军,热血洒遍江淮河汉,威名播于三山五岳。与此同时,盆地之内的四川父老,为全国补充了约300万的兵源,故抗日前线有"无川不成军"之说;为国家承担了占总数1/3的财政支出;为全国提供了占征收总量38.5%的稻谷……四川人民在抗战中所作的贡献,受到了全国各界的高度评价。随着移民的迁入、商品流通的发展,四川的人际交流空前频繁,各地人群的性格特征在此碰撞融合;各地风俗相互渗透、融合,最终形成了四川独具个性的文化特征。清代思想家魏源在《湖广水利论》中较早提及"江西填湖广,湖广填四川"的典故。他简明扼要地揭示了中国历史上脍炙人口的移民运动。经过明末的兵燹战乱,四川境内不少地方"寥寥孑遗,俨同空谷"。经过其他地区民众的自发迁徙以及官府的招徕流民,四川人口逐渐增长。湖南和湖北因与四川毗邻,转徙最为便利,故前往四川谋生的人数在各省移民中为数最多。来自湖广等地的大批移民,对于四川社会有着重要的影响。在四川省会成都,有一首竹枝词这样写道:"大姨嫁陕二姨苏,大嫂江西二嫂湖。戚友初逢问原籍,现无十世老成都。"这是说一家中的女人,或嫁与陕西人,或嫁与江苏人,而娶来的媳妇或是江西人,抑或是湖广人,家庭成员的原籍可谓五湖四海,当时已没有超过十世的"老成都"了。这种移民潮不仅波及城市,而且也影响到广大乡村。随着移民的大批迁入,经历明清鼎革兵燹战乱的四川,经济逐渐恢复,各地商人纷至沓来。在成都,字号放账的都是山西人、陕西人,当地人称"老西""老陕",所谓"放账三分利逼催,老西老陕气如雷。城乡字号盈千万,日见佗银向北回"。从这首竹枝词所述可见,晋、陕商人在成都的财力如日中天,一般民众只能眼睁睁地看着他们将本地的财富源源不断地运回老家。作为商帮势力繁盛的标志,四川各地的会馆相当发达,而在鳞次栉比的各地会馆中,陕西会馆显得鹤立鸡群。除了大商帮外,钱铺基本上为江西人所垄断。

伴随着商品流通交易的日益发达,人们之间的交流和接触空前频繁,极大地凸显了各地人群的性格特征。清代前期,绍兴师爷就受到成都人的极大瞩目："安排摆设总求工，古董诸般样不同。美服更兼穷美味，师爷气派与门公。"这首竹枝词，叙及绍兴师爷在衣食家居日用方面的与众不同。清初以来，四川是一个典型的移民社会，移民来自全国各地，各地风俗相互渗透、融合，最终形成了独具个性的文化特征。

三、川人交往

至迟从公元前 4 世纪起，地处四川盆地的巴国和蜀国已经与中原的诸侯国联系在了一起。在秦国扩张到巴蜀旧地后，大批移民就开始迁入。此后，川蜀地区曾经历过一次次天灾人祸，但四川总是一次次浴火重生。究其原因，一个重要的因素是四川的自然条件是"天府之国"的基础。一方面，四川地区水源充沛，从古至今，都江堰的自流灌溉造就了四川"水旱从人，不知饥馑"，加上气候温和，植被茂密，物产丰富，在农业生产条件下完全能做到自给有余。16 世纪美洲作物玉米、红薯等传入后，盆地周围的丘陵山地也得到更大的开发利用，从而养活了更多人口。另一方面，封闭的地形地势也使四川比较容易防御外敌的入侵，在战乱中能保持相对的安定，或者成为稳定的后方。另一个重要因素则是外来移民。四川的早期历史记载蚕丛、杜宇等首领都来自成都平原以外的区域，已发掘的三星堆和金沙遗址也部分证实了三四千年前发生的频繁迁移。在古代，长距离的迁移不仅能使移民获得新的生产和生活资源，找到合适的生存空间，而且是移民群体本身优胜劣汰的过程。而最终能在迁入地成功定居并繁殖绵延的，都是体力、智力上的强者。秦灭川蜀和灭六国的过程中，大批移民迁入，带去了先进文化。东汉末年中原大乱，大批移民进入川蜀，成为刘备建立蜀汉的中流砥柱。

西晋时，大批氐人和汉人移民迁入，不仅建立了割据政权，也使当地的经济、文化、人口得以在一次次战乱中延续。这样的历史在唐末五代、明末清初等时期一次次重演。开发、定居、繁衍后的移民和移民后代热爱他们的第二故乡，在抵抗外敌时表现出异乎寻常的坚毅顽强，显示出巨大的精神力量。移民中客家人的后代顽强地保持着自己的方言和宗族生活。随着人口的增加、垦殖和开发区域的扩大，四川的经济迅速恢复，名人辈出，近代各方面的四川籍名人几乎都是移民的后裔。经过祖祖辈辈的辛勤努力，四川迅速得到开发，因而四川无论在天灾还是战乱之后，都能恢复为"天府之国"，成为中国最重要的省份之一。

四、川人精神

盆地意识是指生活在四川盆地的四川人的特有意识。对于盆地意识有许多种理解。基本上，盆地意识是由四川盆地几乎完全封闭的地理特性造成的。历史上，由于四川盆地物产丰饶，四川在经济、文化等各方面自成一体，成为一个相当独立的世界，有"盆地即天下"的意境。盆地意识通常有自足、自满、自大等多种意思。

四川多奇山异水，同样，四川人则多奇人异士，这也同四川盆地的封闭性和自成一区的自然条件优越、物产丰富有关，这一点在成都平原地区显得尤为突出。《隋书》中称"溺于逸乐"，正是"少从宦之士，或至耆年白首，不离乡邑"的原因，这自然是指条件较好的成都平原地区。《宋史》认为蜀人"怀土罕趋仕进"，与《隋书》的记载异曲同工。这样的文化氛围与古代安土重迁意识相合，加上古代四川地理环境的相对闭塞又更加促使了这种安土重迁意识的加深。历史上四川各地区经济文化发展差别很大，成都平原以外的地区"地旷人稀"，物质基础较差，老百姓受地理环境封闭的影响，普遍存在不愿外出的意识。四川因为历史上数次大规模大范围的屠虐，催生出四川人乐于生活、乐观豁达又勤劳勇敢的性格。《隋书·地理志》称四川成都人"士多自闲"，这可能在事实上造成了蜀人喜治学而不求仕进的风尚，也可能在一定程度上减弱了蜀人在外的影响，故范镇《东斋纪事》认为这种现象是在张咏以后才有所改观的。

四川人对传统的家乡文化的依恋仍是十分强烈的，许多"少小离家老大还"的长者仍是乡音未改，对麻辣的喜好也使许多人食俗不改，并影响到外地人，这正是川菜风行全国的基础。今天四川已经大量走出去了，但却以出卖劳力为主，省内城市"棒棒""扁担""背篼"流行，省外"川军"成了出卖体力民工的代称。古代四川人在某些时期有乐于诗书而不求仕进的传统，青山绿水，衣食易求，美人美食美酒美茶，咏诗作画，好文刺讥，悠闲安逸，历史上一批四川文化人乐此不疲。

敢为天下先、勇于开放、敢于创新，这是蜀文化的内涵特征。这种精神自古以来一以贯之，不论在古代、近代还是现当代，都在持续地发生作用，不断地表现出来。这里不妨举出几个例子。在古代，古蜀人开创了以成都为起点的中外交流通道——"南方丝绸之路"，最早把中国的名称"China"传播到西方世界；改革开放后，新中国第一家典当商行——华茂典当服务商行在成都开业。这些说明蜀文化在历史上和当代四川经济文化建设中的重要作用。僻居内陆腹地的四川人，由于交通信息的闭塞，比起得风气之先的沿海人，似乎很难有敢为天下先的精神。但是，穷则思变，愈是闭塞便愈思开通，愈想打开眼界，因此，四川人也在这种开通进取的状态下，敢作敢为，以至于在近现代以来的历史上，开创了许多"敢为天下先"的典范。

在近代，四川保路运动"引起中华革命先"，成为引发辛亥革命的导火线。孙中山高度评价四川人的这种敢为天下先的历史功绩，他说："若没有四川保路同志会的起义，武昌起义或者要迟一年半载。"自20世纪初年的留学生运动涌进四川以后，邹容、吴玉章等先进知识分子便开创了四川青年胸怀祖国、放眼世界、虚心学习、学以致用的优良传统。五四运动后，一大批老一辈无产阶级革命家继承这一传统，掀起了四川青年留法勤工俭学的热潮，人数之多仅次于湖南。他们之中的许多人都成为后来的革命元老和骨干。"百年川蜀革命潮流，保路运动肇其端。"在新民主主义革命中，这里走出了世纪伟人邓小平、"永远的红司令"朱德、"军神"刘伯承、元帅陈毅、聂荣臻等一大批功勋卓著的革命家。

改革开放以来，发生在四川大地上的"先天下而为"的大事更是层出不穷。在农村改革方面，1980年4月，四川广汉向阳人以解放思想、实事求是的态度和大无畏的胆识和勇气，第一个摘下了"人民公社"的牌子，正式挂起了"向阳乡人民政府"的牌子。以此为开端的经济体制改革，被正式写进了国家的根本大法，载入了中华人民共和国的光辉史册，向阳也因此获得了"中国第一乡"的美称。在城市改革方面，四川曾经有企业改革发轫之作的"扩大企业自主权"的试点，还有中华人民共和国第一支股票——"蜀都股份"于1980年12月诞生。成都率先打破《人民日报》不登广告的历史，宁江机床厂于1979年6月25日在《人民日报》登出广告。

五、四川名人

历史上，四川就有"文宗自古出川蜀"的说法。四川是中国文明的重要起源地之一，以三星堆文化为代表的川蜀文明是中国文明多元一体结构中的重要一元，在夏商时代是长江流域青铜文明和城市文明的唯一代表，在中国文明史上占有十分显赫的地位。四川处于西南民族与汉民族的多民族互动交流地区，民族文化资源丰富多彩。它既是民族文化的交汇区，又是民族融合的交融区，同时还是介于内地与西南民族之间高水平文化、高科技的汇聚区和通道区。这使四川聚集了多种文化精华，汇聚了大批高文化人才，聚合、积累并生成四川文化上和科技上的极大优势。四川的高水平文化表现出"水库"特征，不断向外输出高水平文化人才，又不断从外引进高水平文化人才。历史上，四川的人才走出夔门后，常常是大展才华，"文章冠天下"，如古代的司马相如、三苏等，现代的郭沫若、巴金等。

而外省文豪入川后，更加成就了其"语不惊人死不休"，最典型的代表人物当推唐代大诗人杜甫。这种相辅相成的"水库"效应，恰应了"流水不腐"这句古话，构成了历史上四川与外省文化在经常性的互动中互补的交流特点，它使四川文化在保持自己基本形态的同时，不断更新其表层结构，从而得以站在中国文化潮流的前沿。

（一）古代四川名人

嫘祖，黄帝轩辕氏之妻，发明养蚕。

李冰，战国时代秦国蜀郡守，擅长水利，都江堰为其杰作。川人称其为"天府之父"。

文翁，汉代蜀郡守，创办中国首个官学——"文翁石室"。

落下闳（前140—前87），四川阆中人，西汉时期历法专家，中国"春节老人"。

司马相如（前179—前117），巴郡安汉县（今四川省南充市蓬安县）人，一说蜀郡（今四川成都）人。汉代文学家，擅长汉赋。

卓文君，四川邛崃人，汉代才女。

扬雄（前53—18），四川成都人，汉代哲学家、文学家。

秦宓，四川德阳人，东汉末期蜀汉辩才出众的大司农。

王平（？—248），巴西宕渠（今四川省渠县东北）人，三国时蜀汉后期大将。

谯周（201—270），四川阆中人（一说西充人），三国蜀汉儒学大师和史学家，《三国志》作者陈寿的老师。

武则天（624—705），中国历史上唯一的女皇帝，封建时代的杰出政治家，广元利州人。

陈寿（233—297），四川南充人，西晋史学家，著有《诸葛亮集》及《三国志》。

袁天罡，唐初益州成都人，是与李淳风齐名的初唐两大方士之一、天文学家、阴阳术数家。现与李淳风同葬于四川阆中天宫院。代表作为《推背图》《六壬课》《五行相书》《称骨论命》，对后代易学影响深远。

陈子昂（661—702），四川射洪人，唐代诗人，著有脍炙人口的《登幽州台歌》。

李白（701—762），四川江油人，中国古代浪漫主义第一诗人。

黄筌（903—965），四川成都人，五代十国时期西蜀画家，开创了中国工笔花鸟画派先河。

王建，前蜀国国王，五代十国时期前蜀开国皇帝，公元907—918年在位。

张思训（947—1017），四川巴中人，宋代天文学家。

陈尧叟（961—1017），阆中人，北宋己丑科状元，授光禄寺丞、直史馆，历任河南东道判官、工部员朗，升广南路转运使、广南安抚使。

陈尧佐（963—1044），阆中人，北宋端拱元年进士，历任翰林学士、枢密副使、参知政事。

陈尧咨（970—1034），阆中人，北宋庚子科状元，历任谏议大夫、集贤院学士、永兴军节度使、安国军节度使、武信军节度使。

苏舜钦（1008—1048），四川中江人，北宋文学家。

苏洵（1009—1066），四川眉山人，北宋文学家，"唐宋八大家"之一。

苏轼（1037—1101），四川眉山人，"唐宋八大家"之一。

苏辙（1039—1112），四川眉山人，北宋文学家，"唐宋八大家"之一。

张宪（？—1142），四川阆中人，南宋抗金名将，岳飞女婿。

魏了翁（1178—1237），四川蒲江人，南宋哲学家，蜀学之集大成者。

秦九韶（1202—1261），四川安岳人，南宋数学家，著有《数书九章》，中国剩余定理和秦九韶算法的发明者。

杨廷和（1459—1529），字介夫，号石斋，汉族，四川新都人，明代著名政治改革家，文学家杨慎之父。

杨慎（1488—1559），四川成都人，明代文学家，明朝三大才子之首。

张鹏翮（1649—1725），字运青，号宽宇，今四川蓬溪县人。清代名臣、治河专家、吏部尚书兼文华殿大学士。

张问陶（1764—1814），四川遂宁人，清代蜀中诗冠、书画家，著有《船山诗草》。

万安，生卒年不详，字循吉，四川眉州（今天眉山市东坡区尚义镇万冲村）人，明朝内阁大学士，内阁首辅。

陈以勤（1511—1586），四川南充人，明朝内阁首辅，嘉靖、隆庆年间宰辅。

李调元（1734—1803），四川罗江人，清朝官员、文人。

杨锐（1855—1898），字退之，易字叔峤，又字钝叔，号蝉隐，四川省绵竹县人。"戊戌六君子"之一，清末维新派人士。

刘光第（1859—1898），四川富顺人，清朝官员、"戊戌六君子"之一。

（二）近代名人

刘文辉（1895—1976），字自乾，刘湘的叔叔。民国第二十四军军长，陆军上将。1949年12月9日率部起义，1955年被授予一级解放勋章。曾任四川省政协副主席，国家林业部部长。

杨森（1884—1977），字子惠，四川广安县龙台镇寺（现广安市广安区龙台镇红日村）人，祖籍湖南衡阳草堂寺，川军著名将领。国民革命军陆军二级上将，贵州省主席。

邓锡侯（1889—1964），字晋康，四川营山县人。中华民国陆军二级上将，著名抗日将领。

刘湘（1888—1938），字甫澄，成都大邑人，民国时期四川军阀，国民革命军陆军一级上将，曾任四川省主席。

吴玉章（1878—1966），字树人，荣县人。我国杰出的无产阶级革命家、教育家、历史学家和语言文字学家，新中国高等教育的开拓者。

龙鸣剑（1877—1911），字顾三（山），别号雪眉，荣县五宝镇人。近代民主革命党人，同盟会会员。曾组织四川保路同志军，发动武装起义。

张澜（1872—1955），字表方，南充人。著名的民主主义革命家、教育家，中国民主同盟的创建者和领导者。

熊克武（1885—1970），字锦帆，井研县研经（盐井）湾人。1905年加入孙中山领导的同盟会。

（三）现当代名人

邓小平（1904—1997），四川广安人，马克思主义者，无产阶级革命家、政治家、军事家、外交家，同时也是中国人民解放军、中华人民共和国的主要领导人之一。他是中国社会主义改革开放和现代化建设的总设计师，创立了邓小平理论。

朱德（1886—1976），字玉阶。四川仪陇人。无产阶级革命家、政治家和军事家，中国共产党、中国人民解放军和中华人民共和国的主要缔造者和领导人之一。中华人民共和国十大元帅之首。

刘伯承（1892—1986），原名刘明昭，四川开县（现属重庆市开州）人。中国共产党的优秀党员，中华人民共和国元帅，中国人民解放军缔造者之一，伟大的无产阶级革命家、军事家、马克思主义军事理论家，军事教育家。

聂荣臻（1899—1992），字福骈，四川江津人。久经考验的无产阶级革命家、军事家，党和国家的卓越领导人，中国人民解放军的创建人之一，中华人民共和国元帅，中华人民共和国的开国元勋。

陈毅（1901—1972），字仲弘。四川省乐至县人。中华人民共和国元帅，无产阶级革命家、政治家、军事家、外交家、诗人。

罗瑞卿（1906—1978），四川南充人，大将军衔，无产阶级革命家、军事家。首任公安部部长。中华人民共和国开国十位大将之一。

张爱萍（1910—2003）四川达州人。无产阶级革命家、军事家。就任过华东军区参谋长、国务院副总理、国防科委主任、国防部长。

杨闇公（1898—1927），名尚述、尚达，字闇公，又名琨，四川省潼南县双江镇（今属重庆）人，中国共产主义运动先驱，四川党团组织主要创建人和大革命运动的主要领导人，革命烈士。

杨尚昆（1907—1998），号诚五，四川省潼南县双江镇（今属重庆）人，无产阶级革命家、政治家、军事家，坚定的马克思主义者，曾任中华人民共和国主席。

杨白冰（1920—2013），原名杨尚正，四川省潼南县双江镇（今属重庆）人，优秀的中国共产党党员，忠诚的共产主义战士，无产阶级革命家，我军杰出的政治工作领导者，曾任中共中央军事委员会秘书长兼总政治部主任、北京军区政委等职，上将军衔。

郭沫若（1892—1978），原名郭开贞，字鼎堂，乐山沙湾人。现代文学家、历史学家、新诗奠基人之一。

巴金（1904—2005），原名李尧棠，字芾甘，成都人。作家、翻译家、社会活动家、无党派爱国民主人士。

张大千（1899—1983），原名正权，后改名爰，字季爰，号大千，内江人。著名画家、书法家。

李劼人（1891—1962），成都人。现代著名作家、翻译家，知名社会活动家、实业家。

（四）首批十位四川历史名人出炉①

为贯彻落实中央办公厅、国务院办公厅《关于实施中华优秀传统文化传承发展工程的意见》精神，深入挖掘、保护四川历史名人资源，大力传

---

① 《首批十位四川历史名人出炉》，《四川日报》2017年7月12日，有改动。

承发展中华优秀传统文化，不断提高四川文化软实力、影响力和竞争力，我省按照把握导向、立足学术、着眼传承的工作方针，启动实施四川历史名人文化传承创新工程。四川作为中华文明的重要发源地之一，历史文化积淀深厚，名人巨匠灿若星辰，涌现出一大批杰出的政治家、文学家、思想家、科学家、艺术家等，承载着中华民族优秀的精神品格，闪烁着四川人民独特的气质风范，在中华历史文化长河中占有独特而重要的地位，是四川发展的宝贵资源和突出优势。组织实施四川历史名人文化传承创新工程，对增强川人的历史记忆、文化记忆、精神记忆，延续中华优秀传统文化的巴蜀脉络，推动中华优秀传统文化传承创新，提升人民群众文化素养，增强四川文化软实力、影响力、竞争力，具有重大的现实意义和深远意义。

四川历史名人的综合评选包含六个条件，即卒年在辛亥革命以前；出生地、祖籍地、成长地、旅居地在当地；在当地有故居、遗迹、遗址等历史遗存；在历史上有重要影响；在全国有一定影响力；思想著作或功绩有当代价值。按此条件，各地推荐了共 144 位四川历史名人。经过相关领域多名专家初评和复评，确定了首批四川历史名人共 10 位，即大禹、李冰、落下闳、扬雄、诸葛亮、武则天、李白、杜甫、苏轼、杨慎。

1. 大禹

亦称"禹""夏禹""戎禹"，夏朝建立者。姒姓，名文命。出生于今四川阿坝州境内，为夏后氏部落领袖。他奉舜的命令治理洪水，领导人民疏通江河，兴修沟渠，发展农业。治水十三年，三过家门而不入。因治水有功，被舜选为继承人，舜死后即位。划定天下九州，铸造九鼎，第一次确立了君主世袭的政治制度。主要贡献为治理洪水，发展国家生产，使人民安居乐业；结束了中国原始社会部落联盟的社会组织形态，创建夏朝，在中国历史上首创"国家"这一新型的社会政治形态。

历史功绩：① 建立了我国历史上第一个世袭制国家——夏，标志着我国文明时代的开端。② 导江治河，民得安居乐业。在四川的历史遗存有阿坝州刳儿坪、禹庙、洗儿池、禹穴、圣母祠、圣母塔、禹迹石纹、涂禹山、禹王宫、禹碑岭等。

当代价值：大禹公而忘私、为民造福的奉献精神，勇于探索、务实求真的科学精神，艰苦奋斗、坚韧不拔的创业精神，九州一家、共同发展的民族团结和谐精神，是中华民族精神的象征。大禹精神的弘扬，对于社会主义核心价值观的培育有着深远意义。一句话评语：中华民族精神的象征。

2. 李冰

李冰（约公元前3世纪），战国时代卓越的水利工程专家。秦昭王时期（前276—前251）为蜀郡太守，主持设计和兴建都江堰，凿离堆（玉垒山），凿溷崖（今夹江），治洛水（今什邡），导汶井江（今邛崃），开广都盐井等全蜀重大工程。

他继承了大禹"岷山导江，东别为沱"的治水经验和开明氏凿金堂峡治理沱江的分水之功，集蜀人治水兴农业绩之大成，以无坝引水自流灌溉工程的科学方法兴建都江堰，创世界水利工程之最，至今泽惠于民，成都平原"水旱从人，不知饥馑"，2000余年来，被誉为强农利国的"活的生生不息的长城"。李冰对世界闻名的天府蜀水文明作出了奠基性的贡献。

历史功绩：治水兴农，"穿二江成都之中"，发展江源文明，使四川盆地成为沃野千里、物产丰盈的"天府陆海"，为天府文化的优越秀冠，建立了不朽功勋。崇尚自然，探索并建设出"二江珥市""龟城走向"的成都城市生长新模式，为成都城脉布局传承至今，建立了开拓性的历史功绩。在四川的历史遗存有都江堰、二王庙、伏龙观、安澜索桥、松茂古道；什邡章山李冰墓、李冰神祠；成都七星桥遗址；东汉李冰石人像，天府广场发掘出之石犀。祭祀李冰的川主庙，全川尚存180余座。

当代价值：① 活在当代的世界文化遗产，灌溉面积由古代三百余万亩（1亩=666.67平方米）扩大至今天的上千万亩。"蜀西水利，甲于天下"的历史优势传承光大至今。② 治水"三字经"与"八字诀"所体现的开拓、创新、科学、落地的"川主"精神，孕育出"现代李冰"李林枝等带领群众兴修水利的共产党人。一句话评语："珍水万世焉"。李冰留给我们的遗训和身体力行的模范行为，当为川人万代珍视。

3. 落下闳

落下闳（约公元前2世纪），西汉民间天文学家。复姓落下，名闳，一作洛下闳，字长公，巴郡阆中（今属四川）人。元封年间（前110—前103）受武帝征聘，官居太史待诏。曾与邓平、唐都创制《太初历》。测定过二十八宿赤道距离（赤经差）。首次提出交食周期，以135个月为"朔望之会"。主要贡献太初历的主要创立者，浑天说创始人之一。曾制造观测星象的浑天仪，建立了我国最早的民间观星台，奠定了我国古代先进的宇宙结构理论基础，对于推动中国天文学的发展起到了重要作用。历史功绩创制《太初历》，决定性地影响了中国历法结构；提出浑天说，创新中国古代"宇宙起源"学说；发明"通其率"，影响中国天文数学2000年。在四川的历史遗存有南充市阆中古城、云台山、落阳山、高阳山、落亭、管星街、星座楼、观星台、春节文化主题公园等10余处。

当代价值：他具体负责制定《太初历》，于公元前104年由汉武帝颁布。这部《太初历》完整记载于《汉书》之中，在天文历法上有重大创新。由落下闳研究制造的赤道式浑天仪，以及他应用数学方法推算出来的一系列天文大数据，保存至今，仍有研究挖掘的价值。他将二十四节气的安排方式科学化，至今仍然在应用。《太初历》是我们认识理解中国传统的100多种历法，以及认识中国传统的浑天说的宇宙理论不可缺少的基本知识。一句话评语：落下闳研究制定的《太初历》，集中国传统历法之大成，在系统观测和数学结构方面有一系列创新，成为落下闳系统，与比他晚200年的古代希腊天文学家托勒密的《天文学大成》所建构的系统相比较，各有特色，影响深远，永载史册。

4. 扬雄

扬雄（前53—18），字子云，蜀郡成都（今四川成都郫都区）人。西汉末年经学家、哲学家、语言文字学家、文学家。青少年在成都师事道家学者严君平等，好深湛之思，喜辞赋，著《反离骚》等。40岁后，以赋知名被征召入京为给事黄门郎，王莽时以资历转为大夫。扬雄的汉赋与司马相如齐名，位列汉赋四大家之一。他潜心经学著述，以经莫大于《周易》，传莫大于《论语》，仿著《太玄》《法言》。《太玄》以方州部家四重三分而成81首，构建了以天文历法为基础、以"玄"为最高范畴、以阴阳五行为骨架的独特哲学体系。《法言》极力推尊孔子为圣人，崇奉五经，以圣人之道为判定是非的标准，效孟子辟杨墨，对汉代申韩诸子进行激烈批判；阐扬礼义仁孝等伦常，提出"善恶混"的人性学说。扬雄因此在汉代就获得了西道孔子的极高赞誉。所著《方言》保存了西汉各地方言，为研究古代方言必不可少的重要文献。

主要贡献：在经学、哲学、文学、语言文字学等方面作出了整个中国文化史上都堪称一流的重大贡献。

历史功绩：当西汉末年谶纬神学泛滥之际，维护了孔子与五经的正统地位，发展丰富了经学的时代内容；并在哲学、文学、语言文字学上创立了至今依然光彩夺目的成就。在四川的历史遗存有成都郫都区友爱镇子云村扬雄墓（衣冠冢）、子云桥、墨池等；绵阳今存有子云亭。

当代价值：才高行洁的高尚人品与丰厚的文化贡献，都是优秀传统文化遗产的精神财富，对中国梦的实现具有积极的历史文化意义。一句话评语：中国文化史上的一座丰碑，蜀文化史上第一位具有全国性历史影响、百科全书式的文化巨星，最有代表性的人物。

5. 诸葛亮

诸葛亮（181—234），字孔明。三国时期著名的政治家、军事家。东汉琅琊阳都（山东沂南）人。年少因战乱避难荆州，17岁时寓居隆中（今湖北襄阳），结庐勤耕苦读十年。因才智卓绝，志向远大，被时人誉称"卧龙"。公元207年，刘备三顾茅庐，27岁的诸葛亮献上《隆中对》，提出"兴复汉室"的战略规划；然后出使江东，联孙抗曹。刘备在取得赤壁之战的胜利后，占据荆州大部；既而进军益州，夺取汉中，于公元221年在成都称帝建国，诸葛亮被任为丞相。公元223年，刘备病逝，临终在白帝城（重庆奉节），托孤诸葛亮。从此，诸葛亮竭忠尽智辅佐刘禅，治理蜀国。诸葛亮自公元213年入川，到234年病逝，治蜀施政达21年之久。他励精图治，革除弊政，广任贤才，注重法治；首设堰官锦官，发展生产，务农殖谷，富国强兵；南征平叛，改善与西南各族的关系；东和孙吴，多次出兵北伐曹魏，力图兴复汉室，一统天下。公元234年，病死于五丈原（今陕西岐山）北伐军中，归葬定军山（今陕西勉县），享年54岁。史载，诸葛亮长于巧思，"推演兵法，作八阵图"；革新连弩，使之"十矢俱发"；又创制"木牛流马"，运输军粮。著有《诸葛亮集》。

主要贡献：27岁登上政治舞台，提出《隆中对》，表现出卓绝见识。其后在辅政治蜀的21年中，日理万机，出将入相，在政治、军事、经济、文化等方面做出的努力和展示的才能以及取得的成效，为世人所公认和称道。以"和抚"方针南征，以"攻心"之策收服孟获，这符合南中各族和睦相处的愿望，在客观上促进了南中社会的发展和民族融合；为结束分裂、"兴复汉室"、一统天下，五次率军北伐，追求执着，践行了"鞠躬尽瘁，死而后已"的诺言。他治蜀的一系列措施，给巴蜀地区带来了安定繁荣，符合人民结束战乱、安居乐业的愿望，对历史进步发挥了积极作用。

历史功绩：诸葛亮一生廉洁奉公，淡泊名利；治家严谨，家风纯正；谦虚谨慎，从善如流；严于律己，勇于担责；忠贞不贰，慎始全终，成为中国封建社会里正身律己、忠臣贤相的典范。在四川的历史遗存有成都武侯祠、武担山、九里堤遗址、万里桥、诸葛井、葛陌、都江堰、诸葛亮点将台、新都八阵图遗址、孔明乡与马刨井、汉代古火井遗址、牧马山（诸葛亮屯兵处）；凉山会理鱼鲊渡口（五月渡泸处）、西昌诸葛城、雷波诸葛亮点将台、昭觉蜀汉军屯遗址、越西诸葛忠武侯祠；绵阳诸葛双忠祠、涪水诸葛营、三堆子、饮马缸、诸葛寨、卧龙山、孔明泉;广元明月峡古栈道、剑门关、筹笔驿、武侯桥遗址、龙华古镇武侯祠遗址;宜宾丞相祠、点将台、观斗山;内江隆昌武侯祠遗址、合江武侯祠遗址;乐山夹江诸葛亮点将台。

当代价值:诸葛亮宁静淡泊的气质,忠贞不渝的情操,廉洁务实的作风,慎始善终的精神,为事业献身的忠义,闪耀着中华民族传统美德的光华,承载着我们民族的优秀传统文化,有着我们民族独特的精神标识。他的品德思想、治国治军才能,是我国优秀传统文化的重要组成部分。一句话评语:诸葛亮治蜀,造福于巴蜀人民。他死后1000多年一直受到各阶层人民的缅怀和赞扬。这种追思和敬仰,表达的是对中华民族传统美德的赞赏,体现的是我们民族在几千年奋斗中形成的历史观、伦理观、价值取向和审美情趣。

6. 武则天

武则天(624—705),唐高宗皇后、武周皇帝。名曌,祖籍并州文水(今山西文水县),唐朝开国功臣武士彟之女,在其任利州(今四川广元)都督时出生。14岁时被唐太宗选入宫内为才人,太宗死后为尼。旋被高宗召为昭仪,永徽六年(655)立为皇后,渐参与朝政,号天后,与高宗并称"二圣"。弘道元年(683)高宗病逝后,她临朝称制。载初元年(690)自称圣神皇帝,改国号为周,改元天授,史称"武周"。她重视农桑,轻徭薄赋,与民休息,增殖人口。广开言路,注意纳谏。发展科举,开创殿试制度。重视人才,拔擢狄仁杰、姚崇、宋璟等贤臣。开发边疆,恢复安西四镇,保障丝路畅通。由于上述政策措施的推行,她执政时期承袭"贞观之治",国势仍在上升,开启了"开元之治"的唐朝盛世。她实际执政50余年,功大于过。神龙元年(705)其子李显复位,恢复唐朝国号,尊其为则天大圣皇帝,退居上阳宫,年末病逝,终年82岁,谥则天大圣皇后,遂称"武则天"。

主要贡献:中国历史上唯一的女皇帝。

历史功绩:武则天执政时期,唐朝社会安定,经济繁荣,文化发展,为"开元盛世"奠定了坚实的基础。在四川的历史遗存有广元则天坝、皇泽寺、广政碑、天曌山。

当代价值:向传统的"男尊女卑"社会观念提出挑战,影响了当时和千百年后的妇女地位。一句话评语:唐代的开放与大度造就了中国唯一的女皇,千百年来,无论是憎恶还是赞美,都无损于这位伟大女性的历史光辉。

7. 李白

李白（701—762）唐代诗人，字太白，号青莲居士。自称祖籍陇西成纪（今甘肃静宁西南），隋末其先人流寓碎叶（唐时属安西都护府，在今吉尔吉斯斯坦北部托克马克附近）。父李客举家迁居绵州昌隆（今四川江油）青莲乡，生李白。少年即显露才华，出入蜀中名山，师从梓州节士赵蕤，为益州长史苏颋赏识。从25岁起离川，长期在各地漫游，对社会生活多有体验。天宝初曾供奉翰林，受唐玄宗礼遇，然遭权贵馋毁，仅1年余即离开长安。天宝三年（744）至洛阳，杜甫、高适从其游。安史之乱中，怀着平乱报国的志愿，被永王李璘聘为幕僚，因璘败牵累，流放夜郎，中途遇赦东还。晚年漂泊困苦，卒于当涂。李白是一个站在时代顶峰的诗人，其诗表现出对理想政治的渴求，蔑视权贵的傲岸精神，对现实政治腐败的尖锐批判；对人民的疾苦表示同情；对安史叛乱势力予以斥责，讴歌维护国家统一的正义战争；又善于描绘壮丽的自然景色，表达对祖国山河的热爱。其诗风雄奇豪放，想象丰富，语言流转自然，音律和谐多变。善于从民歌、神话中汲取营养和素材，构成其特有的瑰玮绚烂色彩。李白是屈原以来最具个性特色和浪漫精神的诗人，他的诗歌达到盛唐诗歌艺术的巅峰，与杜甫并称"李杜"。《蜀道难》《将进酒》《宣州谢朓楼饯别校书叔云》《月下独酌》《静夜思》《早发白帝城》等诗，广为世人传诵。留有《李太白集》。

主要贡献：李白是中国乃至世界上最为伟大的天才诗人之一，他通过诗篇赞美祖国河山，针砭现实政治，贴近人民情感，追求精神自由，并以其独特的创作手法和创作特点及其对诗歌内在韵律的天才把握，成为世界诗歌史上最为光辉灿烂的传奇，其成就之高、影响之大，世上少有人能够企及。

历史功绩：创作了大量语言优美、寓意深远的作品，开拓了浪漫主义的新领域，创造性地发展了浪漫主义创作手法，完成了唐朝的诗歌革新，为词的兴起和发展起到了奠基作用。在四川的历史遗存有江油青莲古镇、陇西院、粉竹楼、月圆墓、磨针溪、洗墨池、石牛沟、大匡山、小匡山、窦圌山、紫云山、戴天山、普照寺、月爱寺、太白洞、白鹤洞、金光洞、蛮婆渡、太白渡、谪仙渡。

当代价值：读李白诗有助于激发民族自信心和自豪感，养成热爱生命、热爱自然的情操，拒绝负面情绪、从精神上超越必然而趋向自由。一句话评语：李白是一位天才的，突破规范、天马行空、无可仿效的诗人。他将屈原与庄子的精神奇妙地予以结合，既属于中华民族，也属于全世界。他与莎士比亚一样,是千年一遇的伟大诗人。

8. 杜甫

杜甫(712—770),字子美,郡望京兆杜陵,故自称"杜陵布衣""杜陵野老"。祖籍襄阳(现湖北襄阳市),出生于河南巩县(今河南巩义市)。杜甫少逢开元盛世,有"致君尧舜"的理想。20岁漫游吴越齐赵,其间虽考进士不第,但"裘马轻狂",结识了李白、高适。天宝五年(746)到长安应试落第,困居十载,接触了下层百姓,写下了一系列现实主义的诗篇。安史乱起,陷贼逃难,谒肃宗于凤翔,授左拾遗。不久因直言进谏而遭贬斥,旋弃官往秦州,寓居同谷。不一年离陇赴蜀,移家成都,筑草堂于浣花溪,并往来于绵、梓、阆等州,被严武表为检校工部员外郎,世称杜工部。晚年穷困潦倒,漂泊夔湘,病死于辗转流离的舟中。杜甫的诗歌贯穿了爱国忧民的主线,深刻地反映了唐王朝由盛转衰的急剧变化,再现了安史之乱前后的社会面貌及其个人的生活经历,具有丰富的社会内容和鲜明的时代特色,故有"诗史"之誉。在艺术上转益多师,融汇百家,革新众体,形成了沉郁顿挫的总体风格,集古今诗人之大成,开后世无数之法门,影响深远,被奉为"诗圣"。其"漂泊西南"时期,大至国计民生,小至风土人情,皆入于诗,故题材更为多样,内容愈益充实;兼之"老来渐于诗律细""语不惊人死不休",精于炼字,严于格律,讲究章法,诗艺更趋完美。今存《杜工部集》20卷,存诗1400余首。

主要贡献:中国古典诗歌的集大成者,被尊为"诗圣",是中国文学史乃至文化史中地位崇高、影响深远的诗人。他的诗歌被称为"诗史",艺术上继承诗骚、古诗十九首,炉火纯青,登峰造极。

历史功绩:杜诗是一座思想宝藏,更是一座艺术宝库,为后世文学创作提供源源不断的灵感。在四川的历史遗存有成都杜甫草堂博物馆、绵阳三台杜甫纪念馆、南充阆中锦屏杜陵祠。

当代价值:他的高尚人格和崇高精神影响中国文人的精神塑造和人格陶冶。一句话评语:为人民呐喊、歌唱的诗人,必永远被人民纪念、歌颂。

9. 苏轼

苏轼(1037—1101),北宋最杰出的文学艺术家,中国历史上少有的文化巨人。字子瞻,号东坡居士,眉州眉山(今属四川)人。嘉祐二年(1057)进士,嘉祐六年(1061)应制科中最高等。熙宁二年(1069),以殿中丞直史馆判官告院权开封府推官,因反对王安石新法而屡受排挤打击自求外职,熙宁四年（1071）出任杭州通判，后改知密州、徐州、湖州。元丰二年（1079）以作诗"谤讪朝廷"罪贬谪黄州。元丰八年（1085），由知登州召还朝，哲宗时任翰林学士，因对司马光等"专欲变熙宁之法，不复较量利害，参用所长"的做法表示反对，又遭到排斥打击，而出知杭州、颍州、扬州。后官至礼部尚书、端明殿学士、翰林院侍读学士。元祐八年（1093），太皇太后高氏死，哲宗亲政，新党人物上台，对元祐人士再残酷打击，先出知定州，后又贬谪惠州、儋州。北还后第二年逝于常州。南宋追谥文忠。与父洵弟辙，合称"三苏"。忠心报国，勤政爱民，实事求是，敢说真话，故屡遭打击，生前死后都大起大落。为"唐宋八大家"之一。就宋代而言，散文、诗歌、词、书法，苏轼皆为第一。其绘画突出强调写意性与抒情性，对后世文人画有极深远的影响。他从自己的丰富艺术实践中提出许多文艺创作理论，如"有道有艺""胸有成竹""了然于心""了然于口与手""诗中有画，画中有诗""端庄杂流丽，刚健含婀娜""发纤秾于简古，寄至味于淡泊"等，被后代广大文艺创作与赏评者奉为金科玉律。从"文化"视角看，哲学上他是北宋蜀学代表人物，有《易传》《书传》《论语说》三书和大量文章。政治学上，他对儒学的民本思想、仁政思想有深度的论证和实践，平生所到之处，都为老百姓办好事、办实事。此外，他在军事学、医药学、水利学、农学、园林、盆景、制墨、酿酒、烹饪等方面也有值得一提的研究。

主要贡献：苏轼是我国历史上罕见的天才全能型作家，对中国文化的贡献和对后世的影响巨大：第一，他的全部著述（4800多篇文，2700多首诗，330多首词，多种专书、杂著、书帖、绘画）是我国优秀传统文化的重要结晶。第二，他一生投入生活实践的全部事功，体现了我们中华民族的优良道德、智慧和精神。第三，他无与伦比的人格魅力在历史时空中具有巨大的影响力。这三者共同构成苏学的思想宝库和艺术宝库，是我们今天建设中国特色社会主义文化的丰厚滋养。

历史功绩：宋代蜀学开山之人，诗、词、文、书、画自开一派，为宋代天下文宗。在四川的历史遗存有眉山市苏坟山、三苏祠、中岩寺、连鳌山、蟆颐山、醴泉山。

当代价值：其宏富著作、光辉事功、人格魅力仍然可说是当今中国人应如何做人如何生活的生动活泼的教科书。一句话评语：是中国历史上具有全面性、顶尖性、复杂性的文化巨星，国际上称为"千年英雄"，是"说不全、说不完、说不透"的永远的苏东坡！

10. 杨慎

杨慎（1488—1559），字用修，号升庵，别号博南山人、博南逸史等。四川新都人。生于北京，长于新都故乡，逝于云南充军服役戍所。《明史》有传，生平大起大落，积极努力为中华民族成长、为西南边陲地区中华文化的发展作贡献。明代政学两界在杨慎墓铭中赞颂其人："先生之生，岷蜀之精；先生之出，朝庙之英"，"文拟班扬，学侔游夏""人言天才，俾列史官，惟忠惟义，远近颂之"。

主要贡献：杨慎创造了中国文化史、中国古代学术史、中国科举史上的三大神话。其"科举史神话"为21岁四川乡试第三名，24岁北京会试第二名，接着殿试钦点第一名，进士及第，世称"杨状元"。30岁左右已任翰林院编修，皇室经筵讲官，会试、殿试掌卷官。然而明世宗由藩王入继大统为君主；继统建嗣，尊自己生父为皇考，群臣认为必须继统继嗣，方能杜绝宗室谋夺皇位之心，史称群臣谏阻嘉靖帝事件为"大礼议"。为此事件，嘉靖帝杖死十余大臣，株连刑责而贬朝臣前后200余人。37岁的杨慎为坚持"大礼议"原则，在本可远祸自保之时，冒死挺身而出，哭廷死谏，触怒嘉靖，经两次"廷杖"几死后，充军烟瘴边塞永昌卫（今云南保山），服役戍边，永不赦免。这种逆境磨炼出杨慎第二个神话，他致力于西南少数民族文化教育，培育教化兄弟民族士绅子弟及平民，身体力行带动西南各族社会上中下层民众对祖国的向心力，激发对中华文明的仰慕和学习动力。滇乡的"杨门七子"，都是西南兄弟民族的社会精英，他们通过修为与著述如明《云南通志》，促进了各民族在中华主流文化旗帜下的大融合。杨慎第三个神话是在长达30多年的刑徒生涯，尤其晚年潜居四川南部重镇泸州的岁月中，成就了学术著述史称第一的神奇。《明史》称其"记诵之博，著述之富，有明一代数称第一"。其实，不仅是明代第一，还是先秦迄明世之第一，杨慎总计留下诗词曲3132首，散文杂著269种。李一氓、张秀熟二老当年评价杨慎是为中华民族发展作出贡献的伟大哲人。在四川的历史遗存杨慎遗迹与纪念地仅四川便有数10处，如成都升庵祠、黄娥馆、桂湖及新都杨升庵纪念馆，新都杨氏家族墓园、宗祠、状元府、清源桥、宝光寺等。

当代价值：公忠体国、坚守正义的高尚爱国主义情怀；在滇西、泸州等少数民族集中地区深耕播种中华文化。为中华文化伟大复兴提供了智慧与启迪。一句话评语：有明一代文化巨人。

第二节　敬畏人民（一）："攻心联"的故事

自古以来，真正知兵者，都懂得"攻心为上，攻城为下"，最好的战略是不战而胜，从政治上道义上征服对手。至于施政执法，要宽严相济，什么时候从宽，什么时候从严，都需要审时度势，一切从实际出发。这些对于我们现代人都有非常重要的借鉴意义，需要我们去仔细品味和践行其中的精髓。这也是我们对此联赞叹不已并为之"深思"的原因，下面摘选易中天先生对"攻心联"故事的解读，以供读者参考。

一、有关"攻心联"的解读之一

能攻心则反侧自消，从古知兵非好战；
不审势即宽严皆误，后来治蜀要深思。

上联的关键词之一是"攻心"。在《三国志·马谡传》裴松之注引《襄阳记》中提到：诸葛亮和马谡"每引见，谈论自昼达夜"。马谡言："用兵之道，攻心为上，攻城为下；心战为上，兵战为下。"马谡认为带兵打仗的核心是将敌人斗志瓦解，人心收服。这和《孙子》"上兵谋……下政攻城"如出一辙。诸葛亮对这个战略颇为认可。关键词之二是"反侧"。在这里可以理解为不刚正、不顺从。《诗经·小雅·何人斯》中有"作此好歌，以极反侧"。《荀子·王制》中有"道逃反侧之民"，指的是一些不安分守己之人。理解了这两个关键词，上联意思便明朗了。带兵打仗的人，兵不血刃就可以使对方知己之错，识己力之不足，心悦诚服地投诚，就将反叛之祸端消除。正因为如此，诸葛亮对孟获七擒七纵，使其自知不足，感其不杀，感激涕零地说："公天威也，南人不复反矣。"这种仁爱策略收获了南方少数民族的爱戴和对以后的北伐的鼎力相助。相较于曹操对南方地方少数民族之武力镇压，此策略高下自明。因为曹操得到的是屡服屡叛，久久不宁。攻心战略还需明确的是，仅有攻心是不够的，既要明白好战必亡，还必须以战止战，止戈为武，忘战必危。攻心联下联的主旨是反驳部分人说诸葛亮是法家的观点。法家主张以法律之威，慑世间为非作歹之徒，严国之律，治违法乱纪之乱象。儒家治国主张"宽严相济，宽以济猛，猛以济宽"，适用刑罚之宽严，需以现世之时代和情况辩证而为。那么，诸葛亮以严治蜀之主旨是什么呢？我们看诸葛亮在答李严时讲："刘璋国弱，自刘焉以来，有累世之恩，文法羁縻，互相承奉，德政不举，威刑不肃，蜀土人士，专相自恣，君臣之道，渐以陵替。"此可鉴诸葛亮用重典治蜀以革除之前过宽之弊端，可认为是在遵循儒家"世轻世重、宽猛相济"的思想，而非法家所追求的严刑峻法。如果不能因时而变，应势而变，一味用严或用宽，反而非实事求是，可能会带来不可预测的严重后果。因此，赵藩警示后人要活学活用，不可盲目地学诸葛亮一味用严或一味用宽，均是不对的，要审时度势，明察秋毫，深思熟虑，尔后选择严或宽。综观本联，作者的初衷是赞扬武侯用攻心战略之高明，也肯定其严以治蜀政策之正确，并警示后人，宽窄与严松均要因时而定，因势而定。

二、有关"攻心联"的解读之二①

我们知道，所谓"攻心联"为清人赵藩所撰、悬挂于成都武侯祠诸葛亮殿前的一副对联。因为它的第一句是"能攻心则反侧自消"，因此被后人称为"攻心联"，也称"能攻心联"。成都武侯祠博物馆编有对这一名联的研究论文集，由四川科学技术出版社于2002年12月出版，书名就叫《"攻心"联与赵藩》。所以，"攻心联"这一简称，是研究者们发明的，且已为学界认可，不是谁的"硬伤"。赵藩撰写此联的起因和动机，也没有争议，就是以古论今，对当时的四川总督岑春煊进行劝谏。问题在于，赵藩的"以史为鉴"，究竟是以什么史实为鉴？这就正如《"攻心"联与赵藩》一书的序所言，关系到对蜀汉政权、对诸葛亮的基本认识和评价，而且"学术界存在着分歧"。为此，我们必须先来看看原文。

（一）怎样看"攻心联"

此联的全文是：

能攻心，则反侧自消，从古知兵非好战；
不审势，即宽严皆误，后来治蜀要深思。

很明显，这是批评，是告诫。而且，这些批评和告诫，就是针对岑春煊的。因为此人在四川的所作所为，恰恰就是既不能"审时度势"，又不能

---

① 以下摘自易中天：《易中天文集》（第十卷），上海文艺出版社2011年版，有删节。

"攻心为上",自然是"宽严皆误"。难怪岑春煊看完此联后,脸色难堪,一言不发,赵藩后来也被贬到了永宁。但赵藩这个人,既是岑总督的老师,又是岑大人的幕僚。以这样的身份,并不可以直接批评,只能借古人说事。那么,"攻心联"中所说之古人,究竟是谁?

标准答案只有赵藩能够给出。从这个意义讲,任何学者的解释便都是"猜测性意见",任何人也都不能以权威自居,把不同意见说成是"错误"的。此其一。第二,正因为大家都是猜测,因此不能先定调子,设立禁区,相反必须解放思想。第三,即便是猜测,也不能想当然,必须讲逻辑。怎么讲逻辑呢?先找关键词,再行排除法。"攻心联"的关键词是什么?有说是"攻心"的,有说是"好战"的,有说是"审势"的,有说是"宽严"的。这些都对。但我认为,最重要的,还是"治蜀",因为它是写给"治蜀者"(岑春煊)看的,讲的也是"治蜀"的事。"后来治蜀要深思"一句,是结尾,也是点题、落实。所以,"治蜀"是此联的关键词,"攻心联"也应该叫作"治蜀联"才更贴切。

找出这个关键词,搜索的范围也就确定了。赵藩联中的古人,肯定是三国时期的治蜀者。那么,是刘焉、刘禅,或者蒋琬、费祎、姜维等吗?多半不是。因为拿他们说事,意思不大。有意思的,只可能是举足轻重的三个人:刘璋、刘备、诸葛亮。

是刘璋吗?有可能。因为刘璋的治蜀,一般认为是失之于"宽"的。但刘璋只是"过宽",并不"过严",不能说他"宽严皆误"。再说他也不"好战"。所以,即便"攻心联"里有刘璋的份,那份额也不会太多。

那么,是刘备吗?也有可能。因为刘备毕竟发动过夷陵之战。硬要扣帽子,可以算是"好战"。但刘备发动这场战争要达到的目的(夺取荆州或者为关羽报仇),可不是靠"攻心"就能实现的。所谓"能攻心,则反侧自消",在这里并不适用。至于不能"审时度势",这个错误刘备倒是有的。具体表现,还是夷陵之战。但那只能叫"不审势,即进退失据",不能叫"不审势,即宽严皆误"。"宽严皆误"的问题,刘备有没有?有一点,但不严重,且能调整。据《三国志·简雍传》,有一年,天旱无雨,益州歉收。刘备为了节约粮食,下令禁酒。这当然是对的,但下面执法的人做得有点过分。在老百姓家里搜出了酿酒的工具,也要当作违法酿酒来处分。正好简雍和刘备一起外出散步,看见一对男女同行。简雍就说,他们要通奸,怎么不抓起来?刘备说,你怎么知道?简雍说,他们身上长着通奸的器官呀!这和家里放着酿酒的工具,不是同样的罪过吗?刘备听了哈哈大笑,立即就放了家有酿酒工具的人。这总不能说是"宽严皆误"吧？

不是刘璋，或主要不是刘璋。不是刘备，或主要不是刘备。被赵藩借来说事的，就只能是诸葛亮，或主要是诸葛亮。这也并不奇怪。"攻心联"毕竟悬挂在武侯祠诸葛亮殿前。诸葛亮不唱主角，谁唱？这其实也没有争议。争议仅仅在于，赵藩对这位主角，或者说，他对武侯的治蜀，究竟是肯定呢，还是批评？多数人的意见认为是肯定，而且是全面肯定。具体地说，就是上联肯定诸葛亮的南征孟获是"攻心为上"，下联肯定诸葛亮对法正宽，对马谡严，均无失误。这当然也讲得通，但总觉得有些别扭。因为赵藩撰写此联的目的，是要委婉地批评和告诫岑春煊。通过赞扬诸葛亮来批评和告诫，当然也行，但总不如通过批评某个人来得有力。何况"不审势，即宽严皆误"一句，明摆着就是批评的口气。赵藩是不能直接批评岑春煊的，只能"指桑骂槐"。如果那"桑"不是诸葛亮，能是谁，该是谁？遍查蜀史，怕是找不到比这位名相更大的"桑树"了。

这就迫使我们不得不重新审视诸葛亮的治蜀。在诸葛亮的领导下，蜀汉是当时治理得最好的国家。但同时，它又是最早灭亡的政权。这就说明，治理得最好，并不等于没有问题，没有教训。找出这些问题，总结这些教训，比一味地讴歌和颂扬，将更有益于我们今天的发展。这才是我们要讨论"攻心联"的真正原因。

那么，诸葛亮有问题吗？治蜀问题何在：先看诸葛亮都做了些什么。

从建兴元年（223）受托永安，到建兴十二年（234）病逝军中，诸葛亮在蜀汉执政11年。此间，他主要做了四件大事，即东和孙吴，南定夷越，北伐曹魏，内修法制。这四件事，都在《隆中对》的规划之中，可谓"既定方针"。至于结果，则有成有败，有得有失。最成功的是东和孙吴。直至蜀汉灭亡，两国关系都相当之好。后来曹魏大军兵临城下，蜀汉朝廷还有人主张投奔孙吴。最不成功的是北伐。对于诸葛亮的北伐，吴人张俨的评价是四个字："空劳师旅"（《默记》）。今人田余庆先生的评价也是四个字："积年无成"（《〈隆中对〉再认识》）。其实此事岂止徒劳无益，简直就是劳民伤财。用张俨的话说，就是"国内受其荒残，西土苦其役调"（《默记》），实际上加速了蜀汉的灭亡，所以是最不成功。

赵藩联中"能攻心，则反侧自消，从古知兵非好战"一句，莫非说的就是北伐？

此言一出，肯定有不少人嗤之以鼻。因为谁都看得出，赵藩这话说的是"内战"，不是"外战"。为什么呢？因为有"反侧"二字。什么是"反侧"？就是"不安"。民不安，就叫"反侧之民"。心不安，就叫"反侧之心"。心存"反侧",就不是"顺民"。因此要"攻心",让他们"安下心来"臣服。那么,这里说的"反侧"能是指曹魏吗?当然不可能。曹魏之于蜀汉,不是"反侧",而是"敌对"。对付曹魏,也只能靠"武器的批判","攻心"(说服教育或怀柔政策)是没有用的。

那么,诸葛亮要"攻"谁的心?通常的解释,是"南中"的"夷越",也就是孟获那些人。他们原本是不肯臣服的,对蜀汉也是存有二心的。这就是"反侧"。后来,诸葛亮南征时,采纳马谡"攻心为上,攻城为下,心战为上,兵战为下"的建议,对孟获等人七擒七纵,不杀不辱,终于使他们心悦诚服,宣称"不复反矣"(《三国志·诸葛亮传》裴松之注引《汉晋春秋》)。因此,学术界普遍认为,"攻心联"的上联,说的就是这件事。

这当然完全讲得通,但也不是没有问题。有什么问题呢?第一,南定夷越在诸葛亮所做的四件大事中,并不是最重要的。更重要的,还是东和孙吴,北伐曹魏和内修法制。第二,南抚夷越的实际效果,也并非如《汉晋春秋》所说的那么好。这也是学术界早就有人指出过的。比如缪钺先生在《三国志选注》的《前言》中,就说"诸葛亮征南中事,当时传说不免有夸大溢美之处",而且明确指出七擒孟获"不合情理",南人不反"不合事实"。何兹全先生的《三国史》,也用《三国志》之《李恢传》《马忠传》《张嶷传》中的大量材料,证明诸葛亮北还后,南中的叛乱就从来没有停止过。所以,后来曹魏大兵压境,刘禅打算逃往南中,谯周就说去不得。为什么呢?因为那些"南方远夷"的臣服,是丞相用武力逼出来的(兵势逼之),并不可靠。而且,他们臣服之后,反倒要多交赋税,就更是心怀不满,甚至充满仇恨(以为愁怨),因此随时都可能暴乱(见《三国志·谯周传》)。看来诸葛亮的"攻心",并没有达到"反侧自消"的效果。这个未必成功的事例,怎么能用来劝谏岑春煊?

然而诸葛亮进行的战争,除了南征,就是北战。所谓"从古知兵非好战",如果不是指南定夷越,也就只能是指北伐曹魏了。其实讲通这一点并不难,只要弄清楚诸葛亮北伐的真正原因就行了。前面说过,诸葛亮的北伐,其实是不成功的。不成功的原因也有三条,即:曹魏非速亡之国,益州非进取之地,诸葛非将略之才。这三条,至少前两条,诸葛亮应该是心中有数的。何况《隆中对》说得很清楚,北定中原,复兴汉室,一要天下有变,二要两路出兵。现在,天下无变而荆州已失,岂是可以北伐灭魏的时候?

于是问题就来了:既然如此,诸葛亮为什么还要锲而不舍地进行北伐呢?答案就在《出师表》。《出师表》一开始就说:"先帝创业未半而中道崩殂。今天下三分，益州疲弊，此诚危急存亡之秋也。"这是实话。也就是说，诸葛亮出师北伐，是因为蜀汉政权受到了威胁。那么，威胁来自何方？来自孙吴吗？不是。诸葛亮执政后，吴蜀盟好已经恢复，双方和平共处，相安无事。来自曹魏吗？也不是。赤壁之战后，曹魏从来就没主动攻打过刘、蜀。反倒是，刘备攻汉中，关羽围襄樊，孔明出祁山，屡屡挑衅。所以，这笔账也不能算在曹魏头上。曹魏不进攻，孙吴没威胁，所谓蜀汉政权处于"危急存亡之秋"，就只有一种可能——他们内部出了问题。套用孔子的一句话说，就是吾恐诸葛之忧不在曹魏，而在成都城中也。

诸葛亮的坚持北伐主要有三个原因。一是"理想必须实现"，二是"小国更要图强"，三是"安内必先攘外"。因为无论是转移注意力，还是加强凝聚力，战争都是最好的手段。如果处于战争状态，管理和治理起来就顺手得多。要整治或者镇压反对派，也便当得多。想当年，执掌鲁国国政的大夫季孙，就曾经因此而准备进攻鲁国的附庸颛臾，所以孔子才说"吾恐季孙之忧不在颛臾，而在萧墙之内也"（《论语·季氏》）。不过诸葛亮和季孙氏的情况并不相同。季孙攻颛臾是以强凌弱，诸葛伐曹魏是以弱抗强。季孙之忧在鲁君，故曰"萧墙之内"；诸葛之忧则不在刘禅，故曰"成都城中"。那么，让诸葛亮感到忧心忡忡的，究竟是哪些人呢？

谁有"反侧之心"？

要回答这个问题，必须先弄清楚蜀汉政权的内部结构。

刘备、诸葛亮建立的蜀汉政权，是由三股政治势力组成的。第一种是"本土势力"，包括原仕洛阳的益州官僚和仕于益州的本土豪强，我们统称之为"益州集团"。第二种是"刘璋旧部"，包括追随刘焉父子入蜀的和后来投靠刘璋的，我们统称之为"东州集团"。第三种是"刘备亲信"，包括刘备的骨干（如关羽、张飞）和后来投靠刘备的（如马超），我们统称之为"荆州集团"。这三股力量，由于有先来后到的原因，就形成了一种错综复杂的主客新旧关系。简单地说，益州集团是主是旧，荆州集团是客是新，东州集团夹在当中，既是新是客（相对于益州集团），又是旧是主（相对于荆州集团）。这就已经够麻烦的了。更麻烦的是，新来的"客人"又总是要压制旧有的"主人"。刘璋的东州集团要压制益州土著，刘备的荆州集团则不但压制刘璋的东州旧部，更压制益州的本土豪强。结果便形成了一种"鸡尾酒"似的结构：刘备的荆州集团在最上层，刘璋的东州集团在中层，益州的土著集团在最低层。这就是蜀汉政权的大体状态。

这可真是地地道道的"反客为主"、"后来居上"。将心比心，作为过去的"主人",此刻的"奴仆",益州集团绝不可能打心眼里喜欢蜀汉政权。他们的"蠢蠢欲动"和"图谋不轨",几乎是必然的。再加上刘备在猇亭和夷陵一败涂地,就使形势更加严峻,正所谓"刘备建国,基础不牢;夷陵战败,地动山摇"。据成都武侯祠博物馆研究员罗开玉先生统计,从建安二十三年(218)到延熙十三年(250),益州土著豪强发动的大规模武装叛乱竟达九次之多(《"攻心"联再研究》),蜀汉政权可以说是坐在了火药桶上。

土豪"武卫",名士"文攻"。一些益州名士到处散布流言蜚语,猖狂攻击蜀汉政权,扬言只有曹魏才能一统天下。比如张裕就公开说"天下当易代,刘氏祚尽矣"(《三国志·周群传》);周舒则说"当涂高者魏也"(同上引),意思是取代东汉的当是曹魏。杜琼还进一步做出解释,说是"名官尽言曹,吏言属曹,卒言侍曹,此殆天意也"(《三国志·杜琼传》)。谯周则拿刘备父子的名字做文章,说"备"的意思就是"足够了","禅"的意思就是"让出去","如言刘已具矣,当授与人也"。这些言论,都被陈寿记录在案,可见当时议论之多,足以蛊惑人心形成"反侧",成为刘备、诸葛亮执政必须解决的问题。

这一点,诸葛亮显然意识到了,而且做了大量的工作。他成为蜀汉政权领导核心后,很注意从益州集团中选拔人才。比如杨洪,犍为武阳人,就是诸葛亮一手提拔的。杨洪提拔的门下书佐何祗,几年后也当了广汉太守,所以当时的益州人士都佩服诸葛亮能人尽其才(是以西土咸服诸葛亮能尽时人之器用也)。这是记载在《三国志·杨洪传》正文中的,不是野史,应该可靠。此外,被诸葛亮信任重用,同时也敬佩诸葛亮的益州人士,也还有一些,比如蜀郡成都人张裔。张裔对诸葛亮,可谓心悦诚服,推崇备至,赞不绝口。他到处对人说,但凡在诸葛亮领导下的,都会奋不顾身地忘我工作(参看《三国志·张裔传》)。这也都是实话。实际上就连那些反对派,也不一定反对诸葛亮。比如前面说的那个谯周,就反汉不反亮。诸葛亮病逝五丈原,第一个跑到前线奔丧的就是他。但这并不妨碍他"颠覆"蜀汉政权,也不妨碍他"诱导"刘禅降曹。这说明什么呢?说明尽管诸葛亮本人威望高,人品好,工作做得多,却不能从根本上解决问题。益州集团,始终是蜀汉朝廷必须面对的"反侧之民"。

原因也很简单:无论诸葛亮怎样努力做到"一碗水端平",也不能改变刘备既定的组织路线——荆州第一,东州第二,益州第三。我们不妨看看刘备、诸葛亮信任重用的都是什么人。关羽、张飞、马超、黄忠、赵云不算,其他的如庞统,荆州襄阳人;法正,扶风郿县人;许靖,汝南平舆人;糜竺,东海朐县人;董和,南郡枝江人;魏延,荆州义阳人;杨仪,荆州襄阳人;马谡,襄阳宜城人;蒋琬,零陵湘乡人;费祎,江夏鄳县人;姜维,天水冀县人。这些人有的属于荆州集团,有的属于东州集团,但都不是益州人。当然,益州土著也有受信任的,比如费诗,犍为南安人;黄权,巴西阆中人;王平,巴西宕渠人。不过他们的受信任都要打折扣,或者先不受信任(如王平),或者后不受信任(如黄权),或者中间出问题(如费诗)。而且,即便被提拔,也到不了最高层。诸葛亮去世后,接班的三个人,蒋琬、费祎、姜维,便都不是益州人。益州士人不是傻子。这格局,他们还能看不明白?

何况他们早就把账算清楚了:蜀汉不过一州之地,政治资源和经济利益都有限。也就是说,蛋糕就这么大,吃的人多了,到嘴的就少了,何况"切蛋糕"的还不是自己人?天下太平的时候,他们原本是"一等臣民"。刘璋时代,降为"二等"。刘备一来,又变成"三等"了,怎么会愿意?还不如让曹魏来统治。那么,曹魏来了,益州集团就不会变成"四等臣民"吗?不会。因为曹魏要夺取的是天下,不是在益州占山为王。何况曹丕接班以后,实行的是"九品中正制",也就是由各地名流担任本郡"中正官",负责推荐本籍士人。这对益州士族是有利的。果然,司马昭灭蜀后,就将原属荆州集团和东州集团的官员都调回中原,实施"蜀人治蜀"。这就更让益州集团觉得,他们反蜀汉是反对了。

所以,尽管并非所有的益州人都反蜀汉,但反蜀汉的却多半是益州人。比如周舒,巴西阆中人;杜琼,蜀郡成都人;谯周,巴西西充人;被诸葛亮杀掉的彭羕,广汉人;被刘备杀掉的张裕,蜀郡人;刘备时期装聋作哑"闭门不出",好不容易被诸葛亮请出山来又"乞老病求归"的杜微,梓潼涪县人。他们清一色的都是益州人。至于那些搞武装叛乱的,怕也都是。这些人,或者有权,或者有钱,或者有名,或者有人,势力大得很,不是南中的孟获等人可以相提并论的。由此可见,诸葛亮的"攻心"对象,就该是他们。诸葛亮要消除的,也首先是他们的"反侧之心"。

那么,这和"攻心联"又有什么关系呢?

(二)是谁"宽严皆误"

这就要看诸葛亮怎样解决益州集团"反侧"的问题。

办法其实就是三个:任人唯贤、依法治国、北伐曹魏。这三条,应该说都很好。尤其是前两条，从理论上讲绝无问题。任人唯贤能有什么问题呢？难道要任人唯亲？当然不是。问题在于对"贤"这个字的理解。在这个问题上，诸葛亮和曹操是不同的。曹操的做法是"唯才是举"，诸葛亮的标准则首先是"志虑忠纯"（《出师表》）。这当然是对的。但具体到蜀汉，就会有些麻烦。比如前面说的那些反对派，算不算"志虑忠纯"呢？恐怕不算。其他那些益州人士，他们的"志虑"又是否"忠纯"呢？恐怕需要考验。不要说诸葛亮，就连他们自己，也未必就能担保没有"二心"。总之，荆州集团与益州集团之间，事实上是有政治隔阂和心理障碍的。在这种情况下，诸葛亮坚持"政治标准第一"，把忠于蜀汉政权放在首位，客观上就会妨碍许多益州人士的政治前途。所以，这一条，并不能消除他们的"反侧之心"。

北伐曹魏也不能。战争虽然能够起到转移注意力、加强凝聚力，提高执行力的作用，但同时也有一个副作用，就是增加人民的经济负担。打仗是要用钱的。这些钱，天上掉不下来，地上长不出来，刘备他们带不进来，只能向益州人要，而且主要靠益州的世家大族和土著豪强出。他们当然不乐意。所以，益州的"反对派"，几乎同时也是"反战派"。比如前面说过的谯周，便专门发表了一篇题为《仇国论》的"反战宣言"，明确指出如果不审时度势，一味穷兵黩武（极武黩征），势必土崩瓦解（土崩势成）。那个时候，可就"虽有智者将不能谋之矣"（《三国志·谯周传》）。这话实在可以看作"从古知兵非好战"的注脚。

剩下的就是依法治国了。这是诸葛亮治蜀最精彩也最值得肯定的一件事情，陈寿的评价也非常高。他的《三国志·诸葛亮传》评语，几乎通篇都在讲这个问题。陈寿说："诸葛亮之为相国也，抚百姓，示仪轨，约官职，从权制，开诚心，布公道，尽忠益时者虽仇必赏，犯法怠慢者虽亲必罚，服罪输情者虽重必释，游词巧饰者虽轻必戮，善无微而不赏，恶无纤而不贬。"这叫什么？这叫公开、公正、公平！结果是什么？是"邦域之内，咸畏而爱之，刑政虽峻而无怨者"。

这是有旁证的，旁证就在《三国志·张裔传》。张裔对诸葛亮的依法治国也有一个评价："公赏不遗远，罚不阿近，爵不可以无功取，刑不可以贵势免，此贤愚之所以佥忘其身者也。"所谓"佥忘其身"，就是奋不顾身。所谓"赏不遗远，罚不阿近"，就是公正、公平。也就是说，正因为诸葛亮公正公平，所以大家工作起来都奋不顾身。而且，这里说的远和近，也不只是当事人与诸葛亮的私人关系，更指是否属于荆州集团。也就是说，无论你属于荆州集团，还是东州集团，还是益州集团，该赏就赏，该罚就罚，法律面前人人平等。这正是诸葛亮能够有崇高威望的重要原因。

张裔是蜀郡成都人，属于益州集团。他这么说，说明诸葛亮确实尽可能地做到了公平执法，并没有多少亏待益州人。遗憾的是，在这个问题上，他还是有问题。有什么问题呢？首先是"过严"。诸葛亮的执法之严也是有记载的。《三国志·诸葛亮传》裴松之注引《蜀志》就说"亮刑法峻急，刻剥百姓，自君子小人咸怀怨叹"。晋人袁宏的《后汉纪》也说"刘备克成都，诸葛亮为股肱，乃峻刑法，自君子小人咸怀怨叹"。这与陈寿的评语"刑政虽峻而无怨者"似乎矛盾，其实不然。因为诸葛亮治蜀虽然偏"严"，但基本上"严"得公平。公平，正是诸葛亮大得人心之处。实际上，在"刑政虽峻而无怨者"的后面，陈寿还有一句话，即"以其用心平而劝戒明也"。平，就是公正；明，就是公开。公正公开，也就公平。正因为如此，所以"而无怨者"；但过于严峻（刑政虽峻），也是事实。也就是说，民众虽然不会抱怨不公平（刑政虽峻而无怨者），却仍会抱怨太严峻（自君子小人咸怀怨叹）。此其一。

第二，武侯执法也有不够公平的时候。比如他对法正，就很"宽"。据《三国志·法正传》，当时有人向诸葛亮报告，说法正这个人太跋扈，太霸道，不但锱铢必较，而且擅杀无辜，应该绳之以法。诸葛亮却说法正功劳太大。没有法正，就没有我们的今天，怎么能够不让法正爽一把呢（如何禁止法正使不得行其意邪）？显然，这就是"以政治代法治"了。作为一位政治家，诸葛亮不可能不把政治问题放在首位。然而一旦如此，就很难完全做到"宽严皆不误"。比如对待益州土著，他的执法就基本上是"从重从快"，甚至"制造冤案"。比如冤杀益州豪族常房诸子，就被裴松之认为是"妄杀不辜"。此案记载在《三国志·后主传》裴松之注引《魏氏春秋》，读者不妨自己查看。

第三，即便诸葛亮执法完全公平，益州集团也不会满意。因为蜀汉政权的许多法律，就是针对所谓"蜀土人士，专权自恣"的情况制定的，是专门用来对付他们、整治他们的，他们怎么会喜欢？恐怕是执法越严，他们越倒霉，越反对。何况执法人又不是诸葛亮一个。诸葛亮公平，其他人也能保证公平？要知道，那些人不是荆州集团的，就是东州集团的，很难说他们不滥用职权，利用执法之便打击益州集团。这一点，罗开玉先生的《"攻心"联再研究》一文有很清楚的阐述，也请读者自己查看。

由此可见，无论任人唯贤，还是依法治国，都无法消除益州人士的"反侧之心"。因为只要不改变"荆州第一，东州第二，益州第三"的"鸡尾酒政权结构"，无论诸葛亮怎样出以公心，在益州士族眼里也都是"宽严皆误"。

在这种情况下，唯一的办法就是发动对外战争，使国家长期处于战争状态，以外战防内战。这就是我要说北伐曹魏是"安内必先攘外"的原因。可惜的是，这一招不但未能搞定国内的反对派，反倒加速了蜀汉的灭亡。

（三）蜀汉为何而亡

蜀汉为何而灭亡？

对于蜀汉政权的灭亡，罗开玉先生曾经发表过一个观点，即"蜀汉表面上是亡于魏，实质上是亡于当地的土著豪族"（《"攻心"联再研究》），这是有道理的，因为可以和孙吴做对比。晚年孙权统治的吴国，情况是很糟糕的，可谓法纪不立，言路不通，君臣猜忌，骨肉相残，与诸葛亮领导下蜀国的政治清明刚好相反。然而，治理得最好的最先灭亡，治理得最差的国祚最长，这又是为什么呢？原因之一，就因为孙权有计划有步骤地实施了"吴人治吴"，实现了自己政权的"江东化"。江东士族既然已经把自己和孙氏政权绑在一起，实现了他们利益的"一体化"，那么，为了维护自己的利益，他们也要保卫东吴。

蜀汉则相反。刘备、诸葛亮不但没有实施"蜀人治蜀"，实现自己政权的"益州化"，反倒不断将益州士族底层化、边缘化。在刘备、诸葛亮的统治下，益州士族政治上受排挤，经济上受盘剥，法律上受制裁，仕途上看不到希望，与蜀汉政权不但不是"同路人"，反倒可能是"对立面"。在这种情况下，蜀汉政权的领导人再优秀，再鞠躬尽瘁，再以身作则，都是没有用的。益州士族不可能像江东士族那样保家卫国，只会事不关己高高挂起，袖手旁观，冷嘲热讽，甚至幸灾乐祸，里应外合。利益，决定了益州士族的整体取向。

这里面不能说没有诸葛亮的责任。诸葛亮过高地估计了他政治理想的号召力。他不知道，此刻的曹魏已非当年的曹魏，"兴复汉室"也早就成为过时的口号。因为对于士族地主阶级来说，实行了"九品官人法"的曹魏比东汉还好，他们为什么还要"兴复汉室"？反倒是坚持汉初制度的蜀汉，完全没有了吸引力。因此，益州士族不会真正支持诸葛亮的政治理想和建国方略。他们要做的事情只有一件，那就是等待曹魏来"解放"他们，以便实现他们的理想。我们知道，那就是"蜀人治蜀"加"九品官人"。

益州士族的这个理想，是当时历史发展的大势所趋。这个趋势告诉我们，士族地主终将登上历史舞台，成为统治阶级。曹丕那里已经这样做了，孙权那里也在做。所以，曹丕的魏，已不是曹操的魏；后期的吴，也不是前期的吴。他们都在为晋做准备,"反潮流"的是蜀汉。于是就有了这样一个奇特的现象:司马氏的晋,执行的是没有曹丕的曹丕路线(儒家士族路线);诸葛亮的蜀,执行的却是没有曹操的曹操路线(法家寒族路线)。在当时的历史条件下,法家寒族路线无法战胜儒家士族路线,因此三国终将归于晋。晋是不是就比魏、蜀、吴好?未必。在这里,没有个人好恶,也不作价值判断,只是说出历史事实。

这样一来,对"攻心联"就可以重新解读了:倘若能够从根本上做通益州土著集团的思想(能攻心),他们的"不安之心"就会消除(反侧自消),并不一定要通过对外战争来解决国内问题(从古知兵非好战);如果不明白士族地主终将成为统治阶级的天下大势(不审势),即便公平执法,也会左右为难(宽严皆误),这是后来治蜀的人要充分注意的(后来治蜀要深思)。显然,这里并无对武侯的不敬之处,相反给予了充分的"历史之同情"。说得再明确一些,所谓"宽严皆误",并非批评诸葛亮执法不公,而是说由于他坚持的政治理想既"不合时宜",又不对益州士族的心思,结果便"宽也不是,严也不是"。这样一种评价,如果也被说成是"把矛头对准诸葛亮",那就只能理解为故意找茬了。

实际上,作为个人,诸葛亮身上有很多值得后人学习的地方:心系天下的国士精神,审时度势的务实精神,鞠躬尽瘁的负责精神,公正廉明的法治精神。这难道是贬低,是故意做"翻案文章"?但是,我们重读历史,不能一味歌功颂德,更应该总结教训。那么,蜀汉政权有没有历史教训?有,其中之一,就是由于连年战争而人民甚苦。据《三国志·薛综传》裴松之注引《汉晋春秋》,当时出使蜀国的薛珝回国以后就对孙休说,我看蜀国是差不多了。为什么呢?走进他们的朝堂听不到正义的声音(入其朝不闻正言),走进他们的田野看不见健康的脸色(经其野民皆菜色)。另一个名叫张悌的人,也在邓艾和钟会刚刚出兵的时候断定蜀汉必将灭亡。理由之一,就是当局穷兵黩武(玩戎黩武),人民苦不堪言(民疲卒敝)。他的话,记载在《三国志·孙皓传》裴松之注引《襄阳记》,也记载在《资治通鉴》。如果说薛珝和张悌是吴人,其言不足为训,那么,蜀国自己的统计数字总能说明问题吧!据《三国志·后主传》裴松之注引《蜀志》,刘禅投降时,蜀国有民二十八万户,九十四万人,而军队则有十万,官吏则有四万。也就是说,平均每九个人就要养活一个士兵,每七户就要供奉一个官吏。蜀国人民,实在是负担不起了!

这种状况，并不能只由刘禅和姜维来埋单，因为他们执行的正是诸葛亮的"政治遗嘱"。无疑，诸葛亮坚持北伐，自有他不得已之处。我在《以攻为守》一集，已经给予充分的"历史之同情"。其中之一，便是"小国更要图强"。用《华阳国志·后主志》的话说，就是"以弱为强，犹可自保"；或如王夫之的《读通鉴论》所说，一方面通过战争来保存自己（巩固以存），另方面通过战争来寻求机会（待时以进）。所以，对此不能简单否定。但因此造成了"人民甚苦"的现状，却也是事实。当然，由于诸葛亮以身作则，蜀汉官员总体上是比较廉洁的。由于诸葛亮依法治国，蜀国的治安也是相当好的，陈寿谓之"道不拾遗，强不侵弱，风化肃然"（《上〈诸葛亮集〉表》）。但我们要记住，这种状况，是靠"战时军事管理"的方法造就的，未必"可持续发展"；而老百姓更关心的，还是自己能够吃饱肚子。

那么，前面说的这些，是赵藩的意思吗？这就不知道了。这并不要紧。赵藩写"攻心联"，原本就是借古论今。

三、与"攻心联"有关的两个典故

诸葛亮挥泪斩马谡、七擒孟获可谓妇孺皆知的历史典故，在很大的程度上体现了诸葛亮对法律和人民的敬畏之心。

1. 诸葛亮七擒孟获

公元225年，蜀汉丞相诸葛亮采纳马谡"攻心为上，攻城为下，心战为上，兵战为下"的建议，兵分西、东、中三路前往南中平叛。西路由诸葛亮亲自率领从成都出发，进军越巂郡（今四川西昌），讨伐高定；东路由马忠率领经僰道（今四川宜宾）进攻牂柯郡（今贵州福泉），攻击朱褒；中路由李恢率领从平夷（今贵州毕节）攻向建宁（今云南曲靖）。三路皆进军顺利，中路军破益州郡叛军，东路军打败朱褒，西路军南中数战皆胜并斩高定。三路大军汇合后讨伐孟获。

得知孟获在南中当地威望甚高，诸葛亮决定将其收服后为蜀所用。于是有了诸葛亮对孟获的七擒七纵，终使孟获等首领彻底信服。孟获心悦诚服地说："公，天威也，南人不复反矣。"遂与蜀汉大军盟誓于滇池，后来孟获升至御史中丞。

2. 诸葛亮挥泪斩马谡

毛泽东在点评《隆中对》时，用发展的哲学观点指出了诸葛亮的远见与不足。远见是其所确立的"东联孙吴，北拒曹操"战略。这是基于对时局的判断，即曹刘之间是主要矛盾，孙刘之间是次要矛盾和统一战线内部的矛盾。不足是其始误于隆中对，千里之遥而二分兵力。终则关羽、刘备、诸葛三分兵力，安得不败？而诸葛亮挥泪斩马谡既体现出了诸葛亮"赏罚肃而号令明"，也显现了诸葛亮用人上的失误。丢失街亭暴露了马谡几大致命弱点：一是纸上谈兵。《三国志·张郃传》："加（张）郃位特进，遣督诸军，拒（诸葛）亮将马谡于街亭。谡依阻南山，不下据城。郃绝其汲道，击，大破之。"二是刚愎自用。《三国志·王平传》："（马）谡舍水上山，举措烦扰，（王）平连规谏谡，谡不能用，大败于街亭。"三是目无法纪。《三国志·诸葛亮传》："魏明帝西镇长安，命张郃拒（诸葛）亮，亮使马谡督诸军在前，与郃战于街亭。谡违亮节度，举动失宜，大为郃所破。"四是不敢担当。《三国志·向郎传》："（向）朗素与马谡善，谡逃亡，朗知情不举，（诸葛）亮恨之，免官还成都。"这和《三国演义》对马谡失败后的描写刚好相反。这样的马谡，面对魏之名将张郃，失败是自然的结果，马谡失街亭也体现诸葛亮用人失察的低级失误，给蜀国造成不可估量的损失。据《三国志·马良传》："（诸葛）亮出军向祁山，时有宿将魏延、吴壹等，论者皆言以为宜令为先锋，而亮违众拔（马）谡，统大众在前，与魏将张郃战于街亭，为郃所破，士卒离散。"诸葛亮力排众议，将如此重大的任务交给马谡，甚至忘了刘备的告诫（说马谡言过其实，不可大用），是任人唯亲？是揠苗助长？是排斥魏延？还是其他？其中原因现已无从知晓。只是，事后诸葛亮对马谡的正法及对自己的贬职，体现了其对法令的敬畏之心，也在一定程度上赢得了民心。

第三节　敬畏人民（二）：四川保路运动

《韩非子·喻老》："千丈之堤，以蝼蚁之穴溃；百尺之室，以突隙之烟焚。"毛泽东同志说：星星之火，可以燎原。原本出发点为夺取、保护铁路权的保路运动，没想到竟成了压垮大清王朝的最后一根稻草。历史总是会有惊人的相似，这次推动历史前进的主角是各阶层的四川人，地点主要发生在成都。

一、四川保路运动缘由

自19世纪末以来，英法德美等国对中国财富的侵吞、掠夺不断加剧，

1910年逼迫清政府订立借款修路合同，争夺中国铁路投资及修筑权。其中，贯通南北和深入腹地的重要干线粤汉、川汉铁路成为列强争夺的目标。1911年5月9日，清政府在邮传大臣盛宣怀的策动下，宣布将商办民营的川汉、粤汉铁路收归国有，企图将其抵押给列强以筹款，以备镇压星星之火还未燎原的各地革命。清政府宣布收回铁路权后，没能和四川修筑铁路的股东关于补偿达成一致，招致四川各阶层，尤其是城乡广大劳动人民的坚决反对，从而掀起了轰动全国的铁路风潮。

二、四川保路运动过程

初衷只是维权的四川保路运动，怎么会发展成为暴力革命呢？

蜀道之难，难于上青天。上千年的交通不便使四川与外界联通受阻，经济发展受困。清朝决定建设西起成都、东到汉口，全长3000多千米的川汉铁路，初衷还是有促进发展之意。但因资金匮乏，清政府接受了"官设公司、召集华股、自保权利"的官商合办模式建议，设立川汉铁路公司，"以辟利源而保主权"。

因此，"田亩加税"成了清政府筹措铁路资金的渠道之一，即在所有田租之上加征修建铁路附加税，这使得几乎全川百姓都成了铁路利益相关者。1911年5月9日，清政府为挽救风雨飘摇的政权，下令将粤汉铁路及川汉铁路权利收归国有，并以此向英、法、德、美四国银行抵押举债600万英镑。消息传到四川后，四川人民在成都组织成立了"保路同志会"，喊出了"拒借洋款，废约保路"的口号。在革命党人大力策动和广泛宣传下，四川各阶层人民群情激愤，揭竿而起，市民罢工，学生罢课，投入保路斗争的活动。一场保卫路权的运动迅速在四川各地蔓延开来，并最终发展成反清暴力革命。清政府得知消息后，忙令四川总督赵尔丰实行武力镇压。清军逮捕了以立宪派谘议局正副议长蒲殿俊、罗纶为代表的十几名运动领袖，制造了数百四川人民死伤的"成都血案"。血案的发生犹如火上加油，不到10天，保路同志会的会员发展到10万人，惊慌失措的清政府不得不派湖北新军前往四川镇压四川保路运动，清政府在武汉地区的兵力因此空虚。在各地人民高涨的革命热情下，四川人民点燃了革命的火炬，在同盟会"各地同志，速起自保自救"的号召下，全川人民斗志昂扬，顽强奋战，反清武装起义的烈火熊熊燃烧，为武昌起义的成功提供了难得的机会。

三、四川保路运动意义

1911年10月10日，革命党人乘虚而动，发动了武昌起义，大获成功。起义浪潮席卷全国，四川的荣县、重庆先后宣布独立。因为保路运动为辛亥革命的发动与成功创造了有利条件，故孙中山对四川保路运动高度评价："四川保路同志会与保路同志军实为吾党辛亥革命军兴之始。"并且说："若没有四川保路同志会的起义，武昌革命或者要迟一年半载的。"因此四川保路运动被认为是武昌起义的前奏，是辛亥革命的导火索，是清政权的"催命符"。

第四节 敬畏生命 珍爱和平（一）：南宋城堡的故事[①]

这是中国绝无仅有的一片南宋城堡群，倘若不是它们，宋朝的历史或许远比史书记载的更为短暂，而欧亚的版图也会重新划分。南宋末年，为了抗击蒙古铁骑，南宋王朝在今四川、重庆境内修建了83座山城，如今保存完好者10余座，如钓鱼城、多功城、云顶城、神臂城、虎头城、运山城、大良城、凌霄城等。凭借这些城堡，蜀中军民抗击蒙军长达半个世纪之久，就算南宋已亡，犹未放弃抵抗。最后一座沦陷的山城——凌霄城位于这座方山之上，颇有点遗世独立的意思。蜀中的南宋城堡，皆依托红色丘陵中的方山而筑。而这种红层方山地貌，是四川盆地最具代表性的一种独特地貌。平阔的山顶既可以屯田自给，又因是砂岩层易于凿井取水。

一、烽火通信

在宋朝屈辱的外交史上，公元1234年是值得史官大书特书的年头。这一年，江陵府副都统制孟珙率领2万宋军，与蒙古军队在蔡州（今河南汝阳）城下相会，金哀宗见大势已去，不愿当亡国之君，将王位传给完颜承麟后自缢而死。几天后，宋蒙联军攻入蔡州，完颜承麟被乱兵杀死，后被追谥为末帝，金朝灭亡。也许还有宋人依稀记得，当年宋朝备受辽朝欺凌，为了从辽人手中夺回燕云十六州，于重和元年（1118）派遣使者由海路接触女真族人，商议灭辽事宜，史称"海上之盟"。仅仅8年之后，金人的铁

[①] 以下摘自萧易：《方山为城：那些南宋城堡的故事》，《南方周末》2017年2月9日，有删节。

骑便攻入汴京，将徽宗、钦宗及宗室、后妃、大臣等 3000 余人掳掠到天寒地冻的五国城，让宋人饱尝亡国之痛。如今宋朝军队攻入金朝，将金哀宗遗骨带回临安，也算一雪前耻了，宋理宗连忙派遣侍者到汴京祭扫八陵，这些宋朝的列祖列宗恐怕有百余年未能闻到香火味了。

公元 13 世纪，蒙古人在呼伦贝尔草原迅速崛起，马蹄声撼动整个欧亚大地。1219 年，成吉思汗亲率四子出征，剿灭花剌子模、波斯，越过高加索山，深入南俄草原，打败俄罗斯诸侯联军。蒙古铁骑所过之处，城市、古迹乃至文明的火种，变成一堆堆飘荡着灰尘、散发着腐殖味道的瓦砾。而在中国，南宋、西夏、金朝三足鼎立的格局也由于蒙古人的入侵土崩瓦解，1225 年，蒙军兵临贺兰山下，西夏亡国，而金朝的灭亡则使得宋朝彻底失去了北方屏障。宋人或许不曾想到，宋蒙盟约的墨迹犹未干透，蒙古铁骑便踏入宋朝疆土，一如当年与金人联合攻辽，又被攻入汴京往事。

1236 年秋，蒙古兵发三路伐宋，西路军由阔端统帅，自秦州、巩州入侵四川，中路军攻襄阳，东路军则由口温不花率领剑指江淮。四川承平日久，除都统制曹有闻在阳平关苦战殉国外，其他州县皆望风而靡，潼（今三台县）、遂（今遂宁市）、顺庆府（今南充市）官吏弃城而逃，主持四川防务的制置使赵彦呐听闻蒙古入侵的消息，居然只身逃遁。9 月 18 日下午，三百蒙古骑兵打着宋军李显忠部的名义，进入成都城北驷马桥。城中百姓凑在一起看热闹，许久才发现这些士兵竟是异族装扮，便拿着扁担、锄头迎战，用桌椅围堵蒙古骑兵。当时成都城中只有四百牌手与三百衙兵，知府丁黼领着牌手、衙兵在西门外石笋街与蒙军巷战，被射杀在金花街菜地中。几天后，大队蒙古骑兵云集在成都城下，阔端大书"火杀"两字，放火焚城，尽杀城中居民后离去。事后，宋将贺靖回到千疮百孔的成都，在城中收录骸骨一百四十万具，城外更是尸横遍野，难以计数。自蒙军入蜀以来，成都、遂州、资州、阆州、怀安军、宁西军、梁山军等被接连攻破（宋朝立国后在军事重地驻兵，称为军，主持地方防务），这些城池的下落令考古学家颇感兴趣。20 世纪 70 年代，四川省金堂县沱江之畔，有个农民在自家院子里挖地窖，一锄头下去，一大堆铜钱刨到脚下。农民悄悄埋好，隔三岔五就挑去废旧品收购站当废铜卖，事后人们才知道，这批铜钱足足有 3000 斤重。10 多年后，又有村民种地时挖出一方铜印，上刻"武宁第一指挥第四都朱记"字迹，"武宁"是军队番号，按照宋朝编制，百人为一都，统率五百人为"指挥"。

这个故事成了金堂人口中津津乐道的话题，谁留下了成吨的铜钱，又是谁遗失了朝廷军印？2008 年春天，成都市考古队进驻金堂，发现这片区域是宋代怀安军遗址。一道高约 2 米、宽 10 米的残墙横亘在遗址中央，这是北城墙的一部分，城墙呈梯形，中间以泥土夯筑，外围垒砌长条石。史书记载，南宋怀安军城"高一丈五尺，厚一丈六尺"，宋代一尺约合今 0.31 米，怀安军城高当在 4.65 米上下，按照惯例，城上还有城垛、城楼、跑马道等。城墙侧还发现了一块石碑，上刻"军资库"三个大字，这是存储物资、钱粮的机构，那 3000 斤铜钱可能就是军资库遗失的。蒙古铁骑长驱直入，军事重镇怀安军自然首当其冲，保命尚难，又哪来的时间去收拾铜钱、官印呢？南宋末年，怀安军再不见于史书记载，从某种程度而言，它也是南宋王朝一个凋敝的背影而已。

二、筑城工事

每隔几日，蜀中城池失守的消息便传到临安城中，令宋理宗每每长吁短叹，宋人逐渐意识到，传统的城池在蒙古骑兵面前并没有太多抵抗力。蒙古骑兵擅长攻城略地，使用包围、火攻、炮攻、水攻、地道诸多战术，北至北冰洋，南至土耳其、叙利亚，东自朝鲜，西至德国东疆，没有一个城塞能阻挡他们的马蹄。南宋城池往往建造在河流之畔的台地上，城池下是一望无垠的开阔地带，蒙古骑兵"来如天坠，去如电逝"，宋人步兵一经冲击，便如潮水般溃散。

1242 年 12 月，抗蒙名将余玠出任四川安抚制置使（安抚使、制置使、宣抚使均由朝廷直接任命，主持某一地区战事），主持四川防线。余玠此前任淮东制置副使，两淮地区的百姓常在山中立寨栅自卫，称为"山水寨"。宋臣曹彬出使金朝，沿途见到山水寨 50 多处，每寨不下 3 万人，百姓据寨自守，抗击金人。鉴于蒙古骑兵游走无定，川西平原又无险可守，余玠受山水寨启发，将城池搬到山间，建立山城防御体系。宋代的山城大多坐落在依山傍水的山崖之上，平均海拔虽仅三五百米，却峭壁环绕，远比人造城墙险要，有的地方甚至可以凭借天险而不筑城，地质学上形象地称为"方山"。"方山"山顶平坦，周回数百十亩至数十里不等，有田可耕，有林可用，有水可饮，适合军队长期驻守，逃亡的百姓也来到山城耕作生息，又为军队提供了必要的粮草。

泸州神臂城，便是在这样的背景下创立的。泸州市合江县弥陀镇与神臂山隔长江相望。长江从神臂山北面汹涌而下，流经西南，在山脚的神臂嘴绕了一个 70 度大弯，又翻滚着向东流去。这段水道滩险、水急、浪大、暗流多，晒金滩、万人坟、大灌石、猪儿石、叉鱼子处处险恶，有的江面看起来风平浪静，水下却暗流奔涌，清道光年间有一天之中翻了7条船，就连再有经验的船夫都不敢掉以轻心。

神臂山如同一只手臂伸入江中，南、西、北三面为江水环绕，只有东面有山路通往泸州。临水的这三面，江岸陡峭，怪石突兀，垂直高度达20米，有些地方甚至高近百米，山下险滩众多，航行尚且不易，更别说攻城了。淳祐三年（1243），知泸州曹致大率领军民依托神臂山修建城垣，古城东西长1.2千米，南北宽0.8千米，周长约3.3千米，设有东、南、西三道城门。浩浩荡荡的长江，固若金汤的城池，组成了一条牢不可摧的防线。

南宋末年，神臂城里的军民有数千人之巨，连泸州府都搬了过来，亏得山上一马平川，才能坚守数十年之久。

东城门的木制门楼早已不存，残存石砌的城门，城墙被青苔染成了青黛色，生出朵朵白色的石花，城门残存两层券拱，高260厘米、宽156厘米，外层券顶浮雕宝剑一把，内层雕有葫芦、铜钱。东城门左右各有一道数百米长的城墙，这是耳城，耳城下又各有一池水塘，唤作白菱池与红菱池，可能是当年的护城河。南宋末年，宋蒙双方在神臂城下展开了数十年的鏖战，古城一度五易其手，可见战事的激烈程度。

当年怀安军城被攻破后，宋军转而在临近的云顶山筑城。沱江台地地势平坦低洼，唯独云顶山孤峰兀立，状若城垣。南宋云顶城设有南城门、北城门、瓮城门、长临门、端午门、后宰门、小东门七座城门，瓮城门券拱之上题记尚存："皇宋淳祐乙酉仲秋吉日帅守姚世安改建"，淳祐乙酉为1249年。

南宋末年，余玠领导四川军民共建立了83座山城，如果在一张地图上标出这些山城的位置，你会发现山城或扼守在两江之汇，或坐落于险滩之旁，比如嘉陵江沿线的苦竹隘、大获城、运山城、青居城、钓鱼城、多功城，渠江沿线的得汉城、平梁城、小宁城、大良城，沱江沿线的云顶城、虎头城，长江沿线的白帝城、神臂城、天生城等等。它们依托嘉陵江、渠江、沱江、长江，彼此之间互为犄角，组成了一条严密的军事防线。

在这些山城面前，蒙古铁骑失去了速度的优势，且山城之间以舟楫往来，又令不善水战的蒙古人吃尽了苦头。元人姚燧在《中书左丞李忠宣公行状》一文中曾评价说："宋臣余玠议弃平土，即云顶、运山、大获、得汉、白帝、钓鱼、青居、苦竹筑垒，移成都、蓬、阆、洋、夔、合、顺庆、隆庆八府治其上，号为八柱，不战而自守矣。"

三、背叛之恨

　　1251年6月，托雷之子蒙哥在忽里勒台（即部落大会）被推立为大汗，这位好战的大汗一上台便调兵遣将，出征四方。蒙哥有感于祖辈在南征北战中创立了不朽基业，意图剿灭南宋提高自己在蒙古贵族中的声望，于1258年2月发布伐宋的号令，一时间，诸王穆哥、穆都哥，驸马君不花，万户八里赤率领蒙古铁骑云集六盘山，此外投降蒙古的汉将史天泽、郑温、董文蔚、刘黑马等人也率兵应召，这支蒙古军队总兵力大约在10万上下。7月，蒙哥留辎重于六盘山，亲率蒙军由宝鸡入大散关，经汉中入蜀，浩浩荡荡杀将而来，山城防御体系遇到了前所未有的压力。可颇具讽刺意味的是，这些山城被攻破的不多，投降的倒不少，南充市蓬安县河舒镇运山城便是这样一座山城——它不乏宋人的血性，更多的却是背叛。

　　东城门下，茂密的杂草中，一块块长条石露出来，其上开凿"人字纹"，成"品"字形堆砌，这都是南宋山城的典型特征。从《蓬州志》收录的碑文来看，运山城"自东至南门，西至北门，宏创敌楼，辅以更楼，凡五十余座。明年筑大蓬坎之基，三敌楼雄架其上……"更楼是古时击鼓报更的建筑，这里似乎解释为窥视敌军动向的城楼更合适，运山城有敌楼、更楼50余座，可谓戒备森严。

　　淳祐十年（1250年），蒙军大将汪德臣与其弟汪直臣屯兵运山城下。汪德臣之父是金朝大将汪世显，金亡后归降蒙古，汪德臣14岁时陪太子游猎，矢无虚发，征蜀以来更是所向披靡，是蒙军有名的急先锋。汪德臣亲率大军攻城，宋军飞石、流弩密如流星，汪德臣坐骑被飞石击中，汪直臣则在运山城下丧命。4年后，宋将张大悦接替杨大渊镇守运山城，蒙军再次在运山城东门外扎下大营，许是看到运山城城坚兵强，主将指挥得当，悄然退军。此事传至朝廷，见到西蜀竟有"不战而屈人之兵"的爱将，宋理宗金口一开，令工匠勒石记功，这块石碑，便是著名的《宝祐记功碑》。出乎所有人的意料，就是这样一位被南宋王朝寄予厚望的守将，却在1258年以运山城投降蒙军，封咸安郡侯。此事在南宋朝廷引发了一场轩然大波，运山城从宋军的方城变成蒙军的帅府。张大悦的投诚如同瘟疫一般蔓延，守将叛逃者数不胜数，大大加剧了南宋的灭亡进程。《宝祐记功碑》如同一记响亮的耳光，打得南宋王朝面红耳赤。

　　东城门旁的岩壁上，《宝祐记功碑》至今尚存："南宋宝祐甲寅秋八月，今制使西清蒲公檄三泉，张侯大悦摄蓬郡，民安其政。越明年夏，值鞑侵入伺东门弥旬，意叵测。侯不恃险而忽备，惟整禁以待之，竟不果犯，引去。"当年镇守运山城的杨大渊，后镇守苍溪大获城，同样在 1258 年以城请降，杨大渊立功心切，率兵攻打合州，掳掠万人而去。也就是在这一年，大良城、青居城、云顶城纷纷投诚，云顶城守将姚世安未见什么战功，稍遇进攻便开城请降，《元史》轻蔑地记录了这次投诚："守将姚某等以众相继来降。"神臂城守将刘整，原籍京兆樊川，曾在宋蒙灭金之战中率十二勇士夜擒信阳城守将，被誉为"赛存孝"。刘整入蜀后累建战功，南宋武将对这位"北人"颇为嫉妒、排斥，又以俞兴最甚，俞兴升任四川制置副使后，打算找个借口把刘整除去。闻得风声的刘整在几次托人斡旋无果后，举起了叛宋降元的白旗，以泸州等 15 个州郡、30 万户投诚。当年，神臂城公堂之上，刘整把官吏召集起来，宣布"为南者（南宋）立东庑，为北者（蒙古）立西庑"，颇具讽刺色彩的是，27 名文臣武将竟齐刷刷地站到了西庑。刘整后被任命为都元帅，他制定的"中取襄樊，东下临安，西阻巴蜀"作战思路，得到忽必烈首肯，并为蒙古操练了 7 万水军，使得南宋王朝再无水师之利，导致胜利的天平彻底倒向了蒙古。

四、决战之际

1259 年初，在陆续取得沿线的苦竹隘、大获城、运山城、青居城、大良城后，诸路蒙军黑压压地云集在钓鱼城下。在欧洲某些历史地图中，往往不标出重庆、成都，只标出钓鱼城，这座南宋城堡下的风云变幻，对中国乃至世界历史都有着深远影响。南宋的方山城堡，以合川钓鱼城为中心，不仅这里临近四川制置司大营重庆，地形也奇险无比。钓鱼城地处重庆市合川城东五公里的钓鱼山上，嘉陵江与东北来的渠江在渠河嘴相汇，流经合川城，又与西北来的涪江汇合在一起，形成一个"巴"字形大水湾，如同"口袋"一般，将钓鱼城灌在其中。钓鱼城北、西、南皆有江水环绕，东倚华蓥山，海拔虽只有 300 米上下，却"倚天拔地，雄峙一方"，俨然一座天然的军事壁垒。

1254 年，悍将王坚镇守钓鱼城，又征发石照、铜梁、巴川、汉初、赤水五县 17 万百姓加固城池，加上山体的天然高度，城垣高数十至百米上下，建有奇胜门、镇西门、小东门等八道城门，小东门与出奇门旁还有城墙直插嘉陵江，唤作"一字城"，如利剑般截断嘉陵江航道。王坚还令人在山上开凿水池，名为天池，又凿井 72 座，泉水四季不涸，即便被围攻也有充足的水源。

1259 年，蒙古大军陆续云集在钓鱼城下：先锋汪德臣率军潜伏在城西，伺机夺取外围山寨；大将史天泽列阵，封锁嘉陵江；河南新军万户郑温率领 4000 精兵巡逻，切断钓鱼城与周围山寨的联系；李忽兰吉领战船 200 艘，进攻宋军粮船。几天后，完成部署的蒙军对钓鱼城奇胜门、护国门、镇西门发动了潮水般的攻势，但均被击退；此后大雨连续下了 20 多天，迫使蒙军暂停攻击，内三层外三层将钓鱼城围得水泄不通。战不能胜，蒙军试图偷袭。在马鞍山盘山公路下方有一个洞口，重庆市考古研究所进行过一次发掘，坑中出土了大量礌石、石磨以及碎瓷片，才知道这原来是条地道。宋代中国不乏"地道战"的先例，比如河北省永清县的地下就隐藏着纵横数百里的砖砌地道，这是宋朝为防御辽国的地下防线。史书记载，蒙古军队常在攻城时以地道奇袭，大多数学者相信，这条地道的开凿者正是蒙军。地道两边高，中间低，如同倒立的汉字"凸"，宽约 1.5 米，两人并排也能快速通行。这条地道所起到的战略效果，史料并未有记载，不过从它被礌石、石磨填塞来看，显然已被宋军察觉了。

在一座孤城下被困长达四月之久，一向心高气傲的蒙古将士颇为懊恼，按捺不住性子的汪德臣单骑到城下喊降："王坚，我来活汝一城军民，宜早降"，话音未落，被飞石击中，死于军中。汪德臣之死令蒙哥大为恼怒，他令人在龟山堡修建高台，上建桥楼，楼上竖起桅杆，上架木车，欲一观城中虚实。木车刚升起来，宋军火炮、飞石宛若雨下，桅杆被打断，蒙哥为炮风所震（也又说被礌石击中），在送到重庆缙云寺半路一命呜呼，临终前留下遗诏："我之婴疾为此城也，不讳之后，若克此城，当尽屠之"。

大汗的惨死激起蒙军疯狂的报复欲望，根据马可·波罗在《马可·波罗游记》中的记载，蒙军护送蒙哥灵柩北归，沿途杀戮 2 万余人。蒙哥死后，10 万大军陆续撤离钓鱼城，忽必烈其时正领兵攻打鄂州，匆忙引兵北还，行至蒙古开平府，决定先发制人，自立为大汗，其弟阿里不哥亦称帝，这场"兄弟阋墙"的战争持续了 5 年之久，呼伦贝尔草原重新陷入战乱之中。蒙古退军也使得南宋王朝又苟延残喘 20 余载，宋理宗和他的大臣们在一派歌舞升平与蟋蟀的争斗声中，继续着骄奢、闲散的生活。而奉蒙哥之命西征的旭烈兀，一路剿灭木刺夷（今伊朗），攻占黑衣大食国都八哈塔（今伊拉克首都巴格达），此时正在与埃及作战。为争夺汗位，旭烈兀令大将怯的不花率领 2 万蒙军镇守叙利亚，自己率大军匆匆东还。怯的不花在阿音·扎鲁特草原遭埃及军队埋伏，2 万蒙军几乎全部遇难，中亚、非洲人民与他们的国度、文明，才得以在战火中保存下来。倘若不是蒙哥在钓鱼城下殒命，蒙古与埃及孰胜孰负犹未可知，世界历史恐怕也要改写。此后，蒙军又对钓鱼城发动了近百次进攻，却始终无法以武力征服这座城池，此时四川盆地的方山城堡或降或陷，或围或困，钓鱼城如独木般支撑着大宋王朝破败的疆土。明人邹智曾言："向使无钓鱼城，则无蜀久矣。无蜀，则无江南久矣。宋之宗社，岂待崖山而后亡哉！"

五、丹青墨画

翠云山形如马蹄，南北两麓均为悬崖峭壁，两道城门一东一西控制着下方的丘陵地带。东城门几乎扼守在悬崖边缘，城墙沿山顶一字排开。西城门券顶之上，"端明殿学士大中大夫四川安抚制置大使朱"楷书题记至今犹存，题记中的端明殿学士，便是当年在成都虎口脱险的朱禩孙，朱禩孙脱险后重返四川，历任知泸州兼潼川路安抚、四川制置使，他在蜀中遍筑山寨、山城，甚至上书朝廷请求以俸禄犒赏三军，被誉为余玠之后的西蜀良将。长宁凌霄城则是朱禩孙为抵御从云南北上的蒙军增设的，它也是最后一座被攻破的山城——就算南宋已然灭亡，凌霄城仍未放弃抵抗。这是一座血性十足的山城。

凌霄城如同一顶国王的王冠，盘踞在山巅，威严而不失气度，而它也无愧于"王冠"的美誉，在南宋四川83座山城中，凌霄城是最后一座沦陷的山城，就算蒙军已经攻占了临安，却依旧对它无可奈何。凌霄城的城垣最为恢宏，城垣由一排排长10余米、宽1米有余的长条石筑成，如果不仔细观察，甚至以为那是天然岩壁。如此固若金汤的城池，不单在宋朝，就是中国历史上都不多见，难怪几百年后的明代，一支叫"樊人"的部落占据了凌霄城，据险坚守，就连训练有素的明军也无可奈何。

凌霄城的战事，史书中并未留下太多记载，入侵云南的蒙军未能如期对四川形成合围，长宁之围遂解。此后的战事早已远非凌霄城所能左右，1269年蒙军攻取襄阳，取得了这处被誉为南宋咽喉的重镇。1274年9月，蒙军统帅伯颜统率20万大军，号称百万，兵分三路伐宋；次年，元军进逼军事重镇江陵，此时朱禩孙已升任京湖、四川宣抚使兼知江陵府，面对汹涌的蒙军，他先是企图服毒自尽，未遂后以江陵府降元，并号召属下归附，于是"归、陕、郢、复、鼎、澧、辰、沅、靖、随、常德、均、房诸州，相继皆降"。

1276年，蒙军攻破临安城，太皇太后捧着玉玺投降；1279年，崖山海战之后，陆秀夫背着赵昺投海自尽，同年钓鱼城10万军士降元，忽必烈不得不违背蒙哥的遗诏，下诏保全城中百姓安全，10万余军民以体面的方式告别了他们曾经为之鏖战了数十载的王朝。出人意料的是，就算得知南宋已亡，得知朱禩孙已叛，得知钓鱼城已降，凌霄城的南宋将士，仍以一介孤城抵抗元军，直至1288年与长宁其他军队同亡。在很多学者看来，钓鱼城的湮没意味着山城防御体系的崩塌，现在看来，这并不准确，凌霄城或许才是山城体系的终点，将宋朝的血脉悲壮地延续了9年。从1236年蒙军入蜀，到1288年凌霄城被攻破，历史的车轮驶过了半个多世纪。被誉为"上帝之鞭"的蒙古铁骑是13世纪最可畏的军事力量，史料显示，蒙军仅用了5年，便征服了中亚的喀拉汗国和花剌子模国；用了8年，征服波斯和幼发拉底河以北地区，建立伊尔汗国。而历来给人留下孱弱印象的南宋却抗击蒙军超过半个世纪，不得不说这是世界战争史的奇迹。南宋与蒙古之战，以四川战场持续最久，也最为惨烈，面对强敌，四川盆地的方山城堡并不落于下风，却无法挽救南宋走向灭亡的命运。从某种程度而言，这些城堡赢得了战争，只是输给了历史。

第五节　敬畏生命　珍爱和平（二）：湖广填四川的故事

山坡羊·潼关怀古

（元）张养浩

峰峦如聚，
波涛如怒，
山河表里潼关路。
望西都，
意踌躇。
伤心秦汉经行处，
宫阙万间都做了土。
兴，百姓苦；
亡，百姓苦。

湖广填四川是中国历史上的一次大规模人口迁徙，主要发生在清朝。现历史考证表明，迁徙之地以湖广行省最多，但不只湖广，还有江西、福建等十几个省份。为何如此，缘于一系列战争之祸。自元末明初到明末清初的一系列战乱，四川人口大幅减少，濒临消失。以成都为例：清末《成都通览》所载，"现今之成都人，原籍皆外省人"。元曲作家张养浩《山坡羊·潼关怀古》道出了潼关百姓之苦，而同一时期的四川百姓之苦，性质相同，苦难更甚。忆往昔之川人的大苦难，就是要明白战争之祸，敬畏生命，珍爱和平。

一、战乱之始：抗击金蒙

在历史上，不管是川人的抗金战争还是抗蒙战争，均可歌可泣，可谓惊天地泣鬼神！使宋政权摇摇欲坠的金兵，在四川遇到了四川军民的顽强抗战，阻挡住了金兵进攻，金兵未能进入四川盆地。进行了艰苦的抗金战争，又展开了近半个世纪的殊死抗蒙战争。蒙古军先后有三次进攻成都，四川盆地成了人民抗蒙战争的主战场，这个主战场中就包括震惊中外的钓鱼城，被西方人称为"上帝折鞭之城"，而蒙古大汗蒙哥在此之死改写了中国甚至世界的历史。在 50 年旷日持久的拉锯式的烽火战乱中，经济凋敝，人口凋零，四川人民的生命和财产受到巨大的损失。据虞集在《史氏程夫人墓志铭》（见《道园学古录》卷二○）记载："蜀人受祸惨甚，死伤殆尽，千百不存一二。"尽管这些文字可能有渲染和夸张，但是不争的事实。而据蜀人吴昌裔《论救蜀四事疏》表明，四川人民遭受的不仅有外敌，还有内乱。吴昌裔在《论救蜀四事疏》载："沃野千里，荡然无民，离居四方，靡有定所，耕畴不辟，堰务不修，秋不得收，春不得种"，"剽掠于民财"，"焚毁于仕族"，"骚动惨于敌祸，……故田里有内敌甚于外敌之谣，此害非一日矣"。正是这些原因，四川在近 100 年间的元代，跌入历史的低谷，一直没能恢复元气。据梁方仲《中国历代户口、田地、田赋统计》统计，四川行省在元代向中央政府所上交的赋税收入，在全国 10 个非少数民族省区中居于倒数第三，仅占全国税收的 0.96%。据《元史·食货志》所载，四川行省在各省区之中，酒税占倒数第三，醋税占倒数第一，商税占倒数第三。相较于曾贡献南宋王朝约 1/3 岁入，已是天壤之别。

二、战乱之继：农民起义

元代末年，红巾军农民大起义爆发，湖广随州（今湖北随县）人明玉珍带军队攻入四川，后在重庆自立为陇蜀王，再建立大夏政权，改元称帝。从农民起义军明玉珍军队入川起事建夏到其子明升降明灭亡，四川人民又遭受了许多次战争之苦。只是明玉珍进入四川，不仅带来了十几万基本由湖北的农民组成的军队，还带来了在湖北的大量缺少田地的农民，这就是

"湖广填四川"源头。吴宽《刘氏族谱序》载:"元季大乱,湖湘之人往往相携入蜀。"在明灭大夏政权后的明代初年,又开始有持续的大批湖广民众入川,四川人口得到填充,到明太祖时达到近146万,外地移民成为增加人口的主要部分。《潼川府志》卷五《九贤祠记》载:"元法,军所至,但有发一矢相格者,必尽屠之。蜀人如余玠、杨立诸公坚守不下,故川中受祸独惨。明初,中江县开设,土著人户业七八家,余皆自别省流来者。"

三、战乱之续:清初战乱

在明末清初,本是满目疮痍的四川大地又陷入长期暗无天日的生灵涂炭。1639年末,又一支农民起义军领袖带兵入川,这就是历史上的张献忠入川。入川后,张献忠于1644年在蜀地建立大西政权。大西政权在遭到地主武装、清军、南明军的进攻,1646年,张献忠在西充凤凰山被流矢击中而死。战争使川人一半以上死亡。从1647年至1680年,在四川土地上相继经历了明军内讧之战,张献忠部下将领孙可望、刘文秀等与清军在川北激战,清军镇压义军,搜捕明军残余分子之战,清军平西王吴三桂叛乱入川,及后来的"三藩之乱",清军与明军,明军与明军,农民与地主,满人与汉人,30多年的混乱厮杀,杀得天昏地暗、鸡犬不留,可谓灾难深重。虽然屠蜀之真凶有农民军领袖张献忠和入关之后的清军两种观点,但不改中国明末清初之际的四川人口由于受战乱和灾害而骤减的历史事实。民众饱受战火之害,再加上大旱、饥荒、瘟疫、虎豹等天灾接踵而至,人口大量死亡。据《四川通志》:"蜀自汉唐以来,生齿颇繁,烟火相望。及明末兵燹之后,丁口稀若晨星。"清朝康熙时期,据四川巡抚张德地奏疏载:"查川省孑遗,祖籍多系湖广人氏。访问乡老,俱言川中自昔每遭劫难,亦必至有土无人,无奈迁外省人民填实地方。"为了改变四川的残破衰败、土旷人稀,有可耕之田,而无耕田之民的局面,迁徙入川人口在明末清初出现了一个高潮。

第六节 敬畏历史(一):红军长征的四川故事

七律·长征

毛泽东

红军不怕远征难,
万水千山只等闲。

> 五岭逶迤腾细浪，
> 乌蒙磅礴走泥丸。
> 金沙水拍云崖暖，
> 大渡桥横铁索寒。
> 更喜岷山千里雪，
> 三军过后尽开颜。

80多年前，在关乎革命生死存亡的历史时刻，中国共产党为挽救革命于危亡，领导中央红军和红二、四方面军进行战略大转移，开启了惊天地泣鬼神的长征，谱写了人类历史上无与伦比的长征史诗。2016年，《红旗漫卷西风——红军长征在四川》纪录片在央视上映，引起巨大反响。纪录片的拍摄沿中央红军和红二、四方面军在四川的长征路线，实地取景、采访、拍摄，辅以党史、军史专家的权威论述，再现了红军三大主力在四川爬雪山、过草地等的悲壮征程。从毛泽东同志的《七律·长征》里也能看到红军战士在四川长征时的身影。

一、长征背景

1927年大革命失败后，中国革命进入低潮。"八一"南昌起义开启了中国共产党走独立领导革命战争、创建自己军队和武装夺取政权的新局面。1927年8月7日，中国共产党在汉口召开"八七会议"，确立了土地革命和武装起义的方针，1928年6月18日—7月11日召开的中共六大明确：党的总路线是争取群众。此后，中国共产党执行了建立农村根据地和革命政权、组建红军、土地革命、游击战争等无比正确的方针路线，取得明显效果。红军持续壮大，根据地更加巩固。

1932年12月，红四方面军开始以通南巴为中心建立川陕革命根据地。此后的2年多时间里，红军数量从入川时的1.5万人迅速增至8万人。根据通南巴各地史料记载统计，从红军入川到红军北上，巴山儿女加入红军超过了10万，巴中、通江、南江均超过了2万人。除了组建红军，川陕革命根据地的土地革命、红色政权建设、粉碎国民党军阀六路围攻等均取得了巨大的成功。1934年秋，川陕革命根据地红军计划夺取甘肃南部，扩大苏区和壮大红军。而同一时期，长征中的党中央和中央红军被敌人重兵围堵。遵义会议后，川北红军按指示西渡嘉陵江，开展敌后运动歼敌，策应党中央和中央红军北进。

二、四川足迹

1935年3月,川陕革命根据地的红军挥师川西北,智渡嘉陵江、勇克剑门关,留下了根据地红军英勇无畏、智勇双全的长征足迹。

(一)智渡嘉陵江,响应中央号召

嘉陵江发源于陕西凤县,穿越川北,是四川省主要河流之一。敌军倚嘉陵江两岸矗立山峰和湍急河水之天险,在沿江西岸300千米布防53个团的重兵。我军徐向前等将领敏锐地看到敌人江防布线过长的弱点,并观察到三个有利于红军的条件,一是苍溪县城一带水域水流相对平缓,易于船渡;二是红军可爬上江东岸陡峭的前山,俯视江面,利用火力掩护部队渡江;三是后山有缓坡,草木丛深,是大部队隐蔽的绝佳场所。据此,徐向前等确立苍溪县城东南塔子山为主渡地。1935年3月28日夜,70多只载满红军的小船飞速抢渡。敌人被船头红军机枪和岸上炮火狙击,突击队成功登岸。29日拂晓,已过江红军从侧后猛烈进攻并一举击溃试图防堵的敌军援军一个师,使得红30军主力完成渡江。同一时间,红31军于苍溪城北鸳溪口击退一个旅敌军,强渡过江并成功占领了对岸关键险地。红9军等部先后完成涧溪口抢渡,攻占阆中城。直至第二天早晨,三路红四方面军均渡江成功,嘉陵江西岸的敌军全线崩溃。今天的"红军渡"就是主要渡口苍溪塔山湾。醒目的石刻标语"强渡嘉陵江,迎接党中央"仍保存在四川的苍溪红军渡纪念馆。

(二)勇克剑门关,策应中央红军

天下雄关剑门山,有巍峨如剑七十二峰绵亘上百里,犹如面北而卧的雄狮群。因"一山两断状若门,秦蜀相通道由此"而得名,为历代兵家战场、战略要冲,出川的北大门,扼川陕大道。两山之间一条羊肠小道穿过主峰,所以剑门关成为敌军的战略重要阵地和江防的有力支撑点。敌军派3个团重兵驻守,密集地堡,遍布战壕,并且邓锡侯还运来赏金4万银圆以提高守军士气,以为重兵、重赏加上剑门天险,定能挡住红军。红军将领王树声全面分析地形地势后,决定避正面、攻击侧后方,辅之以冒充敌军的奇兵突袭战略。战术上由红31军93师和骑兵一部从五里坡、梯子岩冲锋关槽、关口主峰;东面由红31军91师的一个团阻断广元、昭化等地援敌,并沿黑山观、凤垭子、李家嘴佯攻牵制敌军;南面由红30军88师扑向剑门，策应红 31 军冲关。三路军形成三面包围之势。1935 年 4 月 2 日，红军在将领王树声的指挥下，从拂晓战至傍晚，歼敌三个团，剑门关要隘被攻下。红军乘势追击，敌军嘉陵江防线全线崩溃。红军控制了广元以南 200 千米的嘉陵江西岸，顺势攻克昭化城，歼敌一个团。一系列的胜利还补充了红军的武器弹药、粮食、物资。矗立的"红军攻克剑门关纪念碑"就是为了纪念这场历史性的伟大战役。红军出敌意料地智渡嘉陵江、勇夺剑门关，使敌军乱了阵脚、慌乱失措。红军乘胜追击，横扫涪江、嘉陵江流域残敌，连续取得作战胜利。这些胜利极大地牵制了敌军，给予了正在四渡赤水、被国民党军围追阻截的中央红军有力的支持。

（三）破土门天险，迎来懋功会师

土门位于四川省阿坝州茂县土门乡，连绵着几十里的高山、悬崖、峡谷。按西进计划，红四方面军将士近 8 万人要从涪江流域西入岷江流域，而土门河隘道是通过两江上游的主要通道。敌人制定"封锁土门，全面守备北川河谷"计划，并以八个团兵力，负隅固守。事实证明，敌军又一次犯了过于自信的错误，斗志昂扬的红军仅 10 天就攻克了敌人倚险固守的伏泉山、观音梁子和千佛山主峰，并作佯攻成都之势，成功牵引了敌军主力。红军主力则向土门猛攻，一举突破土门，拿下茂县县城，歼灭敌军 1 万余人，并趁势攻下理县、松潘等地，为红军两大主力会师创造了有利条件。

剑门关到土门的一系列失利，使蒋介石非常生气，令刘湘、邓锡侯等四川军阀全面追击。红军将领王树声率红军在千佛山一线以钢铁般的意志一次次打退了武器装备和人数占优的敌人。红 30 军出北川县南下，解放了沿途县镇，红 4 军开往松潘县阻止甘南敌军毛炳文部入川，为中央红军北上赢得了宝贵时间、创造了良好条件。这些胜利，终于使中央红军与红四方面军两大主力于 1935 年 6 月在懋功成功会师。

（四）两河口会议，确定战略方针

1935 年 6 月，红一、四方面军先后在达维和懋功县城（今小金县城）会师。会师后的红军于 1935 年 6 月 26—28 日，在四川懋功县城北 70 千米两河口镇（今两河乡）供奉"汉寿亭侯"关羽的关帝庙召开了中央政治局（扩大）会议和中央政治局常委会议，商议红一、四方面军会师后的战略方向和路线等重大问题，历史上称为"两河口会议"。毛泽东、朱德、周恩来、张闻天、张国焘、王稼祥、博古、刘少奇、凯丰、邓发、刘伯承、彭德怀、林彪、聂荣臻、林伯渠、李富春共16人参加了会议，周恩来代表党中央和军委在会上做了《目前战略方针的报告》。大家重点围绕战略方针、行动计划和战略指挥进行了讨论，通过了"背靠西北，面向东南"战略和"北上建立川陕甘革命根据地"总方针。

（五）诱敌于包座，红军挥师甘南

根据红军总部制定的夏洮战役计划，朱德、张国焘率领卓克基地区第5、9、31、32、33军组成的左路军经阿坝北进，徐向前、陈昌浩率领毛儿盖地区第1、3、4、30军组成的右路军从班佑北上。毛儿盖会议后，右路军按照毛儿盖会议决定，迅速占领以岷州为中心的洮河流域地区，并据此夺取陕甘。随即，左、右路军历经千辛万苦经过若尔盖大草原，并于8月下旬陆续到达阿坝和班佑、巴西。

刚走过草原死亡地带的红军身体疲惫、物资匮乏，面对的却是装备齐整的胡宗南精锐部队和驻地敌军，须攻克的是山环地险，易守难攻的上、下包座。包座位于若尔盖县求吉乡与包座乡之交界，东西宽6千米、南北长10千米，要进入甘南必经包座。红军一边面对的是驻有3个营的包座大戒寺、求吉寺敌军，一边要应付紧急驰援包座的胡宗南第49师。面对拦路虎，徐向前主动请缨。采取围而不攻、诱敌深入、聚以歼之等战术，经过异常激烈的战斗，终于以鲜血取得了胜利。红军歼灭包座地区守敌及援敌49师的大部，共毙、伤、俘敌近5000人，缴获轻重机枪50余挺，长短枪1500余支，还缴获了红军急需的牦牛、骡马、粮食、弹药等军用物资，使北上红军得到了基本补充。①

（六）奇袭腊子口，打破被动局面

腊子口战役发生在迭部县东北、四川阿坝藏族自治州和甘肃甘南藏族自治州交界地区。腊子口是通向甘南的门户，岷山山脉的一个重要隘口。这个地方山势陡峭，山底是河沟，过腊子口的唯一通道是隘口处的河上木桥。

1935年6月，红军继续北上。敌军甘肃地方军阀鲁大昌部奉命在腊子口、岷州一带阻击，左侧有卓尼藏族土司的上万骑兵，后有四川刘文辉的川边军。如不能及时突破腊子口，将面临被敌人合围的被动，毛泽东指明："不打下天险腊子口，红军在政治、军事上将十分被动。"红军决定采用正

---

① 《解读长征（36）：为什么说包座战役为红军北上扫清障碍》，央广网 http://military.cnr.cn/gz/20160919/t20160919_523145541.html。

面强攻和攀上悬崖、天降神兵、上下夹击、内外夹攻、迂回围剿的战术。战斗之初，开明的土司撤走了自己守在岷、迭山间的武装，还开仓放粮接济红军，对缺少物资与粮食的红军来说，无疑是久旱逢甘霖。

至腊子口路途中两退敌人后，红军在腊子口展开了七八次攻击均未能成功。红军将领观察两边高约 500 米的山脊，山上树林茂密，红军派善于攀爬的一名战士带领十几名红军爬上右侧的山脊，于是出现了"腊子口上降神兵，百丈悬崖当云梯"一幕。红军一路从山腰向下攻击，另一路红军则从腊子口约 1 千米的纵深山脊上往下打，还有一路红军从正面进攻。经过 5 个多小时的腊子口激战，腊子口被攻克。此次战役是红军出奇制胜、以弱胜强的经典战。

（七）巧渡金沙江，甩脱围追堵截

川滇边界的金沙江，江宽水急浪大，穿行在深山峡谷间。面对蒋介石 40 万大军的围追堵截，毛泽东审时度势，决定从金沙江北渡入川。当红军主力挺进金沙江时，蒋介石才如梦方醒，判定红军必渡金沙江，急忙命令当地驻军控制渡口，转移船只，封锁江面。

1935 年 5 月 3 日夜晚，受领抢夺皎平渡任务的红军到达金沙江边时，幸运地发现南岸竟然还有 2 只小船，原来这两只船是从北岸送敌军探子来南岸探查军情的，船在岸边，探子却不见了。于是，红军立即乘坐这 2 条船抵达北岸。而这时，北岸的哨兵以为是派出去的探子回来了，没在意，红军顺势对敌人展开出其不意的袭击，将敌人一连正规军和一个保安队一举歼灭，成功控制了皎平渡口。之后，红军又找到了 5 只船，加上之前的 2 只船，共 7 只小船，在当地 37 名船公 7 天 7 夜不眠不休的帮助下，红军主力从容过江，甩脱了敌军的围追堵截。担任掩护红军主力渡江任务的红九军团在南渡乌江以后，忽南忽北，迷惑牵制了敌人兵力，并于 1935 年 5 月 9 日成功渡江。当敌军追至金沙江南岸时，红军已在 2 天前渡过了金沙江。今天，皎平渡口屹立着纪念红军巧渡金沙江和感恩 37 名船工的纪念碑，碑上刻着他们的名字，并写道："共和国不会忘记，帮助中国工农红军渡江的三十七名船工。"

（八）飞夺泸定桥，红军挥师北上

泸定桥位于四川省甘孜藏族自治州泸定县泸桥镇。康熙曾下令在大渡河上修建一座桥梁，并御笔亲书"泸定桥"，立御碑于桥头。1863 年，太平天国起义军将领翼王石达开曾率军在泸定桥抢渡大渡河失利,全军覆没。因此,蒋介石企图把红军变成第二只石达开部队,想在泸定桥以南消灭红军主力。他令刘文辉等部队围剿红军,并派军提前驻守泸定桥,以逸待劳。1935年5月26日上午,毛泽东等人试图让红军从雅安石棉县安顺场渡口渡河,但红军只找到5只小船,且河水湍急,摆渡困难。在这种情形下,大部队全部过河约需20天,而20天的时间将会给敌军提供包围和消灭红军的可乘之机。正在此时,一位已是耄耋之年的秀才宋大顺告诉红军,可顺着大渡河向上走150多千米,从泸定铁索桥过河。听了秀才的支着儿,毛泽东等人果断下令红1师及干部团为右纵队,继续从安顺场渡河,沿大渡河东岸北上。令红2师、1军团团部、5军团为左纵队,沿大渡河西岸北上,派红1军团2师4团为抢夺泸定桥的先遣队。4团红军官兵受领任务后,克服天上下雨、地上崎岖等困难,一昼夜奔袭120千米,在5月29日凌晨6时许到达泸定桥西岸。第2连连长和22名突击队员冒着枪林弹雨在铁索桥上匍匐前进,消灭了桥头敌人,并与合围过来的东岸部队占领了泸定桥。泸定桥战役不仅是红军生死攸关的一次重要战役,还为红军打通了长征北上的抗日通道。

（九）雪山和草地,考验理想信念

二万五千里长征途中,最苦的是爬雪山和过草地,被称为人类历史上最为悲壮的死亡行军。红军爬过的雪山、走过的草地许多都在四川。红军长征翻越的第一座大雪山就是位于四川省雅安市宝兴县的夹金山。夹金山主峰海拔大约4950多米,山中天气变幻多端,被当地人民看作"连鸟儿也难以飞过"的神山。当地民谣曰:夹金山,夹金山,鸟儿飞不过,凡人不可攀。要想越过夹金山,除非神仙到人间。地处红原县与黑水县交界处的亚克夏山海拔4800米,高耸入云,长年积雪,气候多变,是红军长征中翻越的第三座大雪山,往返翻越次数最多,不少红军战士在此留下了他们的铮铮铁骨。后来修建的亚克夏山红军烈士墓是我国海拔最高的红军烈士墓。红军走过的草地分布于四川盆地与青藏高原的过渡地带,海拔超过3500米。今天说的红军所过草地主要是川西北若尔盖地区,名为草地,实则为高原湿地,泥质沼泽。美国革命作家史沫特莱在《伟大的道路》中对毛尔盖大草原这样描述道:"大草地位于康藏交界地区的高地上,一望无垠,广袤达数百英里,全是没有路的沼泽地带。走了一天又一天,极目四顾,红军所看到的,除了无边无际的野草外,没有别的东西,而野草下面则是浑水深达数英尺的沼泽。死草堆上又长出了大片野草，谁也说不上是不是几百年来就如此。大树小树一概没有，看不到鸟类飞翔，听不到虫声唧唧，甚至连一块石头都找不到。这里什么东西都没有，只有无边无际的野草，夏天任凭狂风暴雨冲打，冬天任凭大雪覆盖。天空永远密布乌云，把大地衬托成灰暗而阴沉的地狱。"毛儿盖大草原就是位于四川省阿坝州北部的松潘草地。今天的四川红原县得名于1960年，周恩来为其命名，取意为红军长征走过的大草原。爬雪山和过草地的过程中，缺衣少食的红军战士要和恶劣的自然环境做斗争，野菜、草根、蚂蚱、树皮、皮带、马鞍、河鱼、朱德的马、彭德怀的骡等任何能吃的均用于充饥，饥饿、寒冷、泥沼、缺氧、疾病等因素夺去了很多红军战士的生命。聂荣臻回忆道："过草地那些日子，天气是风一阵雨一阵，身上是干一阵湿一阵，肚里是饱一顿饥一顿，走路是深一脚浅一脚。软沓沓，水渍渍，大部分人挺过来了，不少人却倒下去了。"环境极端恶劣，物质极度缺乏，唯有革命理想、严明纪律、乐观精神等无比强大的精神力量战胜了一切困难险阻，创造了人类的奇迹。萧华在《长征组歌》中叹道："风雨浸衣骨更硬，野菜充饥志越坚。官兵一致同甘苦，革命理想高于天。"

红军在四川境内跋涉长达20个月，走过近70个县，经过30多万平方千米的土地，最为艰难困苦。红军在四川的胜利，是中国革命走向光明、赢得胜利的转折点。

第六节 敬畏历史（二）：四川抗战的故事

一、为国为民，川军出川

男儿立志出临关，
不破倭贼终不还！
埋骨何须桑梓地？
人生处处有青山！

——川军出川抗日誓词

（一）出川背景

因不满蒋介石之"攘外必先安内"的打内战、不抗日思想，1936年春天，时任四川省政府主席的刘湘与中共代表及李宗仁、白崇禧签订了《川、桂、红协定》，旨在团结一心，不打内战，共同抗日。1937年7月7日的"卢沟桥事变"爆发，激起全国人民高涨的抗战激情。中共中央坚持以民族大义为重，主张停止内战，一致对外，建立抗日民族统一战线政策。刘湘立刻响应并通电全国："和平果已绝望，除全民抗战外，别无自存之道，要求当局早决大计，甫澄愿率川军供驱遣抗敌！"在南京国防会议及党政联席会议上，刘湘慷慨陈词道："四川为国家后防要地，今后长期抗战，四川即应负长期支撑之巨责。四川竭力抗战，所有人力、物力，无一不可贡献国家……"后来，刘湘再次作动员令《告川康军民书》："中华民族为巩固自己之生存，对日本之侵略暴行，不能不积极抵抗！凡我国人，必须历尽艰辛，从尸山血海中以求得最后之胜利！""四川为国人期望之复兴民族根据地与战时后防重地，山川之险要，人口之众多，物产之丰富，四川7000万人民所应负担之责任，较其他各省尤为重大！"

（二）抗战之始

在民族大义的感召下，川军将领们放弃前嫌，共商抗战国是，军队集结14个师赴抗日前线。川军出川后，南京国民政府迁往重庆后又返南京。在这8年时间里，四川人民竭尽所能、倾尽所有，在食不果腹的情况下捐出绝大部分粮食，于生离死别之际送出300多万子弟赴前线，成为物资供给和兵源补充的最大基地。

二、舍身救国，英勇抗战[①]

抗战爆发后，粗略统计近350万川军出川抗战，竟超过了全国同期实征1405万余人的1/5！

首批出川川军奉命分三路开赴各自抗日前线：第一路由第22集团军总司令邓锡侯率领，从成都徒步经川陕公路，过潼关、渡黄河，进入山西境内对日作战；第二路由第23集团军总司令刘湘率领，从重庆朝天门码头乘船东下，参加南京保卫战；第三路由川军将领杨森率领第20军，从贵州出发，直接开赴上海，参加淞沪会战。从此，川军的足迹遍布全国的抗日战场，几乎所有的对日大会战中都有川军将士的身影。

当时川军装备之差、军纪之松散全国闻名，外界将川军官兵形容为"草

---

① 此部分内容摘自搜狐网：《抗战期间川军出川后如何从烂军变为虎狼之师？》，http://www.sohu.com/a/125923352_401261，有改动。

鞋军""双枪将",除了那些长短不齐口径不一的各式土枪,很多人还有一支大烟枪,即使是土枪士兵也合3人一支,很多部队还装备着大刀。

奔赴山西战场的川军,装备仅为老套筒步枪和大刀。10月当这支军队途径陕西宝鸡时,一位目击这支队伍的美军观察员曾这样描述道,他们沿着马路通过郊区成群结队毫无秩序,有的穿着军服、戴着军帽,其余的服装则随心所欲任意穿戴,但每个人都带着旧式雨伞以及脸盆、茶壶、电筒、毛巾、蔬菜和备用草鞋,这些东西或者挂在肩膀上,或者用绳子拴在身上,许多扛枪的人都用布包裹着私人财物吊在枪杆上。像这样吹吹打打的喜剧般的中国军队,现在只有在传奇故事中才有了。

川军出川时已秋末,不少士兵仍身穿单衣,脚扎草鞋,沿川陕公路步行1500千米开赴山西前线。在晋东娘子关,川军由于装备低劣加之缺乏野战医疗救护,在日军炮火及飞机的扫射下,川军仅十几天便伤亡过半。当时在蒋介石的嫡系中央军和本地晋绥军眼中,川军就像叫花子,是杂牌军中的杂牌军,军需补给无人过问,别说枪支弹药,连吃饭穿衣都要自己解决。这支当年在川中为王的军队在与日军作战时,为得到补充,见军火就抢,见粮食就夺,军纪涣散无法收拾。一次路遇晋军军械库,这些装备寒酸的川军士兵竟破门而入,将里面的枪械抢劫一空。为此,第二战区司令长官阎锡山大为震怒,认为川军抗日不足扰民有余,简直是一群土匪,要川军立刻走人,第二战区养活不起。蒋介石闻报后,把他们调到第一战区程潜部下,结果程潜也不要,最后还是第五战区李宗仁收留了川军。

然而,就是这样一支处处被人嫌弃的部队,却在抗战中经历了最艰苦的斗争,做出了最惨烈的牺牲。1937年8月13日,淞沪会战爆发,川军第20军在杨森的率领下,千里跋涉奔赴上海参战。该军是川军中最穷的部队,装备也最差。20军26师,是淞沪会战战绩最好的五个师之一,全师4000余官兵,到撤离战场时仅存600多人,伤亡85%以上。1937年11月,淞沪会战结束,上海沦陷。日军所过之处,尸横遍野,城市化为废墟。在淞沪会战中,川军将士几乎全部战死沙场,仅2000余人撤退到湖北。

日军1937年12月相继占领南京、济南后,为了迅速实现灭亡中国的侵略计划,连贯南北战场,决定以南京、济南为基地,从南北两端沿津浦铁路夹击徐州,打响徐州会战。其中1938年3月的台儿庄战役成为抗战后正面战争取得的首次胜利。

被一战区、二战区嫌弃的川军第22集团军,最后被第五战区长官李宗仁收留。李宗仁坚信世间"无不可用之兵,只有不可为之将","诸葛亮还扎草人做疑兵呢,川军总比草人强几倍了吧"。于是,第22集团军转战第五战区，参加了台儿庄战役。怀着对李宗仁的知遇之恩，川军在滕县保卫战中浴血杀敌，打出了川军的声威。台儿庄战役中，中国军队的一处防御工事，古城墙用黏土增强，以抵抗炮击，白天官兵在战壕里躲避炮弹，晚上利用突袭阻碍日军行进。负责进攻徐州的日军板垣、矶谷两师团是日军中最顽强的部队，发动"二二六"政变的日本少壮派几乎全在这两个师团之内。历史奇妙的巧合，让日本最强的部队和中国"最烂"的部队在山东滕县遭遇。

当时进犯滕县的日军共三个师团，总兵力约3万余人，配有火炮、坦克等重武器，并有空中掩护。负责守卫滕县的是川军第22集团军122师，面对装备精良的日军精锐部队，师长王铭章心里清楚，凭着川军的实力，这个地方守不住。但他对士兵们说："我们身为军人，牺牲原为天职，现在只有牺牲一切以完成任务，虽不剩一兵一卒，亦无怨尤。不如此则无以对国家，更不足以赎川军20年内战之罪愆了。"1938年3月17日，日军攻陷滕县，王铭章以身殉国。滕县一役，川军城内外总计伤亡5000余人，日本也死伤近千人。

王铭章的遗体后来由属下以高粱秆佯作柴火运出滕县，国民政府明令予以国葬，并追赠为陆军上将，颁发国葬费4万元，生平事迹宣付国史馆，并于原籍四川新都建墓立祠，以彰英烈而慰忠魂。遗体运到徐州，经武汉、重庆、成都，沿途各界民众迎柩，隆重公祭。当天，王铭章将军的灵柩运抵汉口大智门火车站，武汉万余人民群众前往迎灵。李宗仁后来在回忆录中写道："如无滕县之固守，焉有台儿庄之大捷！川军以寡敌众，写成川军史上最光辉的一页！""八年抗战，川军之功，殊不可没！"

建川博物馆馆藏照片上有儿童80余人，原版题字"四川阵亡将士子女寄托所师生合影"。另在照片上方有钢笔注释："在台儿庄战役抗日。"这些孩子都是烈士遗孤。建川博物馆收藏了一幅"死字旗"。1937年冬，四川安县曲山镇王建堂与100多热血青年向安县政府请缨杀敌。在义勇壮丁们即将出发时，王建堂父亲王者成送了一幅出征旗。大白布中间是一个大大的"死"字，上书"赐旗一面，时刻随身，伤时拭血，死后裹尸"等字句。王父是以"死"字相激励，勉励其保家卫国，誓死与共。这面旗，正是"川人从未负国，国人亦不负川"的真实写照。

1938—1945年，国民革命军中尚有战斗力的部队30%为川军，实际战斗人员甚至超过了中央军。在全国各大战场都可见到川军的参与，在抗战中阵亡的12位国民革命军上将中，有3名为川军将领：饶国华上将、王铭章上将、李家钰上将。据统计，川军在抗战中为国捐躯的有26.3万多人，负伤35.6万多人，失踪2.6万多人。川军第20、30集团军是三次长沙会战的骨干兵团，曾在第三次长沙会战珠影山战斗中全歼日军独立混成第九旅团山崎大队。

抗战时期，四川这个大后方是战时"陪都"所在地。为了打击中国人民的抵抗意志，四川是日军战略轰炸的首要省份，前后持续了6年多时间，老百姓承受了巨大灾难。据不完全统计，日机空袭重庆共达218次，出动飞机9513架次，造成重庆10 000人以上死亡，市区大部分繁华地区被破坏。

1941年初，日军在发动太平洋战争前先向中国集中力量空袭，发动名为"102号作战"的大规模轰炸。1—8月，超过3000架次飞机空袭重庆，当中包括夜间空袭。作为战时大后方，四川为抗战贡献的兵役劳役、粮食、税收等也是全国最多的。尽管蜀中饥馑，仅1941—1945年，国民政府就从四川收谷8228.6万市石，占当时全国征收稻谷总量的38.75%。当时国家的财政开支，四川也负担了30%以上。

支援鄂西前线的民工翻山越岭搬运物资。战时粮食奇缺，全川物价暴涨。成都1942年12月—1943年1月，1月之内，米价上涨3倍以上，几千万四川普通民众都挣扎在饥寒线上。万般困苦艰难的情况下，四川百姓们仍加紧耕种、生产，支援前方。四川还大量征用民工进行国防工程建设和地方建设。当时以四川为基地抢修的川陕、川滇、川黔、川湘、滇缅等交通路，前后从四川征工总计在250万人以上。

抗战后期，盟军加大配合中国空军作战的力度，从1943年12月起在成都周围的新津、邛崃等地新修或扩建机场，工程浩大，共动员民工90万人参加。这些衣衫褴褛、忍饥忍饿的民工们流血流汗，硬是凭着一双双长满老茧的手和简单的原始工具铺平跑道。1944年春，国民政府军委会副委员长冯玉祥将军到川中各地劝导节约献金，据国民党中央宣传部发布的不完全统计，抗战中四川各地献金总额为5亿多元。这些钱，是四川人民一滴一滴挤出来的血！这笔巨款，有力地支持了抗战。现馆藏于建川博物馆日机残骸制成的戒指就是1940年初日机轰炸重庆时被击落的一架，坠落于合川地区。时值冯玉祥发起"献金救国"活动，决定将该日机残骸上的金属铝制成戒指和印章回赠捐赠者作为纪念。这些用日机残骸制作的戒指上，刻有"抗日""救国""民族至上""还我河山""抗战到底"等爱国口号。

1943年是抗战最艰苦的阶段，中国派往印缅战区配合盟军作战的远征军急需补充兵源。四川在1月内征召4.5万名优秀知识分子，飞赴印缅补充远征军，对日作战。广大知识青年踊跃报名应征，请缨杀敌，迅速在全川掀起了知识青年从军运动热潮，并很快促进了全国"十万知识青年从军运动"的顺利开展。保卫祖国,青年从军异常热烈,盛况空前。知识青年从军运动分为两期。第一期从 1943 年 11 月中旬到 1944 年春。第二期从 1944 年 9 月 16 日到 1945 年 2 月。两期知识青年从军,全国共登记约 15 万人,四川就有 4 万人以上,占 1/4 强,居各省之冠。

第七节 敬畏历史(三):建川博物馆的故事

建川博物馆系成都市建川博物馆聚落的简称,位于四川省成都市历史文化名镇大邑县安仁镇,由四川民营企业家樊建川创建。该馆建筑面积近 10 万平方米,占地 500 亩。建川博物馆藏品丰富,有藏品 800 余万件,国家一级文物 425 件,在国内民营博物馆中首屈一指,其数量还在不断增加。建川博物馆以"为了和平,收藏战争;为了未来,收藏教训;为了安宁,收藏灾难;为了传承,收藏民俗"为建馆主旨,主题展馆有抗战、民俗、红色年代、抗震救灾四大系列,30 余座分藏馆,目前已经建成并开放的场馆有 24 座,是迄今国内民间资本投入最多、建筑规模最大,藏品最丰的民间博物馆。博物馆因其鲜明主题、精心设计、丰富藏品、借古喻今等特点,深得社会各界好评,荣获"中国十大民间博物馆""全国爱国主义教育基地""国家二级博物馆""国防教育基地""廉政文化教育基地""国家文化产业示范基地""国家 AAAA 级旅游景区""全国光彩事业重点项目""全国先进社会组织""四川省科普教育基地""四川民营文化企业综合十强""四川省'十一五'期间旅游工作先进单位"和"建设成都杰出事件"等荣誉称号。

一、景点介绍

建川博物馆聚落已建成的博物馆和主题广场由国内国际知名建筑大师、雕塑大师担纲设计,切斯特·怀东、矶崎新、邢同和、张永和、彭一刚、马国馨等均怀着对历史的敬畏之心,将历史与艺术融为一体,匠心独运,造就了国家级建筑和雕塑精品。与此同时,总体设计突破了传统意义上的单纯的"博物馆"的概念,将文物商店、酒店、宾馆、茶馆等各种业态汇集到一起,形成一个集历史展示、文化传承、教育研究、文博旅游、乡村休闲、艺术博览、影视拍摄等功能于一体的目的地。

馆长樊建川说:"建博物馆、收藏文物是为了记录和还原历史,这不仅仅是为了纪念，而是为了让每个人的心灵都直面民族创伤，让战争的记忆成为民族的思想资源。"也要让世人铭记："为了和平，收藏战争；为了未来，收藏历史。"

二、创建历程

2003年5月5日，建川博物馆聚落立项为成都市人民政府重点项目。
2004年4月8日，建川博物馆聚落开始场地平整。
2004年6月初，完成了建川博物馆聚落总平面市政基础设计和地勘工程。
2005年8月15日，建川博物馆聚落在抗战胜利60周年之际，首次向世人开放。
2006年1月17日，建川博物馆聚落被列为成都市全民国防教育先进单位。
2009年，被国家旅游局批准为国家AAAA级旅游景区。
2011年，建川博物馆聚落被评为"2010四川民营文化企业综合十强"和"2010四川民营文博类十强"。
2018年9月，建川博物馆聚落被评定为国家二级博物馆。

三、建筑布局

建川博物馆聚落整体规划由北京大学建筑学研究中心主任张永和与建筑设计师刘家琨完成。主题展馆有抗战、民俗、红色年代、抗震救灾四大系列，30余座各具特色的分藏馆。中流砥柱馆大气震撼，飞虎奇兵馆展翅欲飞，川军抗战馆粗犷自然……建川博物馆聚落与刘氏庄园、安仁古镇相邻，聚落建筑与自然生态、人文景点和谐相融。

（一）抗战系列

1. 中国壮士群雕广场

位于博物馆聚落入口的中国壮士群雕广场，系抗日英雄群体的形象。壮士雕塑219人组成的阵式都放置在一个"V"字形下沉式凹槽的空间中。形成的"V"字形下沉式凹槽总长81.5米宽，宽45米，象征着抗日战争的胜利时刻：1945年8月15日。

2. 抗战老兵手印广场

整体呈"V"字形，寓意胜利的抗战老兵手印广场占地面积3000平方米,至 2016 年 9 月,共收集了 5700 多位抗战老兵的手印。每座老兵手印墙宽约 1.2 米,高约 2.6 米,以耐腐蚀钢化玻璃为材质。当年正是这些老兵们,用他们的双手挥大刀、舞长矛、扳机枪、投炸弹、埋地雷、炸碉堡,也是这些手打败了来势汹汹的日本侵略军,拯救国家于危亡,挽救了民族的命运。这些九死一生的老兵的手是爱国精神的象征,留下他们的手印就是表彰卫国勇士,铭记民族英雄。

3. 中流砥柱馆

位于主道路最前方的中流砥柱馆是一个橙色的方形馆,展厅面积达 2435 平方米,是规模最大的馆和游客观馆的第一站。中流砥柱馆以三个主题单元生动展示了中国共产党领导下的党员、军队、民众抗战实况,不仅展出了珍贵的战地照片、重要文件、抗战实物、历史文献,还模拟了地雷战、地道战等历史场景。用历史的实物、场景呈现了中国共产党推动和领导全民族抗日统一战线,和日军展开艰苦卓绝的斗争,成为抗日战争中流砥柱的伟大历史。

4. 正面战场馆

位于中流砥柱博物馆旁的正面战场馆是一座素白色的方形馆,寓意国共携手联合抗日。建筑面积 1299 平方米,简单回顾了国民党政府在 1931—1937 年间,从"攘外必先安内"转向共同抗日的历史,重点介绍了国军部分爱国将领的抗日事迹,重现了国民党军队的 22 次重大战役,也展现了当时空中战场敌强我弱以及我空军敢于以小搏大、以弱战强、无所畏惧的牺牲精神。

5. 川军抗战馆

外观设计上具有显著的川西建筑风格,川军抗战馆分为"300 000 川军出川抗战"和"3 000 000 壮丁奔赴前线"两部分,帮人们重温"30 万川军加 300 万壮丁"出川抗日的悲壮史实。介绍了作为抗战大后方的四川倾其所有,出人出物,四川儿女奔赴前线,浴血奋战的历史。川军抗战馆展厅建筑面积约 2087 平方米。

6. 飞虎奇兵馆

飞虎奇兵馆是为了感恩和纪念抗战时期美国援华,特别是美国空军对华的援助而建的。飞虎奇兵馆面积约 1382 平方米,分为"援华概述""飞虎神兵"和"友谊长存"三部分。从整体上介绍了美军对华援助,生动呈现了陈纳德将军及飞虎队的基本情况、他们和中国人民的并肩抗战及烽火岁月里飞虎队员们的生活，以及纪念历史、见证友谊的中美两国人民举行的活动。

7. 日本侵华罪行馆

日本侵华罪行馆由日本著名建筑大师矶崎新设计，其主旨是用物证说话，让日本侵略者"自证其罪"，呼吁人类不忘历史，珍惜和平。日本侵华罪行馆有"大屠杀""细菌实验""三光罪行""化学战"等12个展览专题，馆藏的《外人目睹中之日军暴行》《八·一三日记》、3000封侵华日军家书、日军杀伤山东民众实录等14件国家一级文物及其他日军侵华物证近万件，记录了1931—1945年日军的侵华罪行，展现了中华民族自"九一八"到抗战胜利的艰难困苦。

8. 不屈战俘馆

不屈战俘馆由杭州市建筑设计研究院总建筑师程泰宁先生创作，馆长樊建川担任陈列设计，建筑面积达717平方米。不屈战俘馆外部以自然山石经过扭曲、褶皱、断裂而形成的形态构造为创意，内藏大量的珍贵文物和照片，反映了抗战中我方将士被日军俘虏的情况。主旨是正视这些抗日战士的作用和功绩，抗战胜利的军功章里理应有他们的名字。他们都是我们须铭记的英雄。

9. 红军长征在四川纪念馆

红军长征是人类历史上的壮举，是中国革命从不断挫折走向伟大胜利的转折点，被誉为"地球上的红飘带"。红军长征在四川纪念馆系为了纪念红军长征胜利80周年而建。红军长征辗转了四川60%以上的县，在四川的时间最长，走的路最远，也最艰辛，红军在四川召开了一系列重要会议，进行了数百次的激战。红军长征经历异常曲折，故事极富传奇。

10. 援华义士广场

1931年日军侵华，中国全面抗战全面展开。与此同时，充满正义的各国义士不远千里，远渡重洋来华助战，与中国军民并肩抗击日本法西斯侵略者，谱写了一曲曲正义之歌。援华义士广场邀请18位川籍知名雕塑家精心雕塑了40位援华义士代表：史迪威、白求恩、肖特、库里申科、拉贝、魏特琳、尹奉吉等。这是一个表达感恩之心的广场。

11. 俞大维纪念雕像

俞大维先生抗战时期的戎装雕像于 2015 年 9 月 2 日在建川博物馆园区内落成。俞大维先生部分骨灰在雕像下方入土安放。其生前看的书籍等遗物在馆内陈列。抗日战争胜利 70 周年之际，俞大维先生亲属选择在以纪念抗战为主题的建川博物馆安放亲人骨灰，树立雕像，以此缅怀为国为民作出杰出贡献的志士仁人。

12. 南下解放纪念碑

南下解放纪念碑高 7.5 米，以革命军人、革命战士和南下女干部三个铸铜雕塑人物为主的碑身高低错落，与纪念碑基座融为一体，生动壮观。南下解放纪念碑由四川省山西商会建造，主旨是为纪念解放战争后期为革命事业远离家乡、南下四川这一特定历史群体的功绩，象征着解放大西南中成千上万的革命军政人员不畏牺牲、艰苦斗争的革命情操。

（二）红色系列

1. 知青生活馆

知青生活馆的是由中国工程院院士、毛主席纪念堂和国家奥林匹克体育中心建筑主持设计师马国馨设计，主色调是绿色，以展现当年知青的青春生活。该馆分为知青历史、知青岁月、知青磨难、知青人物四个部分。芳华岁月，知青们充满活力的青春是在广阔天地度过的。该馆建筑面积达 2000 多平方米。

2. 中航工业航空三线博物馆

中航工业航空三线博物馆由建川博物馆与中国航空工业集团合作建造，由中航集团规划建设公司设计师傅绍辉设计，展馆建筑面积约 2500 平方米，由航空缘、航空情、航空志、航空魂四个部分组成。

3. 红色年代瓷器陈列馆

红色年代瓷器陈列馆以馆藏红色年代瓷器为主，将几千件瓷器画面组合成一幅生动的清明上河图。红色年代瓷器陈列馆记录了一段独特的历史记忆。

4. 红色年代章钟印陈列馆

章钟印馆的建筑设计师是刘家琨，他的代表作是鹿野苑石刻艺术博物馆、成都艺术中心骄子音乐厅等。毛主席像章表现了那个年代里人民对毛主席的爱戴；座钟展示了那个时代的计时工具，也从另一个侧面反映了物资的匮乏；而公章是政府办公、人民办事的常用之物。这各式各样的像章、座钟、公章都是那个红色年代的缩影。

5. 红色年代生活用品陈列馆

红色年代生活用品陈列馆由朱亦民设计师设计。藏馆分为生活场景、专题陈列、精品陈列3个部分，以白色为基调，寓意人们心灵淳朴。本馆通过书籍、搪瓷缸、收音机、奖状等文物、图片及工人、农民、干部、士兵的生活等12个场景，展现了红色年代的社会生活，留存了那个时代最真实的记忆。

6. 邓公词

邓小平同志是四川广安人，中国改革开放和现代化建设的总设计师，创立了邓小平理论，提出了"一国两制"的理念。邓公词由黄埔军校毕业的抗战老兵周宇宽先生捐资建造，2008年自温江迁至建川博物馆，展现了邓小平不同时期的100幅图片的100句话语。邓公词让我们从另一个角度了解邓小平的一生，瞻仰一代伟人的风采。

7. 红色年代镜面馆

红色年代镜面馆主旨：对视历史之镜，感悟未来人生。馆藏毛主席语录、毛主席诗词、敬祝语、革命圣地、口号语、样板戏、纪念、生活景象、楹联匾额9大类镜面。让当代人从一个侧面认识那个时代人民对领袖的敬仰。

（三）地震系列

1. "5·12"汶川大地震博物馆

汶川大地震博物馆建筑由2008北京奥运会鸟巢的中方设计师、国家一级注册建筑师李兴钢设计，陈列由樊建川馆长设计，展厅面积8500余平方米。藏馆分为三个馆：震撼"5·12"—"6·12"日记馆、地震科普知识馆、抗震救灾美术作品馆。馆长樊建川以对大自然的敬畏之心和高度的社会责任感，在汶川大地震发生后1个月内，筹建了地震博物馆。建馆的主旨：一是警示人们敬畏自然。四川1933—2008年的75年间，发生了4次7级以上的大地震，但记录大地震的博物馆一座都没有。二是弘扬抗震精神。弘扬汶川大地震中灾区人民顽强的抗震救灾、重建家园精神、人民子弟兵舍我其谁的献身精神、社会各界的无私大爱精神等。三是保存和收藏好抗震救灾的实物和文物。

2. 地震美术作品馆

地震美术作品馆收藏汶川大地震后全国艺术家们创作的国画、油画、雕塑、书法等艺术作品，其中不乏《天问》等艺术精品。

3. "5·12"抗震救灾纪念馆

"5·12"抗震救灾纪念馆以弘扬伟大抗震救灾精神为主题，全面重现抗震救灾历程，共分为六大部分：序篇、"坚强领导，心系人民""争分夺秒，全力营救""临危不惧，奋起自救""八方支援，共克时艰""恢复生产，重建家园""伟大精神，不竭动力"。

4. 胡慧珊纪念馆

胡慧珊纪念馆是知名建筑师刘家琨为一名在汶川地震中丧生的都江堰聚源中学小女孩胡慧珊所建。纪念馆位于建川博物馆聚落的一片小树林中，外面看是一栋小的水泥房子，从体量、外观看就像灾区一个常见的救灾帐篷。阳光透过圆形的天窗，洒入房屋内粉红色的空间内，而粉红色正是这个女孩生前最喜欢的颜色。纪念馆体现了对生命的敬畏之情。

（四）民俗系列

1. 长江漂流纪念馆

长江漂流纪念馆由著名建筑设计大师张永和设计，建筑面积约1100平方米。藏馆分为"长漂先驱""长漂壮举""长漂永存"三个部分。

2. 老公馆家具陈列馆

老公馆家具陈列馆陈列了一套木料珍贵、雕刻精致、历史悠久的老家具，它原属四川军阀，是从金牛宾馆购得的。使用过这套老家具的人有毛泽东、周恩来、朱德、刘少奇、邓小平、江泽民、老布什、西哈努克、胡志明等。这套拥有高度艺术价值和不凡历史价值的老家具见证了百年中国巨变。

3. 三寸金莲文物陈列馆

三寸金莲文物陈列馆收藏了做工考究、图案精美的绣花鞋和反映女性缠足的文物，见证了长达1000年的女性缠足血泪史，展现了古代女性从缠足到放脚的历史过程，鞭挞了封建社会扭曲的审美，也表达了敬畏生命、敬畏人民的思想。

4. 国防兵器馆

国防兵器馆的主旨是展示兵器的发展历史和开展国防知识普及的国防教育功能，分为冷兵器、火器和现代兵器三部分，陈列的武器主要是第二次世界大战期间和中华人民共和国成立后中国边境冲突中使用过的武器装备，告诫人们忘战必危，表达了对和平的向往。

四、建馆情怀

（一）生动而丰富的历史教科书

有别于一般课堂用的纸质教科书，建川博物馆使用文物组成的教科书，每一件文物背后都有一个不应忘却的历史故事，800多万件文物就有800多万个故事，425件国家一级文物更是打下了中华民族记忆的烙印。日本投降签字仪式请柬、《义勇军进行曲》歌词彩瓷砚台、二战时期的滇缅公路工务局档案卡片、日军占领古北口纪念木雕、西南联大湘黔滇旅行团日志、黄埔军校成都分校使用过的课桌椅、《日独战役写真贴》《青岛近傍图》、侵华日军明信片及书信等文物直观、真实地向我们诉说着一段段真实的历史。藏品和展览多是存留、呈现，让参观者自己去感知、思考、评判，可谓无声胜有声！建川博物馆聚落是名副其实的文博馆，是一部生动而丰富的历史教科书。

（二）在文物收藏中升华责任

馆长樊建川说："收藏民族记忆不仅仅是国家的事情，民间藏家也该担负起责任。"这是一种天下兴亡匹夫有责的民族精神。樊建川出身于军人家庭，父亲是有过11年兵龄、参加过抗日战争的战士。樊建川因此对军人有天然的尊敬。在看了老电影《血战台儿庄》后，他心中收藏抗战文物的火苗被点燃。在收集川军资料时，樊建川惊诧地发现，抗战期间有超过300万川人出川抗日，而这300多万人的命运却鲜有记载，内心升起一股强烈的使命感，想要为此做点什么。人难得的品质是知行合一，但樊建川身上却有这种可贵的品质。在强烈的使命感和历史感的驱动下，樊建川开始了阅读、研究、奔走、寻找、追索、收集抗战文物之路，他的身份也经历了农民、民工、知青、军人、老师、公务员、商人、馆长的变换，唯一不变的是他对近代文物的钟爱，不断践行收藏"历史的细节"的理念，完成"历史启示录"的初心。樊建川所著抗战主题书籍《一个人的抗战》被评为第

13 届中国图书奖一等奖。樊建川曾说，一个人不能没有责任心，一个民族不能失去血性，我们这个民族历史上经受过太多的苦难，我想让建川博物馆成为增强国民忧患意识和奋发图强精神的"钙片"，抗战馆也好，地震馆也好，最大的作用是敲警钟。我只是替国家保存记忆，这些东西是我私人搜集来的，但它们更属于这个国家。这些话体现了樊建川的忧患意识和大爱情怀。

（三）建最好的民营博物馆

建川博物馆已成为国内一流、世界知名的民营博物馆。一是建川博物馆聚落面积大。建筑面积近 10 万平方米，占地 500 亩。二是藏品丰富，迄今有藏品 800 余万件，国家一级文物 425 件，且其数量还在不断增加。三是设计一流，不管是建川博物馆聚落的整体设计，还是主题馆设计，均出自张永和、切斯特·怀东、王维仁、矶崎新等国际一流的设计大师之手。四是管理良好，良好的管理体现在馆长樊建川的专业、责任、拼搏、宁静、进取心上。怎样让博物馆正常运营？这是世界难题。樊建川认为，要可持续发展就要做到专和博，所以他只做 100 年的中国近现代史。他乐观地从经济和产业的角度介绍了博物馆运营的现状："在博物馆多样化、丰富化的前提下，我们不断慢慢地融入商业，比如古玩店、旅游商品店、国民大食堂、国民接待站、阿庆嫂茶馆、龙门镇客栈等。门票收入不行，我就卖水、饭、旅游品、书、光碟，办夏令营、拓展训练住宿、会议，慢慢把产业链条拉起来，现在已经初见成效，至少在吃喝方面能自食其力了。"

第四章 感恩与敬畏文化在治蜀兴川中的作用

第一节 感恩与敬畏文化和美丽四川的创建

人的美丽有外在美和内在美,而同时具有内在美和外在美则是最美。美丽四川是内在美与外在美的结合:外在美就是它的山山水水,内在美就是它的历史和故事。

一、四川为何美丽,感恩美丽四川

有着"天府之国"美称的四川是文化和旅游资源大省,这里有中国最大的摩崖石刻弥勒佛坐像,有神奇仙境九寨沟,有翠甲天下的蜀南竹海,有多彩的少数民族风情……从高原、山地、峡谷到盆地、丘陵、平原,从江河湖泊到温泉瀑布,从岩溶地形到丹霞地貌,它一应俱全,举世罕见。2018年,四川省实现旅游总收入10 112.75亿元,同比增长13.3%,旅游业迈入"万亿级"产业集群。接待入境游客369.82万人次,同比增长10%;实现旅游外汇收入15.12亿美元,同比增长4.5%。接待国内旅游人数7.02亿人次,同比增长4.9%;旅行社组织出境人数达170.48万人次,同比增长2.1%。[1]

四川自然旅游资源质量高、数量多、类型全、分布广、组合好,极具特色,包括地貌、水域、气象和生物四大类景观。四川拥有世界文化遗产1项、世界自然遗产3项、世界文化与自然双重遗产1项、世界灌溉工程遗产1项;国家5A级旅游景区12处、4A级景区185处;中国最佳旅游城市1座、中国优秀旅游城市21座、中国历史文化名城8座、全国重点文物保护单位230处。四川将实施"绿色四川"旅游行动计划,建设世界重要旅

---

[1] 《2018年总收入10112亿余元 四川旅游迈入"万亿级"产业集群》,四川省人民政府网 http://www.sc.gov.cn/10462/10464/10797/2019/2/19/dd68d6c3f3be4441b47bb857b8daa628.shtml。

游目的地。①子曰："知者乐水，仁者乐山。"下边介绍一些四川有代表性的山、水及人文胜迹。

（一）四川优美风景之山

山不在高，有仙则名，山之成名，缘于有"仙"，而"仙"形成的原因，一是自身得天独厚的自然地理的先天条件，二是有丰富多彩的历史文化内涵的后天底蕴，因此名山的背后都有其独特而悠久的历史故事。

1. 佛教圣地——峨眉山

中国四大佛教名山之一的峨眉山位于四川省乐山市峨眉山境内，入选世界文化与自然双遗产目录。"峨眉天下秀"的美名四海传诵，其海拔将近3100米，地势险峻，风景如画。关于峨眉山名的由来，《峨眉郡志》中记载："云鬟凝翠，鬓黛遥妆，真如螓首蛾眉，细而长，美而艳也，故名峨眉山。"峨眉山常年云雾缭绕，夏雨冬雪，抚星弄月，如梦如幻。由于气候差异大，被誉为"一山有四季，十里不同天"。诗仙李白诗云："峨眉高出西极天""蜀国多仙山，峨眉邈难匹"，并写下著名的《峨眉山月歌》："峨眉山月半轮秋，影入平羌江水流。夜发清溪向三峡，思君不见下渝州。"宋朝范成大称峨眉山云海为"兜罗绵世界"，他写道："明朝银界混一白，咫尺眩转寒凌兢。天容野色倏开闭，惨淡变化愁天灵。"传奇人物华轩居士陈键也说："天下秀色尽于此，履止其间岂思还。"

2. 道教圣地——青城山

中国道教发祥地之一的青城山，是世界文化遗产和全球道教全真道圣地，名列中国四大道教名山和五大仙山。青城山位于四川省成都市都江堰市西南，其主峰老君阁海拔1260米，层峦叠嶂，有清泉、流水和飞瀑，有曲径通幽之佳处，被誉为"青城天下幽"。青城山有前山、后山之分：前山除风景之外，还有道教文化和其他人文景观；后山则以自然风光为主，山石雄奇，幽静雅致，造化天成。青城山树木一年四季常青，各山峰呈环状，如城郭，因此得名青城山。青城山历来是道士修道之地，阴长生、张陵、杜光庭、张继先、张素卿、陈清觉等曾在此修道。陆游曾游览青城山后赋诗一首："山中犹有读书台，风扫清岚画障开。华月冰壶依旧在，青莲居士几时来。"杜甫有诗云："自为青城客，不唾青城池。为爱丈人山，丹梯近幽意。""丈人祠西佳气浓，绿云拟住最高峰。"唐代诗人岑参、钱起、贾岛

---

① 《2017年四川省国民经济和社会发展统计公报》，2018年2月28日。

也曾留诗于此，宋代诗人范成大等对青城山也情有独钟。

3. 蜀山之王——贡嘎山

贡嘎山是国家级风景名胜区，为大雪山的主峰，也是四川省境内海拔最高的山峰，被称为"蜀山之王"。贡嘎山位处泸定、康定、石棉三县境内，属甘孜藏族自治州。贡嘎山风景区以贡嘎山为中心，分为海螺沟、燕子沟、木格错、五须海、贡嘎南坡等景区。景区内有丰富多彩的藏族和彝族民俗风情，寺庙众多，包括贡嘎寺、塔公寺等藏传佛教寺庙。贡嘎山的"贡"在藏语中意思是雪，"嘎"的意思是白，因此贡嘎山即洁白无瑕的雪峰。天晴的时候，贡嘎山金光闪闪；天阴的时候，贡嘎山云海茫茫，如同仙境，变幻莫测，可谓奇景。贡嘎山主峰海拔7556米，被群峰簇拥着，各雪山延绵起伏，秀丽多姿。贡嘎山有多种植被，自然生态十分丰富，环境优雅，蜿蜒着燕子沟和海螺沟两条峡谷，如同姐妹般相呼应。

4. 蜀山皇后——四姑娘山

四姑娘山是世界自然遗产、国家AAAA级旅游景区、国家级风景名胜区、国家级地质公园、国家级自然保护区、四川大熊猫栖息地世界遗产、全国十大登山名山，人称"东方圣山"。四姑娘山风景区坐落于四川省阿坝藏族羌族自治州境内，位于汶川县与小金县交界处，由四姑娘山、双桥沟、长坪沟、海子沟组成，主要景点有120余个，其中已经被命名的有57个。四姑娘山风景区有丰富的植被，包括1200余种植物，其中有四川红杉、麦吊云杉、独叶草、桃儿七等国家级重点保护野生植物。四姑娘山风景区还有种类繁多的动物，包括大熊猫、金丝猴、雪豹、苏门子、花海子等31种国家级保护动物。四姑娘山的四座山峰分别叫幺姑娘山、三姑娘山、二姑娘山和大姑娘山，四山四季冰雪覆盖，宛如头披白纱的美丽姑娘。其中海拔6250米的幺妹为四川省内第二高峰，被称为"蜀山皇后""东方阿尔卑斯山"，遥相呼应"蜀山之王"贡嘎山，令人生出无限的浪漫遐想。

5. 藏地神山——稻城三神山

稻城三神山由仙乃日、央迈勇、夏诺多吉三座雪峰组成，在藏传佛教中分别代表观音菩萨、文殊菩萨、金刚手菩萨。稻城三神山位于四川省稻城亚丁景区，藏语为"贡嘎日松贡布"，意思是"终年积雪不化的三座护法神山"。稻城三神山主体排成"品"字，三山相距较近又相互隔开，既是宗教朝圣之地，又是绝佳的旅游地。

6. 东方阿尔卑斯——龙门山

龙门山是历代文人墨客口中的"天帝会昌之国""英灵秀出之乡"。龙门山位于四川省彭州、什邡、绵竹交界之地,由东北的摩天岭向西南延伸而临岷江,包括龙门山、茶坪山和主峰九顶山。其中九顶山融道家文化与佛教文化为一体,引得古往今来的贤达之人与宗教人士来此游历。至宋以来,龙门山一带还流传着九峰祖师的故事。据清代嘉庆年间的《彭县志》记载,"在西北百六十里,至此奇峰地依天,耸然峙列者九,实为彭邑诸山之冠,故名","九峰东北曰清龙、朱雀、火焰、天牙,中曰背光,西南曰仙人、黄龙、元武、白虎诸峰,迤逦蜿蜒"。龙门山矿产资源十分丰富,富藏煤、铁、铜、硫铁矿、磷、石棉、水泥用灰岩等。

7. 窗含千秋雪——西岭雪山

西岭雪山得名于唐代诗圣杜甫"窗含西岭千秋雪,门泊东吴万里船"的千古绝句,是世界自然遗产、大熊猫栖息地、AAAA级旅游景区、国家重点风景名胜区。西岭雪山在四川省成都市大邑县境内,其最高峰是高耸入云的庙基岭。西岭雪山四季不同,气象不凡,常年积雪,云海茫茫,森林静幽,飞瀑天成,富于变幻,可谓一幅绚丽多姿的奇美画卷。

8. 神奇神山——墨尔多山

墨尔多山被藏区人民视为四大神山之一,也是嘉绒藏族的文化中心。墨尔多山在四川省阿坝州丹巴县境内,是梭磨河的起源地,位于大、小金川汇合处。墨尔多山因勇敢正义的藏族英雄墨尔多而得名。相传墨尔多受命吐蕃王朝,远征打击巴尔布的入侵,后凯旋还朝。后人敬仰其忠勇,改格尔隆山为墨尔多山,修建庙宇雕像纪念这位英雄。墨尔多将军成为嘉绒地区的守护神。七月初十是墨尔多将军的诞辰日,无数朝拜者来此进香还愿转山。僧侣们视朝拜墨尔多山为功德圆满。墨尔多山顶东可望峨眉金顶,西可见卫藏冈底斯雪山,有56座壮丽的山峰环绕,正好象征祖国56个民族大团结。墨尔多山是民族和睦的见证。神奇著名的墨尔多山如飞龙盘旋,直入云霄,多彩壮观。

9. 青丝少女——螺髻山

螺髻山位于四川省凉山彝族自治州西昌市城南30千米处,因与峨眉山有"姊妹"关系而得名:"峨眉山似女人蚕蛾之眉,螺髻山似少女头上青螺状之发髻"。螺髻山有层峦叠嶂的群峰,有碧水潺潺的幽谷,有云霞烟雾的胜境，古书记螺髻山有七十二山峰、三十六天池、十八胜景、二十五坪地、十二佛洞，共形成一百零八景，是不可多得的自然杰作。

10. 仙茶故乡——蒙顶山

蒙顶山作为世界茶文化的发源地，是我国历史上有文字记载最早种植茶叶的地方，是首批省级风景名胜区和国家 AAAA 级风景区。蒙顶山位于四川盆地西南部四川省雅安市名山境内，蒙山和百丈湖是景区内的两大景点，共有五座山峰呈环状排列，如莲花一般。其最高峰上清峰海拔1456米。蒙顶山向西与峨眉、瓦屋、周公遥遥相望，东边是一派原野风光、起伏的山峦和交错的溪河。蒙顶山上有永兴寺、千佛寺、净居庵等寺庙，有深厚的历史底蕴。

（二）四川优美风景之水

四川水美，境内不仅有岷江、沱江、青衣江、金沙江、雅砻江、大渡河、嘉陵江、涪江、渠江、乌江等发达水系，还有九寨沟、邛海、竹海、木格错湖、泸沽湖等美丽的大自然水景。

1. 童话世界——九寨沟

九寨沟是世界自然遗产、国家重点风景名胜区、国家 AAAAA 级旅游景区、国家级自然保护区、国家地质公园、世界生物圈保护区网络，是中国第一个以保护自然风景为主要目的的自然保护区。名扬四海的九寨沟既是东方人眼中的"人间仙境"，又是西方人心里的"童话世界"。九寨沟位于川西北岷山山脉南段的阿坝藏族羌族自治州九寨沟县漳扎镇境内，岷山南段弓杠岭东北侧。九寨沟是白水江源头的一条大支沟，位于嘉陵江的上游。九寨沟的地势呈南高北低状，有呈人字形的深山谷，树正沟、日则沟、则查洼沟是其三条主沟，沟两侧风景如画。九寨沟因树正寨、则查洼寨、黑角寨、荷叶寨、盘亚寨、亚拉寨、尖盘寨、热西寨、郭都寨等九个寨子而得名。九寨沟有最原始的生态环境，身在其中，既能呼吸清新无比的空气，又能观赏奇妙无比的雪山和海子，可体验大自然的鬼斧神工之妙。其彩林、高峰、叠瀑、翠海和藏族风情被称为九寨沟"五绝"。108个奇异纷呈的海子明净透彻，令人叹为观止。盆景滩、树正群海、树正瀑布、诺日朗、珍珠滩、高瀑布、双龙海、火花海、卧龙海，有镜海、熊猫海、芳草海、天鹅海、剑岩、原始森林、悬泉、五花海、长海和五彩池等，魔鬼岩、扎如寺等多处自然与人文风光。

2. 人间仙境——黄龙

黄龙风景名胜区是中国唯一保护完好的高原湿地，是世界自然遗产、国家重点风景名胜区、世界人与生物圈保护区、国家AAAAA级旅游景区。黄龙在四川省阿坝藏族羌族自治州松潘县境内，与九寨沟相距100千米，被誉为"人间瑶池"。沟中彩池众多，色彩变幻如梦境一般。黄龙的彩池、雪山、峡谷、森林、滩流、古寺、民俗被誉为"黄龙七绝"。黄龙风景名胜区由黄龙沟、西沟、牟尼沟、丹云峡、红星岩、雪山梁、雪宝鼎等景区组成。黄龙沟是中心景区，在岷山主峰雪宝顶之下，临涪江之源，其状如"龙"之形象，被人喻为"中华象征"。

3. 天府之源——都江堰

都江堰是全世界迄今为止年代最久、唯一留存、以无坝引水为特征、至今仍在使用的宏大水利工程，是世界文化遗产、世界自然遗产（四川大熊猫栖息地）、全国重点文物保护单位、国家级风景名胜区、国家AAAAA级旅游景区。都江堰位于四川省成都市都江堰市成都平原西部的岷江之上，是秦朝蜀郡太守李冰及其子在前人鳖灵已经开凿出的工程的基础上重新修建的大型水利工程。它使成都平原成为"天府之国"，2000多年来一直发挥着防洪灌溉的作用。都江堰由分水鱼嘴、飞沙堰、宝瓶口等部分构成，是中国古代劳动人民勤劳、勇敢、智慧的象征。都江堰景点主要有：伏龙观、二王庙、安澜索桥、玉垒关、离堆公园、玉垒山公园、玉女峰、灵岩寺、普照寺、翠月湖、都江堰水利工程。作家余秋雨写道："如果说，长城占据了辽阔的空间，那么，（成都的）都江堰却实实在在地占据了邈远的时间。长城的社会功用早以废弛，而都江堰至今还在为无数民众输送汩汩清流。有了它，旱涝无常的四川平原成了天府之国。每当我们民族有了重大灾难，天府之国总是沉着地提供庇护和濡养。因此，可以毫不夸张地说，它永久性地灌溉了中华民族。"①

4. 红叶圣地——毕棚沟

毕棚沟是著名的红叶观赏地，是世界自然遗产、世界生物圈保护区网络、国家AAAA级旅游景区、国家级生态旅游示范区、四川省级生态旅游示范区，是邛崃山系大熊猫走廊世界自然遗产的重要组成部分。位处四姑娘山北麓的毕棚沟既有原生态景观，又可登山穿越、极地探险、滑雪滑冰、

---

① 余秋雨：《文化苦旅》，长江文艺出版社2014年版，第29页。

休闲度假。毕棚沟内绿树成荫，红叶绚丽，湖青天蓝雪白，是个五彩斑斓的世界，有多个品种的杜鹃花，还有原始森林、瀑布冰川，被人喻为四姑娘山的倩影。

5. 蓝天碧海——泸沽湖

泸沽湖是中国第三大深水湖泊，俗称左所海，古名勒得海、鲁枯湖。以泸沽湖为中心，周围有纳西族、彝族、普米族、蒙古族、藏族、白族、壮族等7个少数民族居住。纳西族摩梭语中"泸"的意思是山沟，"沽"的意思是里，所以泸沽湖的意思就是"山沟里的湖"。泸沽湖位处四川省盐源县和云南省宁蒗县的交界汇合之处，所以是四川和云南共同管辖区域。泸沽湖东由盐源县泸沽湖镇（原左所区）管辖，泸沽湖西由宁蒗县永宁乡管辖。泸沽湖是高原断层溶蚀陷落湖泊，摩梭语是摩梭人的母语，与盐源县其他蒙古族的语言可互通，只是并没有形成文字，属汉藏语系藏缅语族彝语支。摩梭人的文化为达巴文化，这是中国仅存的母系氏族社会，被称为"神秘的女儿国"。当地还有地方实行着"男不娶，女不嫁"的"走婚"制度。"阿注"是走婚的男方称谓，"阿夏"是走婚的女方称谓，所以又称"阿夏婚"。母权制家庭仍旧被泸沽湖摩梭人所保留，母亲和女性是家庭中的主宰，具有很高的地位。泸沽湖是典型的高原湖泊，其自然景观与人文景观都十分独特，令人注目。

6. 九曲黄河第一湾

黄河九曲第一湾是河曲马的故乡。河曲马是全国三大名马之一。自巴颜喀拉山发源之黄河，从甘肃而来流经四川省境内，与白河汇合成"S"形，然后转向青海，所以被称为九曲黄河第一湾。九曲第一湾风景区内岛屿很多，有成片的红柳，锦鸡和野兔时隐时现，还有黄鸭、丹顶鹤、黑颈鹤在此聚集栖息。各种水鸟飞聚于此，不少渔舟在水中横渡。这里被中外科学家誉为"宇宙中的庄严幻景"。在此可以体味王勃诗中"落霞与孤鹜齐飞，秋水共长天一色"的风光。在黄河九曲第一湾边著名的唐克索克藏寺观看日出，不由得生出天人合一的感叹。

（三）多彩多姿的地域风情

四川有众多"留得住绿水青山，记得住乡愁"的特色小镇，体现出丰富的地域文化。2013年12月12—13日召开的中央城镇化工作会议提出：城镇建设，要实事求是确定城市定位，科学规划和务实行动，避免走弯路；要体现尊重自然、顺应自然、天人合一的理念，依托现有山水脉络等独特风光，让城市融入大自然，让居民望得见山、看得见水、记得住乡愁。2014年，住房城乡建设部等 7 个部委共同公布的全国重点镇名单中，四川省有 277 个镇入选，数量位居全国第一。①这里有西蜀客家第一镇洛带古镇、天府第一名镇黄龙溪古镇、郫县豆瓣之乡安德镇、泡菜之乡新繁镇、兰花之乡柳街镇、茶马古道第一镇平乐古镇、川西平原的竹编之乡道明镇、西蜀陶瓷之乡桂花镇、万里长江第一古镇李庄古镇、三台文化发祥地郪江古镇、天府水乡三道堰古镇、充满川南场镇风情的仙市古镇、中国博物馆小镇安仁镇等。

四川有淳朴多姿的民族风情，这里有能歌善舞的彝族人民、草原牧歌般的藏族风情、云朵中的民族羌族、芦笙歌舞起升平的苗族风情、独特的摩梭母系民族风情，还有四川藏区雪山下的神圣宝库德格印经院、神秘的东方古堡桃坪羌寨等。

四川有不胜枚举的人文胜迹。这里有展现川蜀文明足迹的三星堆、五千年前的文明奇迹金沙遗址、灿烂的商周文明、奇特的丧葬习俗僰人悬棺、千古奇功利苍生的都江堰、凌云圣迹乐山大佛、川西第一道观青羊宫、清净之地文殊院、中国石刻艺术之乡安岳石刻、中国春节文化之乡阆中、名垂千古留贤明的武侯祠、月白风清忆诗圣的杜甫草堂、别有天地在人间的丹巴碉楼、甲居藏寨、中国航天城西昌卫星发射中心等。

（四）天府之国的物华天宝

作为农业大省的四川物产丰富，这是大自然的恩赐。《史记·留侯世家》记载，汉初三杰之一的张良曾在秦末汉初时说"关中左崤函，右陇蜀，沃野千里，此所谓金城千里，天府之国也"。唐代大诗人李白有诗："九天开出一成都，万户千门入画图，草树云山如锦绣，秦间得及此间无。"描绘了成都的繁荣景象。

1. 香飘世界的川茶

茶叶作为世界三大饮料之首，已成为 100 多个国家和地区日常必备的饮料。而四川，自古就是茶叶的故乡，拥有中国最古老的茶区，最早形成种茶、制茶、饮茶的茶文化。川茶是川人对世界文明的一大贡献。四川人种茶历史最早可追溯至西周。先秦时期，茶在巴蜀流行起来，四川成为茶

---

① 《全国重点镇名单公布 四川 277 个镇入选位居全国第一》，四川在线网 https://sichuan.scol.com.cn/ggxw/content/2014-08/05/content_8379248.htm。

叶的生产和消费中心。随着贸易的开展和茶文化的扩散，西汉时期成都一带又成为茶叶的集散中心。随着茶文化在四川各地的普及，唐代时四川有了雅州之蒙顶、蜀州之味江、邛州之火井、嘉州之中峰、彭州之堋口、汉州之扬村、绵州之善目、利州之罗村八大名茶。中国茶圣——唐代陆羽的茶叶专著《茶经》中提到川茶的地方有10余处。古代四川名茶中，雅州之蒙顶在全国影响最大。缘由之一是蒙顶茶是传说中的仙人在仙山种栽的仙茶。考古、古籍记载和民间传说表明：西汉时，西汉名山茶农甘露普惠妙济大师吴理真在蒙山之巅亲手种植了七株茶，即"携灵茗之种，植于五峰之中"。两千多年过去了，茶树犹存。缘由之二是蒙顶茶为历代贡茶。自唐代至清代，蒙顶茶年年作为贡茶，历时上千年。公元813年，李吉甫的《元和郡县图志》记载："严道县蒙山在县南十里，今每岁贡茶为蜀之最。"缘由之三是蒙顶茶集数代文人墨客之宠爱。公元856年，杨烨《膳夫经手录》中记载："蜀茶得名蒙顶，元和以前，束帛不能易一斤先春蒙茶，是以蒙顶先后之人竞栽茶以厚利，不数十年间，遂斯安草市，岁出千万斤。"诗人白居易在《琴茶》道："琴里知闻唯绿水，茶中故旧是蒙山。"元代李德载《赠茶肆》（中吕·喜春来）："蒙山顶上春来早，扬子江心水位高。陶家学士更风骚。应笑倒，销金帐，饮羊羔。"这是大众最为熟知的茶联"扬子江中水，蒙山顶上茶"的由来。

　　抽烟、饮酒、喝茶是许多人的日常。在四川，喝茶最为普及，超过抽烟、饮酒，融入了人们的生活。从稻田里的农夫到办公室的白领，在家喝茶，在外喝茶，在单位喝茶，一些人走到哪里都喜欢带着自己的茶杯。他们对茶的喜爱可见一斑。喝茶不仅成为四川人生活的一部分，也成为四川人交友聊天、合作办事、商务洽谈的重要方式，许多合作与买卖都是在茶楼里完成的，这是文化使然。工作与生活浑然一体，工作在慢生活中实现。在四川的公园里、街道旁、巷子中，随处可以看到闲适的喝茶人。人们一边喝茶，一边看戏、观剧、听书、搓麻、闲侃、看书、晒太阳、打盹儿……悠然自得，好不自在。四川茶楼茶馆类别全，数量多，冠绝全国。

　　四川是全国产茶大省，有120多个产茶县，种茶面积3000多平方千米，年产茶叶约30万吨，无论茶树种植面积、茶叶产量，还是茶叶的品质都在全国位列前三。四川是茶马古道之源头，四川主产绿茶，是国内最大、最好的绿茶产区。四川温暖湿润的盆地气候，使茶叶发芽早于全国的茶区1个月，加之生态保护相对良好，是被国家认定的最适合有机、绿色、生态茶叶生产的生态区之一。比较知名的绿茶有蒙顶山茶、竹叶青茶和叙府茶三大品类。蒙顶山茶原产自四川雅安,是极具历史和文化底蕴的川茶,有"蒙顶山茶"和"吴理真"两个系列,主打产品为蒙顶甘露,还有知名产品蒙顶黄芽和蒙顶石花等。竹叶青茶原产自四川乐山峨眉山市,是当代知名度颇高的知名茶品,主打产品为竹叶青、论道,以及知名产品碧潭飘雪和宝顶雪芽等。叙府茶原产自四川宜宾市,主打产品为春芽、雀舌和茉莉花茶。四川茶叶主产区域有川西名优绿茶产区、川东北富硒茶产区、川南工夫红茶产区、川中茉莉花茶产区。

川茶还促进了民族团结融合,丰富了藏族人民的生活,提高了他们的生活品质。四川雅安产出了全国50%以上的藏茶,成为川藏茶马古道的源头。藏区人民将酥油和藏茶加工成极具民族特色、每日必备的酥油茶。藏茶为藏族供给了"高原上的维生素",是他们的"生命之茶"。

2. 材质地道的川药

查阅全国中药资源普查信息,会发现四川省是中药大省,出产的植物、动物、矿物、菌藻等类药材达4103种,占《中药大辞典》收载的5760种的72%。四川省有动物药102种、植物药3963种、矿物药38种,总产藏量约在100亿吨以上。川药品种之多、数量之大、质量之好,全国闻名。药名之前常有"川"字,以显示与其他药之不同,如川黄连、川贝母、川乌、川白芷、川芎、川牛膝、麝香等,可谓中国第一大"天然药库"。

3. 南丝路上的锦绣

有两千年历史的蜀锦和蜀绣是成都市的名优特产,是国家地理标志产品、第一批国家级非物质文化遗产。它们是南丝绸之路上的重要货物,被称为"蜀中瑰宝"。

四川的蚕丝业历史悠久。四川的简称"蜀",从象形字看就如睁着大眼睛的蚕。传说在上古时期,四川一位叫嫘祖的姑娘发现了蚕丝并发明了蚕的养殖技术、丝织品制造技术,并传到祖国各地。如诸葛亮南征时,将织锦技艺传至云南、贵州等地。蜀锦色彩多,图案美,花型俏,工艺精,聪慧的川人用蚕丝织蚕绸,然后在缤纷绚烂的绸缎上刺绣,形成珠联璧合的"锦绣绽放"。

西汉时,朝廷在成都设置了专门管理锦、绣的"锦官",成都由此得名"锦官城"。三国时期,魏蜀吴中,蜀实力较弱,蜀锦、蜀绣成为换取作战物资的重要商品。《太平御览》引《诸葛亮集》所记:"今民贫国虚,决敌之资唯仰锦耳。"到了唐代,织机从多综多蹑织机过渡到了束综提花的花楼织机，蜀锦图案更为丰富，有对禽、对兽、翔凤、游鳞、团花、龟甲、格子、莲花、斗羊等，蜀锦技术更为精湛。产品还销往外国，深受波斯、日本等国人民的喜爱。宋、元、明时期，蜀锦品种更加丰富，产品应用更加广泛，图案也更加丰富多彩。这在元代《蜀锦谱》中有记载。宋代，蜀绣因其技法"穷工极巧"，产销量和精美度都独步天下。明末清初的战乱对蜀锦、蜀绣造成了破坏性影响。明末清初战乱结束后，蜀锦获得较大程度的恢复，在江南织锦的影响下增加了月华锦、浣花锦、雨丝锦等品种。

南丝路上的印度的梵文经典《治国安邦术》就记载了"出产在中国的成捆的丝"。这里的丝就是蜀中出产的蜀锦、蜀绣和丝织品。今天的日本还藏有唐代蜀锦"蜀江锦""蜀江太子御织伞"等，日本国宝级传统工艺品京都西阵织就源自蜀锦。蜀锦和蜀绣是南方丝绸之路上名副其实的瑰宝，它承载着中国悠久灿烂的历史文化，直到今天也是四川的一大名片，是世界了解四川的一扇窗户。

4."醉"美天下的川酒

古巴蜀的酒文化十分发达。西晋张载《酒赋》中有云："物无往而不变，独居旧而弥新，经盛衰而无废，历百代而作珍。"现在，宜宾五粮液、绵竹剑南春、成都全兴、泸州老窖、邛崃文君等佳酿深受中外友人的喜爱。国宴上有之，盛会上有之，民居小巷里也有之，可谓四海名扬，不愧为中华民族酒文化的一朵奇葩。"川酒云烟"之说盛行于中国消费市场。

1915年，泸州老窖大曲在美国举办的巴拿马太平洋万国博览会荣获金奖，以"浓香正宗""酒中泰斗"与茅台齐名，翻开了川酒发展的新纪元。四川汇聚了一半以上的国家级名酒，是名副其实的名酒产地。"中国的五粮液、世界的五粮液""名门之秀五粮春，香醉人间三千年""可以品的历史，泸州老窖""品味中国，国窖1573""传承千年酿造工业，历经天宝洞藏，红花国色、酱香典范、红花郎""唐时宫廷酒、今日（盛世）剑南春""水井坊，中国白酒第一坊""悠悠岁月酒、滴滴沱牌情""智慧人生、品味舍得"这些耳熟能详、百花争艳的白酒广告语呈现了川酒的历史、繁盛与荣耀。

20世纪50年代的四川"村村有酒卖"，六七十年代的四川"金花""银花"泛起，80年代的川酒产量一举突破100万吨，总产量占全国的1/8。这一时期，五粮液酒史博物馆又大大提升了其品牌价值，引起省外酒家纷至沓来学酿浓香型白酒。凡有酒店处必售四川酒。90年代的川酒更是多彩纷呈：泸州老窖明代窖池群升格为全国重点文物保护单位；1998年的成都全兴酒厂在水井街发现地下埋有古代酒坊遗迹，鉴定是明清遗址；"中国白酒第一坊"——"水井坊"遗址被评为 1999 年度全国十大重要考古发现之一。至 2000 年，古蔺郎酒厂因拥有规模宏大、气势磅礴的"酒阵兵马俑"奇观的天然酒库"天宝洞""地宝洞"而被载入吉尼斯世界纪录。

二、敬畏自然家园，创建美丽四川

江山如此多娇，引无数英雄竞折腰！有了如此美丽的大好河山，最重要的是要好好保护。生态兴则文明兴，生态衰则文明衰，文明衰则国家衰。党的十八大以来，以习近平同志为核心的党中央对生态文明建设给予了前所未有的重视，将其纳入"五位一体"总规划，提出绿色发展就是科学发展理念，明确绿水青山就是金山银山。作为四川人，我们要感恩自然的恩赐，建设生态四川。

习近平总书记指出：四川自古就是山清水秀的好地方，生态环境地位独特，生态环境保护任务艰巨，一定要把生态文明建设这篇大文章写好；要求把建设长江上游生态屏障、维护国家生态安全放在生态文明建设的首要位置，扎实推进节能减排、资源节约和综合利用、污染防治、国土绿化、生态建设，让四川天更蓝、地更绿、水更清。这些重要论述，体现了坚持人与自然和谐共生的基本方略，赋予了四川维护国家生态安全的重大使命。必须认真践行绿水青山就是金山银山的理念，坚持共抓大保护、不搞大开发，坚定走生态优先、绿色发展之路，充分绽放四川独特的自然生态之美、多彩人文之韵，谱写美丽中国的四川篇章。[①]事实证明，自然生态保护这影响千秋万代的系统工程，要深思熟虑，谋定后动。一是要以马克思主义的世界观审视四川、中国和世界，敬畏自然。以马克思主义历史观思考四川的过去、现在和未来，敬畏历史。以对苍生负责的态度，抓好生态文明建设和环境保护，夯实长江上游生态屏障，为维护国家生态安全作出更大贡献。二是要正确处理好经济发展与环境保护的关系。长期培育和践行保护生态环境即保护生产力、改善生态环境即发展生产力的观念，坚持绿色发展、循环发展、低碳发展，杜绝以牺牲环境为代价去换取一时经济增长的行为。三是将自然生态保护的观念形成制度，上升到立法的高度，使生态保护有章可循，不因人而废，不因时而变。四是定期考核与不定期检查相

---

① 《中共四川省委关于深入学习贯彻习近平总书记对四川工作系列重要指示精神的决定》，四川在线网 https://sichuan.scol.com.cn/gcdt/201807/56320977_3.html。

结合，将自然生态保护纳入各地的重要考核指标，对不重视自然生态的、破坏环境的实行一票否决。五是责任落实到人，生态保护责任层层落实，权责明确，执法必严，违法必究。

三、敬畏市场规律，雄起四川力量

川酒、川茶、川粮、川菜、川果、川药、川竹等四川特产驰名天下，饭菜果蔬、好酒良药都是大消费产业。事实上，和四川良好的先天条件相比，后天经营还需不断提升。要看到资源优势的产出效益发挥不明显，这些优势产业在全国的地位并不突出，潜力和优势没能完全释放。如何振兴川酒，如何培育川茶、川竹、果蔬、川药材和川水等四川特产的品牌及建立全国食品饮料生产基地等，都是四川发展亟待思考和解决的问题。问题就是方向，差距就是力量。就以我们的川茶、川酒和川竹为例：川茶，茶界的富士康，这既是美名，又是遗憾。这种遗憾是，我们有得天独厚的茶园，却没有实现这片美好茶园的应有价值。多年来，川茶品牌分散，且多为中低端品牌，整体知名度偏低，茶叶附加值低。每年60%的川茶、超过20万吨毛茶外销出省，低价卖出原料，与产茶大省、茶文化大省的地位极不相称。川茶单个茶园面积小、分散，导致种植和生产规模小，茶农直接收益低；制茶工艺水平整体不高，很多绿茶有青草味，香气不够，制茶技术仍需改善。川茶要雄起，还需脚踏实地，一步一个脚印。比如由政府牵头，做好区域公共品牌的持续投入、长期推广，让茶农能够享受到品牌溢价的红利；在全行业产能整体过剩的情况下，应该多考虑错位竞争，做好茶产业的深度开发，向日化、医药、食品等行业延伸，提高深加工产品的附加值，改变川茶一般只采春茶，夏秋茶收益低、利用率低的现状。

川酒"大而不强"隐忧凸显。就以五粮液为例，2007年10月，五粮液的市值高达1719亿元，同期的茅台是1680亿，那时的五粮液酒香还浓。经过12年的发展，2018年10月，五粮液的市值是2638亿元，同期的茅台高达9170亿，茅台市值是五粮液的3.48倍。2016年12月20日的经销商大会上，贵州茅台表示，高端白酒市场超过50%的份额已被茅台酒占有。不过12年光景，两巨头间地位反转，且差距越拉越大。要知道，在长达20年的时间里，五粮液都曾是中国酒业的王牌，其销售额曾是"高冷"茅台的5倍。2012年以前，五粮液的销售额都是大于茅台的。不仅如此，即使在浓香型白酒中，五粮液市值也多次被洋河股份超越。而在行业研究中，市场习惯于将洋河股份与五粮液拿来做对比。2012年2月8日,洋河股份总市值1237.6亿元,五粮液1234.8亿元。洋河以2.8亿元的优势反超五粮液,成为白酒行业第二大市值的公司。2014年12月24日,洋河股份、五粮液市值分别为821.31亿元、798.29亿元,差距为23.02亿元。在中国名酒品牌中,四川的名酒最多,产销量多年位列第一,这很大程度上源于四川的山水、物产、气候和四川先人们的聪明智慧,这是大自然对四川的厚爱。但从同比的角度看,曾经风光无限的五粮液、泸州老窖、剑南春、沱牌、郎酒、全兴大曲这"六朵金花"的发展都出现了不同程度的停滞和落后,全兴大曲更是淡出了人们的视野。川酒除了这些一线品牌外,还有舍得、丰谷、文君、小角楼、江口醇等知名品牌,但现况也喜忧参半。比如川酒四大酒乡之一的邛崃所产的拥有两千多年历史的文君酒,曾经"一曲凤求凰,千载文君酒"的广告词让人记忆犹新,是女婿送岳父母的最佳礼品。但今天文君酒品牌经营出现了空前危机。从各线白酒品牌经营及市场占有量看,川酒品牌有衰退迹象,产值突破面临瓶颈。贵州茅台酒一家公司的影响力有时超过拥有众多知名品牌的川酒。形势催人奋进,落后更要追赶。川酒需要保持原有的优势,充分利用好四川和当地政府的政策支持,如"白酒金三角规划",以质量和品质求生存,以品牌和营销求发展,以创新和策划为驱动,积极主动拥抱市场。这样方可保持川酒全盛时期舍得、国窖1573、五粮液、水井坊、红花郎、青花郎等一线品牌竞相绽放的盛景。

再比如川竹,四川盛产竹。丘陵、平地、田间、地头,葱葱翠竹到处可见,青神、沐川、大竹、长宁等多县素有"竹乡"之美誉,竹林面积达1750万亩,位居全国第一。四川的竹数量大、质量优、品种多,但经济转化能力不强,特别是与浙江、福建的竹产业相比,资源与产出明显不成正比。发展好竹产业,可以使竹农直接增收、脱离贫困,促进乡村振兴和全面小康。开放的四川、发达的出川通道以及"互联网+",是四川竹产业腾飞的时代契机。竹产业是四川必须搞好的优势产业,已成为四川现代农业的重要内容。我们欣喜地看到,2018年初,四川省对症下药,出台了《关于推进竹产业转型发展的意见》(下简称《意见》)提出:"四川省竹产业发展的五年目标,将重点打造属于四川的竹产业、产品品牌。意见提出,到2022年,基本形成以川南竹产业集群和青衣江、渠江、龙门山三大竹产业带为支撑的现代竹业发展格局,建成竹业重点县40个,竹林基地稳定在1800万亩,现代竹林基地突破1000万亩,竹产品就地加工转化率和品牌覆盖率均超过70%,竹旅游康养达到5300万人次,综合产值达到500亿元,竹农人均竹业年收入达到1500元。"①

四、感恩先民创造，弘扬四川文化

山水是四川的外在形状，文化是四川的内在精神。四川文化是中华文化的重要组成部分，是华夏文明的瑰宝。

（一）灿烂多彩的少数民族文化

佛教是藏族人民的普遍信仰。佛教在东汉末年传入蜀地，经历了唐宋和明末清初两个兴盛时期，迄今已有1800多年历史。"言禅者不可不知蜀。"可见四川对佛教文化的重大贡献。这里有名扬天下的峨眉山、文殊院、宝光寺等佛教圣地，还有世界上最大的石刻佛像乐山大佛、世界上最大的藏传佛学院色达五明佛学院（数千名僧尼在此修学）、峨眉山佛学院。四川的高僧大德、佛教居士也是人才辈出，唐代的定慧禅师圭峰宗密（今四川西充人）、唐代大寂禅师马祖道一（今四川什邡人）、德山和尚德山宣鉴（今四川简阳人）、明代破山禅师破山海明（今四川大竹人）、宋代真觉禅师圆悟克勤（今四川成都人），现代海内外知名的绵竹高僧能海、自贡高僧正果、成都高僧隆莲（女）、成都文殊院宽霖法师、乐山乌尤寺遍能法师、成都昭觉寺清定法师、宋代眉山的苏东坡居士、新津的张商英居士、清末民初成都的颜楷居士、现代贾题韬居士等。藏装被称为"藏族文化明珠"，藏族服饰有200多种。四川藏族服饰承载了深厚的康巴和安多文化。藏族有丰富的作家文学和民间文学，代表作有世界上最长的民间说唱体英雄史诗《格萨尔王》、藏族文学经典《仓央嘉措情歌》等。藏族人民创造了包含藏族物候历、印度时轮历和汉族时宪历三大元素的藏历。此外，藏族人民还有高超的雕刻技艺、独具一格的藏戏、世界瑰宝的藏医药学等。

四川省凉山彝族自治州是全国最大的彝族聚居区。彝族人民普遍存在自然崇拜、图腾崇拜、祖先崇拜和万物有灵的信仰，如火把节就是对火的自然崇拜，认为火是光明的象征。同时，部分彝族人民还信仰道教、佛教、基督教和天主教。彝族待客方面，对酒尤为重视，"有酒便是宴，无酒杀猪宰羊不成席"。当地产酒主要有坛坛酒（又称咂酒）、桶酒、水酒等。

在文学方面，彝族人民的长诗、史诗类诗歌、民歌代表作有《勒俄特

---

① 《四川省人民政府办公厅关于推进竹产业转型发展的意见川办发〔2018〕8号》四川省人民政府网，2018年7月6日。

依》《阿诗玛》《我的幺表妹》《妈妈的女儿》《一双彩虹》《逃到甜蜜的地方》《玛穆特依》《阿细的先基》《西南彝志》《哈依迭古》《梅葛》《查姆》等。彝族音乐丰富多彩，彝族民歌还被国务院批准列入第二批国家级非物质文化遗产名录。彝族民族乐器有流传广泛的口弦、月琴、葫芦笙和笛子，其他还有胡琴、唢呐、皮鼓、铜铃及木叶等。彝族有多种传统舞蹈，如节日舞、婚礼舞、丧事舞、劳动舞、征战舞、赶街舞、铃鼓舞、对脚舞、手帕舞、手镯舞等。

  羌族是我国西部的一个古老的民族，对中国历史发展有着广泛而深远的影响。四川的羌族主要分布在阿坝藏族羌族自治州、绵阳市北川羌族自治县，其余散居于甘孜藏族自治州，他们大多数聚居于高山或半山地带，因而得名"云朵上的民族"，民族语言为羌语。以牧羊著称于世的古羌人，是中华民族的重要组成部分。《诗经·商颂》写道："昔有成汤，自彼氐羌，莫敢不来享，莫敢不来王……"羌在殷商时期已经是"方国"之一，首领在朝廷任官职。甲骨文卜辞中许多有关"羌"的记载，由此可看出古羌人在当时历史舞台的活跃度。羌族人民普遍信仰原始宗教，即万物有灵、多神信仰和祖先崇拜。邻近藏族地区的部分羌族人民信仰藏传佛教。羌族人民将象征神灵的白石敬奉于山中、林地、屋顶和室内，他们楼上，将象征天神、地神、山神、山神娘娘和树神的五块白石供于屋顶四角。羌族地区流行喝自酿的咂酒，喝酒前向坛中注水，亲朋客人轮流用细竹管吸饮。吸完再添水，直到味淡食酒渣，最后"连渣带水，一醉二饱"。羌族民间文学民族风格和艺术特色鲜明，代表作有歌颂羌族人民勤劳智慧、不畏神权、追求自由的叙事长诗《木姐珠与斗安珠》，反映古羌人历史迁徙记忆的英雄史诗《羌戈大战》，其内容包括序歌、羊皮鼓的来源、大雪山的来源、羌戈相遇、重建家园五部分。羌族民间乐器丰富，有羌笛、口弦、锣、钹、唢呐、羊皮鼓、铜铃、指铃、肩铃等。

  除了藏、彝、羌族外，四川其他少数民族的民族文化也极为丰富，多姿多彩。

（二）独具特色的慢生活

  老子《道德经》里充满了积极向上和思辨力量的两句话"孰能浊以静之徐清，孰能安以动之徐生"渗透着慢就是快的哲理。不知四川人的慢生活是否来自老子的哲学思想，但毫无疑问，这种生活体现了四川人的智慧。每到周末、假期时，四川人喜欢到薛涛生活过的望江公园、杜甫住过的浣花溪公园，边品茗，边"摆龙门阵"、看书读报；喜欢到城郊爬爬山、采草莓、摘枇杷；喜欢到城市周边吃特色菜、挖野菜、休闲垂钓等；喜欢边吃麻辣火锅边看川剧"变脸""吐火"等绝技。全国闻名的川菜"一菜一格，百菜百味"，讲究色、香、味俱全，追求麻辣鲜香，这也体现了四川人慢的性格和四川悠久的饮食文化。四川的慢生活还体现在商业领域，商家们常常习惯于在茶楼、饭店谈生意，签合同。四川人动静结合、快慢相济的生活正是本真地践行着他们对生命的理解：工作与生活的协调，身体与精神的和谐。

（三）人才辈出的创作乐园

川籍文学家郭沫若有诗《蜀道奇》言："文翁治蜀文教敷，爱产杨雄与相如。诗人从此蜀中多，唐有李白宋有苏。"这是"蜀中自古多才俊"的真实写照。在四川长期居住的古代大诗人还有杜甫、陆游、陈子昂、黄庭坚、女诗人薛涛等。清末"戊戌六君子"中的杨锐、刘光第，"四川只手打倒孔家店的老英雄"吴虞均为四川人。近代以来，四川诞生了大量文艺大家和文学名作，如被誉为"二十世纪中国文学的良心"的作家巴金著有激流三部曲《家》《春》《秋》等；文学家郭沫若著有《女神》《屈原》《虎符》等；世界级美术家张大千有《爱痕湖》《长江万里图》《四屏大荷花》《八屏西园雅集》等；作家李劼人著有《死水微澜》《暴风雨前》等；作家艾芜著有《南行记》《山野》《百炼成钢》等；作家沙汀著有《在其香居茶馆里》《还乡记》《淘金记》等；诗人、作家流沙河著有《流沙河诗集》《就是那一只蟋蟀》《理想》等；作家杨益言著有《红岩》《在烈火中永生》等；作家周克芹著有《许茂和他的女儿们》《山月不知心里事》《勿忘草》等；剧作家魏明伦创作有《潘金莲》《易胆大》《巴山秀才》《夕照祁山》《中国公主杜兰多》等。四川的影、视、歌作品《焦裕禄》《被告山杠爷》《鸦片战争》《我的妈妈在西藏》《星期四，真好》《熊猫的摇》等均在全国产生了很大的影响并获得系列大奖。此外，四川的音乐、舞蹈、摄影、民间文艺、曲艺、杂技等艺术门类也建树颇丰。

（四）兼容并蓄的四川戏剧

川剧也称川戏，川剧是中国戏曲中流行于川渝云贵汉族地区的经典地方艺术，是由外省传入的高腔、昆曲、胡琴、弹戏和四川本土的民间灯融合、创新形成的剧种。川剧吸收苏、赣、皖、鄂、陕、甘等省声腔，保留了优秀的传统剧目，包含灯戏、高腔、胡琴、昆腔、弹戏五种声腔，并以四川特色的四川话演唱。川剧高腔曲牌多，唱腔美，地方特色鲜明，为川剧演唱的主要形式。川剧的帮腔有领腔、合腔、合唱、伴唱、重唱等丰富多彩的形式，意境深沉幽远，语言形象生动，风趣幽默，充满四川味、生活味，极为接地气。川剧名剧有《五台会兄》《裁衣》《武松杀嫂》《坐楼杀惜》《马房放奎》《花田写扇》《白蛇传》《柳荫记》《御河桥》《文成公主》《红梅赠君家》《薛宝钗》《王熙凤》《夫妻桥》《江姐》《田姐与庄周》《红楼惊梦》《山杠爷》《刘氏四娘》《目连之母》《激流之家》《卖画拍门》《青春涅槃》《欲海狂潮》《红梅记》《黎明十二桥》《岁岁重阳》《马前泼水》《尘埃落定》等，其中，《白蛇传》等作品远播海外，深受观众喜爱。

川剧表演时，跟随剧情的发展、人物情绪的变化，脸谱也要瞬息变换，这就诞生了变脸、扯脸和擦暴眼等川剧特技。这些特技使不可见、不可感的抽象心绪以可见、可感的脸谱形式呈现。这些舞台演出现场的特技常常使观众受到艺术的震撼。

在人员长期青黄不接、新剧创作后劲不足、名角培养举步维艰等困难下，川剧的发展面临江河日下之境况，川剧被列为濒危非物质文化遗产。振兴川剧时不我待，只争朝夕。

（五）极具规模的公共文化

四川文化事业与文化产业极具规模，欣欣向荣。截至 2018 年年底，四川省有艺术表演团体 53 个，艺术表演场所 44 个，公共图书馆 204 个，文化馆 207 个，美术馆 41 个，文化站 4574 个，国家级文化产业示范园区 1 个，国家级文化和科技融合示范基地 2 个，国家文化消费试点城市 2 个，国家级动漫游戏基地 1 个，国家级文化产业示范基地 15 个，省级文化产业示范园区 11 个，省级文化产业试验园区 5 个，省级文化产业示范基地 59 个。年末共有博物馆 253 个，文物保护管理机构 173 个，全国重点文物保护单位 230 处，省级文物保护单位 1165 处，市、县级文物保护单位 6619 处，世界文化遗产 1 处，世界文化和自然遗产 1 处，世界自然遗产 3 处，列入中国传统村落名录的传统村落 225 个，公布为四川省级传统村落的有 869 个。被列入国家级非物质文化遗产名录的有 139 项，省级非物质文化遗产名录 522 项。年末有广播电视台 165 座，中短波发射台和转播台 39 座，广播综合覆盖率 97.8%，电视综合覆盖率 98.8%，有线广播电视实际用户 1125.8 万户。年末纳入统计的档案馆有 244 个，其中国家综合档案馆 204 个。国家综合档案馆全年向社会开放各类档案 643.2 万卷，232.6 万件。[①]截

[①]《四川省 2018 年国民经济和社会发展统计公报》，中国统计信息网 http://www.tjcn.org/tjgb/23sc/35818_5.html，2019 年 5 月 31 日。

至 2018 年年底，成都市实现文化创意产业增加值 1129.0 亿元，占地区生产总值的比重为 7.4%。年末成都市共有博物馆 35 个，文化馆 22 个，公共图书馆 22 个，馆藏图书 2292.6 万册。年末共有广播电台 14 座，制作广播节目 27 套，制作电视节目 30 套。年末共有有线电视用户 384.1 万户，其中数字电视 369.2 万户。①

（六）各具特色的地方节日

除了春节、元宵节、清明节、端午节、中秋节、重阳节等中华民族共有传统节日，四川各地还有许多自己的地方民俗节日，如藏、羌、回、汉各族的黄龙庙会，彝族火把节、藏族转山会，自贡灯会，广元女儿节，成都花会，乐山龙舟节，眉山东坡节，都江堰放水节，泸州名酒节，南充丝绸节，峨眉山佛光花海音乐节，阆中名醋节，巴中红叶节，新都木兰会，红原大草原夏季雅克音乐季，望丛赛歌会，青神县椪柑节，金堂月光会，彭山寿星节，宜宾花朝节，梓潼菜花节，仙海桃花节，德阳孝文化节，蜀南竹海春笋节，龙泉桃花会等。

第二节　感恩与敬畏文化和多难四川的重建

人类在自然世界中生存、生活，不断对过去进行思考和总结，并将经验和教训积累下来。经验和教训往往揭示了大自然的规律，也体现了人类的智慧。经验和教训意味着当下对历史的人与事的评价。这种当下的评价体现着人们对将来世界的理解、期待和行为，因此成为一种对现实问题的传承与发展的思考。

一、在敬畏中总结教训，在多难中奋进

四川是自然灾害多发地，其中以频发的地震造成的影响最大。以下是 6 级以上的地震统计表：

---

① 《2018 年成都市国民经济和社会发展统计公报》，成都统计公众信息网 http://www.cdstats.chengdu.gov.cn/htm/detail_145407.html，2019 年 5 月 31 日。

震级为 6~7 级		
时间	震级	地点
1935.12.18	6.0 级	马边
1955.9.23	6.9 级	会理
1975.1.15	6.2 级	康定、九龙
1976.11.7	6.7 级	盐源、宁蒗
1981.1.24	6.9 级	道孚沟普
1982.6.16	6.0 级	甘孜扎科
1989.9.22	6.6 级	小金梭罗
1989.4.16	6.7 级	巴塘小坝冲
震级为 7~8 级		
1933.8.25	7.5 级	叠溪
1955.4.14	7.5 级	康定折多塘
1973.2.6	7.9 级	炉霍
1976.8.16	7.2 级	松潘、平武
2008.5.12	8.0 级	汶川映秀
2013.4.20	7.0 级	雅安芦山
2017.8.8	7.0 级	阿坝九寨沟
2019.6.17	6.0 级	宜宾长宁

上列地震中，汶川大地震成为世界上波及范围最广的一次地震，地震重创约 50 万平方千米的中国大地。除黑龙江、吉林、新疆外，其他省区市均有明显震感，而以四川、甘肃、陕西三省震感最为强烈，灾情最为严重。除中国外，泰国、越南、菲律宾、日本等地均有震感。2008 年 5 月 12 日，北京时间 14 时 28 分 04 秒，我国四川省阿坝藏族羌族自治州汶川县映秀镇与漩口镇交界处发生 8 级强烈地震，震源深度为 18.66 ± 0.49 千米，震中烈度达到 XI 度，是中华人民共和国成立以来破坏力最大的地震，也是我国唐山大地震后伤亡最严重的一次。"前事不忘后事之师"，汶川地震已过去约 11 年，总结和吸取汶川地震的经验和教训，是为了最大限度地减轻未来地震所造成的人员伤亡和财产损失，希望汶川地震的悲剧不再重演。

（一）科学合理开展经济建设规划和建设工程选址工作

汶川大地震引发了极为严重的次生地质灾害，导致城镇、乡村被掩埋，造成严重人员伤亡；汶川地震的震中在映秀镇，但破坏严重的区域是沿龙门山断裂带呈条带状分布，即沿其北偏东—西南的走向长约 300 千米，东西宽约 70 千米的范围内展布。在地震时发生了一系列严重的崩塌、滑坡、塌陷、泥石流等严重次生灾害，发生了因断裂带活动而造成的地表错位，导致了断裂带沿线建设工程和房屋的破坏。

曾经是"映秀映秀，山清水秀"的映秀镇，由于该镇正处于龙门山断裂带上，是汶川地震的宏观震中，在地震中倒塌和损毁的宏达化工厂、东方汽轮机厂、小渔洞大桥等都是坐落在断裂带上的建筑物，全部遭到毁灭性破坏，映秀镇成为全省人员和财产损失最严重的地区之一。

天灾难以避免，但我们要尽力避免人祸。因此，科学开展经济建设规划和建设工程选址工作、选择防灾减灾有利地带、避让地震断裂带是灾前预防工作中最经济、最有效的方式之一。

此外，我国已施行新一代《中国地震动参数区划图》(GB18306—2015)，它是我国经济建设规划、国土利用和一般建设工程抗震设防的重要依据。

（二）做好建设工程的抗震设防工作

汶川大地震死亡及失踪的约 9 万名同胞绝大多数是因为建筑物倒塌而遇难，倒塌和损坏的房屋超过了 2300 万间。历次地震灾害调查结果表明，地震中人员伤亡主要缘于建筑物倒塌，小部分缘于由地震诱发的火灾、水灾、泥石流、山体滑坡等次生灾害，不抗震的房屋是导致人员伤亡的元凶。

历次震灾证明，科学地进行抗震设防，并将其贯穿于建设工程的选址、确定设防水准、抗震设计、施工监理等环节，可以有效减轻地震中的人员伤亡和财产损失。

（三）加强地震应急救援和演练工作

在各级政府的领导下，要完善地震应急预案，开展跨部门的防灾减灾综合培训、演练等活动，增强防震减灾意识。

在汶川地震中，一所普通的农村初中——桑枣中学创造了奇迹，叶志平校长也被封为"最牛校长"。该校位于四川安县桑枣镇，紧邻地震最为惨烈的北川县。强烈地震使学校周围的房子 100% 受损，教师的房屋全部垮塌。在汶川地震袭来时，桑枣中学仅用 1 分 36 秒，便将全校 2 300 余名师生安全疏散到操场上，师生无一伤亡，这得益于叶志平校长的防灾意识。从 2005 年开始，他就要求学校每学期都进行紧急撤离演习。

(四)常抓不懈开展防震减灾知识的宣传普及工作

地震知识的宣传普及工作是人们有效防御地震灾害的重要途径。政府和相关组织应持之以恒地加强防震减灾知识的宣传和普及,增强公众的防震减灾意识,提高公众的自救互救能力。

二、在感恩中总结经验,化悲壮为豪迈①

(一)"汶川地震"后十年的两大思考尺度

开始回望十年痕迹的时候,首先需要明确究竟会有哪些思考的尺度。

第一个尺度关乎时空。如果从全球的尺度来看,众所周知,灾害风险治理是全球治理的重大挑战之一。人类发展到哪里了呢?如果看人类的知识的发展,近期我们团队在分析近百年来全球关于地震研究的 SCI/SSCI,你可以看到作为一个知识领域,全球地震科学研究规模一直在急剧发展。这说明什么?与地震风险战斗还会是一个长期的重要任务。在发展中,我们也看到不同国家的趋势。可以明确的是,2008 年是中国地震科学研究一个重要的节点,由此开始进入快速增长阶段。

第二个尺度关乎制度。2015 年第三次联合国世界减灾大会推出的《2015—2030 年仙台减灾框架》的要点就是政企社学研多元部门的治理协同,这是全球在第二次减灾大会后的十年应对中总结的一个很重要的经验。大会期间,中国社会组织第一次组团去了仙台现场。在这样一个全球反思中,我们中国也在行动。这个行动其实是汶川地震后十年的重要观察背景。

(二)"汶川地震"是中国应急管理体系的重要节点

2008 年汶川地震应对是中国应急管理体系的重要节点,更为重要的是,汶川震后这十年不仅仅是中国应急管理的一个重要历程,还是中国公共治理,也就是国家治理能力完善的十年。灾害是折射人类社会日常生活的一面镜子,应对灾害的每一个举动及其后果都源于常态下的治理积淀。

对于中国应急管理历程,我们研究团队对新中国灾害治理相关的法律法规政策进行整理,经过社会网络分析的结果来看,可以较为清晰地看出四个阶段性的制度演进:第一个阶段是 1949—1978 年,这一阶段的特点是

---

① 《汶川地震后灾害治理的十年演进:四川经验与中国模式》,新华网 http://big5.xinhuanet.com/gate/big5/www.xinhuanet.com/gongyi/ 2018-05/10/c_129868772.htm。

"强调农业保障的生产救灾";第二个阶段是 1979—2003 年,随着中国改革开放大幕拉开,呈现出"经济为先的灾害管理"特征;第三个阶段是 2004—2008 年,SARS 之后开启了中国应急管理体系建设,这一阶段的特征是"突出政府能力的应急管理";第四个阶段是 2009 年至今,汶川地震之后全面进入了社会力量多元参与的灾害治理阶段,2015 年民政部出台了社会力量参与救灾的意见(《支持引导社会力量参与救灾工作的指导意见》)。2016 年底,党中央、国务院出台了《关于推进防灾减灾救灾体制机制改革的意见》。当然,今年的应急管理部成立也会是值得高度关注的节点。

从制度变迁的角度来看,我国应急管理预案、体制、机制和能力在汶川地震后十年有了跨越式的进展。关于应急预案,过去是"挂在墙上,写在纸上",现在是"放在心上、练在日常",不是演着练,而是在真实的情境里面练。关于应急管理体制,过去是集中式,是动员型的,现在演进到参与式,而且是赋能型的(enabling),这个词是中国治理体制演进的一个重要特征。

关于应急管理机制,我们过去关心政府部门的结构化和功能性,今天我们在走向精细化,而且强调是情境式应对驱动。这其实是机制上一个重大的转型。关于应急管理能力,过去我们的讨论很关注以城市为中心来部署,要有高的移动能力,要有高科技(high-tech)。可是汶川地震给我们的启示,就是要以社区为基础,在你的身边,我们需要的不仅仅高科技,还要接地气、能够配合第一响应人的低科技(low-tech)。

这些转变不仅仅是我刚才讲的体制机制和能力,其实背后还有发展理念,因为我们真的需要从一个应灾走向一个防减救全过程、安全与发展有机融合的理念。这是我们在汶川这场"战斗"中宝贵的经验和教训。

(三)应对灾害的"危"与"机"

中国的文字很有解释力,我们讲挑战,讲危机。危机它的"危"在哪里?它有可能带来的是生态破坏、经济损失和社会影响。"机"是什么呢?一是灾害应对带来了一个多元主体合作的信任场域。为什么这么说?因为在这些地震灾害面前,多元主体的目标只有一个,也就能建立一个完全可以有相同共识基础的信任空间,为了一个目的、一个使命,不论英雄出身何处都可以跨界拥抱。第二,灾害应对带来了一个双轴创新的实验空间。十年的灾后重建遭遇了很多的挑战,这些挑战不仅需要科技创新,还需要社会创新,以及两轴创新的凝聚融合。改变的不仅仅是我们的科技装备,改变的是我们的软性思维，改变的还有我们的发展理念和社会治理机制。在这个基础上，灾害应对带来的第三个"机"就是社会发展的重构机遇，是寻求发展路径、目标愿景、参与范式上的系统重塑。这也是为什么我们能够从汶川重建到芦山地震重建去探寻一个新路子。

（四）灾害应对的"四川路径"

就社会治理而言，灾害情境下面临着三个失灵：市场失灵、政府失灵以及第三部门失灵，需要有一个跨界协作（Cross-Sector Collaborations），需要有一个多中心治理（Polycentric systems）。这里的治理并不仅仅是简单的政策合作，其实背后还有广泛、多元、深刻、多层次的政社合作、社社合作和社企合作以及三元互动。

在汶川地震后10年，社会力量参与呈现了很多的新特征，专业化、组织化、协同性，现在不仅仅扎根国内，还开始携手走向国际，走向"一带一路"国家，走向南南合作。在这个过程中间，如果焦点聚焦在四川，有几场特别重要的"战斗"值得总结。在同一个地区，在一个同样的制度空间中，四川共同经历了2008年汶川地震、2013年芦山地震和2017年九寨沟地震等三场挑战。从这三场应对来看，可以看到应对模式的变迁，也就构建了宝贵的"四川路径"。

变迁之一就是政社企合作从制度化到生态化的演进。在汶川地震期间，涌现了"遵道模式"（注："5·12"汶川特大地震发生以后，来自各处的企业、NGO与个人志愿者，一起在绵竹市遵道镇建立了"遵道志愿者协调办公室"，并在抗震救灾期间开展了有序、有效的志愿服务，这一工作模式创造了地方党政和民间组织合作救灾的新模式）等基层政社合作试点，也出现了"5.12中心"等社会组织的平台化雏形。在芦山地震期间，出现了中国救灾史上第一个党政建立的社会组织和志愿者服务中心，建立了系统化、窗口化、网格化的灾区社会管理服务网络。2017年九寨沟地震之后，政社、社社合作实现了生态性的有机融合，开始建立"一中心多站点"、从后方到前线一体化、层级式协调服务体系。

变迁之二是社会力量的应对从专业化向精细化演进。汶川地震的紧急救援中，各类社会组织以及志愿者潮水般涌向灾区现场，给灾区人民带来了极大的鼓舞，但也暴露出救灾工作专业能力储备不足等问题。除了一些专业的国际社会组织之外，大部分组织缺乏对灾害的科学认知，没有配备专业救援人员和设备，无法迅速开展灾情评估。在汶川地震之后，很多组织不仅把灾害应对作为组织的发展宗旨，并着力进行相关力量的培养，以壹基金救援联盟和红十字蓝天救援队为典型。这些民间救援力量不仅有卫星电话、对讲机等现代化装备，参与队员也都接受了专业化的救援技术培训。芦山地震发生后，壹基金救援联盟本地队伍2小时左右即整装出发，蓝天救援队本地队伍3小时左右出发。灾后重建中，社会组织参与更是注重与灾区需求相适应的专业性发展。2017年九寨沟地震之后，根据灾害应急响应需求，建立引导社会力量参与救灾的精细化规范流程。协调中心建立统一的信息发布与协调机制，发挥微博、微信公众号的宣传作用，第一时间向社会大众公布社会力量救灾信息，倡导以灾区需求为导向，建立社会组织与志愿者动态信息收集渠道，发布"九寨沟8.8地震社会组织信息登记表"，收集一系列精细化信息，以便第一时间了解各组织的专长等情况，为高效快速投入救援工作做好保障。同时，经指挥部授权，通过报备审核发放灾区前线通行证，为实现社会力量参与全过程管理奠定了重要基础。按照前方协调人员反馈，社会力量参与不再是"一窝蜂而上、早来早抢"，一定程度上实现了根据灾区需求有序进入和退出、实地服务和外围备勤（后方报备登记了219家机构和4332名志愿者）相结合的工作局面。

变迁之三是社会力量的应对从注重效率到效率与风险兼顾的演进。汶川地震期间，中国还没有出现微博、微信等自媒体工具，受众与社会组织获取信息的方式主要是通过官方媒体，社会力量获取的信息以碎片化的形式存在。于是人们关注的就是社会力量的作用。芦山地震发生的2013年，救灾地图、救灾信号弹等社会参与的新媒体技术、以微信为代表的应对群落（成都公益圈、环保雅安、雅安灾情分享交流会等微信群）使得芦山地震后社会组织应对效率有了显著的提升。2017年九寨沟地震之后，社会力量的应对不仅是注重效率更加注重有效的安全保障、风险管理机制：一方面，提供免费的人生意外保险；另一方面，协调中心充分利用微信群等社交平台与后方中慈联、基金会救灾协调会、中灾协救援专业委员会等平台型机构建立实时的协调机制，对参与的队伍进行动态的甄别管理，较好地建立了灾区社会力量参与的风险管理机制。

（五）灾害应对"四川经验"的形成

为什么汶川地震10年来四川地区社会力量参与灾害应对的体系呈现出如此新局面？究竟是什么因素在推动四川经验的形成？

首先，国家灾害风险管理制度的顶层设计创新为这一格局奠定了重要的治理基础。在汶川地震灾后重建阶段，国务院在2008年6月8日颁布实施了《汶川地震灾后恢复重建条例》，首次将"政府主导与社会参与相结合"

作为六原则之一提出，赋予了社会组织作为社会参与的重要力量，参与灾后重建的合法地位和活动空间。芦山地震之后，党中央、国务院要求有力引导灾后恢复重建机制创新，首次提出有序推进"中央统筹指导、地方作为主体、灾区群众广泛参与"的重建模式，也就意味着灾后重建工作中，"四川负总责、地方为主体"。在这样的制度变化中，地方政府也相应地有了比较自主的工作空间。而且在应急救援阶段，在专家的建议之下，四川省抗震救灾指挥部也第一次正式建立社会管理服务组，设立雅安抗震救灾社会组织与志愿者服务中心统筹社会组织参与工作。随后，四川省灾后重建委继续保留这一组织架构，并于 2013 年 7 月国务院出台的《芦山地震灾后恢复重建总体规划》明确将志愿服务体系建设及群众心理抚慰（雅安市群团组织社会服务中心体系建设）、社会工作人才培养和社会组织培育、灾区人文关怀等三个社会管理服务项目纳入了灾后重建的重要内容，为推进灾区社会管理服务长效发展奠定了坚实基础。这一系列的政策环境变迁，使得培育社会组织，推动社会治理创新成为灾后重建场域中的重要制度要求，成为政府应对系统正式的组织性目标（the goals of the governmental response system），从而缩小了政府治理行为规范与灾后重建的需求之间差距，也为芦山地震灾后重建中的政社合作进一步深化奠定了重要的环境基础。

其次，汶川地震后社会参与实践为制度创新积累了重要的实践经验。在汶川地震的应急救援阶段，据四川省民政厅的统计数字，"5·12"汶川特大地震发生后，全省有 6000 多个非营利组织直接或间接参与抗震救灾工作。有 2456 个非营利组织直接参与抗震救灾，以及为参与的部队和灾民提供生活服务。有 300 多个非营利组织在第一时间组织突击队深入灾区抢救生命、救治伤员、转移安置民和向灾区运送捐赠物资。在芦山地震应对中，通过雅安抗震救灾社会组织与志愿者服务中心总计协同入驻中心 40 多家基金会及其他组织援建资金多达 11.76 亿元，涉及教育、卫生、基础设施建设、社区能力建设、就业创业培训等方面，建立 332 家基金会等社会组织数据库，及时将灾区灾后重建项目发送至各社会组织。九寨沟地震之后，截至 2017 年 8 月 12 日晚 22 时，灾害应急响应阶段共有 115 家机构登记报备并参与现场服务，与此同时，在外围网络平台报备登记了 219 家社会组织、志愿服务团队或企业。在这一系列难得的社会实践过程中，从中央到四川地区各级政府机构和工作人员对社会组织的性质、定位和运行特征有了较为深入的合作了解，不仅熟悉甚至颇有感情，为政社合作的制度创新积累了重要的实践经验。

最后，汶川地震发生以来，四川地区社会长足发展为政府合作这一制度创新创造了坚实的社会基础。"5·12"灾后重建使得四川的基础设施、产业发展、民生事业实现整体性跨越,尤其是四川省社会组织实现了规模快速扩大和结构进一步优化。自2008年至今,四川本土化社会组织不仅总规模迅速发展,而且社会组织的服务领域进一步扩大,一批行业协会新兴发展,从事教育培训、卫生医疗、劳动就业、社会福利、体育文化、社区服务等方面公共服务的民办非企业单位规模快速增长,非公募基金会从无到有,发展迅速。这些社会层面的软实力使得四川的社会组织能够在芦山、九寨沟地震后第一时间做出比较高效、规模化的响应,为社会参与制度创新的局面形成奠定了坚实的社会基础。

(六)实现可持续的灾害应对"中国模式"

回首10年发展,灾害用惨痛的代价打开了一个跨越式发展的"机会窗口",以社会力量参与为显性增量特征的灾害治理得到了切实的完善,但要在我国应急管理体制改革的新时代实现可持续的中国模式,还有待治理变革中的政府、资本化竞争的市场及发展中的公民社会相互博弈的互动过程。为此,展望未来,我们还需要在以下主要方面继续探寻。

一是完善法律框架,奠定协同基础。国际上的成功实践证明,社会力量参与救灾,首先要承认社会力量参与救灾的合法地位。因此,推动社会组织参与应急管理,应当先推动将社会组织参与纳入国家减防灾以及应急管理规划,明确社会组织在灾害应对中的法定职责及功能,将社会组织参与机制化、法制化。通过法律法规促进协调性平台建立适当的功能定位,承担政府和各类社会组织之间的桥梁作用,为各参与组织提供政府方面的信息,同时也将社会组织应对行动进展和需求反馈给政府机构。可在一系列政策基础上,进一步修订《突发事件应对法》《志愿服务条例》等相关法律条款以及国家总体应急预案、国家自然灾害救助应急预案等,对社会组织和企业在应急管理中的功能定位给予更加明确的表述,并配套发布针对志愿者和捐赠管理的支持性功能文件。

二是做好顶层设计,尽快搭建社会力量参与应急管理的制度体系。我国当前社会力量参与救灾协调平台雏形多是在地方层面建立,在权威影响和工作覆盖面上,广度和深度都无法满足社会需求,因此,建设有效的社会力量参与应急管理协调体系需要完善的顶层设计和系统平台建设。在新的制度设计中间,需要"硬"和"软"结合。"硬"的,要有一些智能的数据的信息平台。尽快建设社会力量参与应急管理信息平台建设,实现多层次、全方面、广覆盖、统一共享的社会力量参与数据平台，特别是应用大数据技术，实现大数据支撑的决策协调机制，以及实现政府与社会信息共享。"软"的是什么？"软"的是我们要有这样的政策架构和政策体系，在应急管理部职能架构设计中，建议在内部司局设置时，成立相关司局，加强宣传培训教育和社会力量指导等工作。

三是制定协同标准，确保政社协同的标准化、规范化。制定社会力量参与的准入标准、合作标准、协调标准，可以为社会力量开展工作确定工作目标，为社会力量之间的协同、社会力量与政府协同工作的开展打好基础。在协同标准的制定上，要本着"政府牵头、社会参与、促进共识、持续学习"的理念，做到公平公正、客观科学，以应急管理部为主要牵头部门，邀请相关领域专家参与协同标准的制定，明确社会力量的准入标准、筛选条件，在运行机制中社会力量与政府合作的领域、合作的力度，不同类型社会力量之间的配合和分工，社会力量参与救灾在灾前减灾防灾、灾时救援安置、灾后规划重建过程中的协调标准。做到标准制定科学合理，权衡多方利益和实际运行可行性，标准运行严丝合缝，能够灵活应用到救灾实践中。

（七）打造韧性的可持续发展社会

应当立足中国国情，明确协调参与各方的职责，将协同分工做实做细，并制定相应的激励和监管制度，借鉴国际上2005年推出的联合国人道救援（cluster）集群系统框架的分工系统设计，即根据水、健康、物流、教育、食物安全等不同需求将平台协同的各社会组织按照其专业技能和工作领域划分成不同的专业组群，明确相应的牵头机构以及指导委员会和日常交流机制，以便明晰责任、提升能力、加强协同。

汶川地震后的十年之际，面向未来，需构建共同的、韧性的愿景。如果它是一个韧性的未来，也就意味着我们要和灾害风险共生。共同打造这样的一个韧性的可持续发展社会，将是我们的一个新的起点，力争做到每一个家庭都有可用的减灾计划，每一个家庭都有靠谱的应急用品；每一个社区都有可参与、可理解的风险地图，每一个社区都有身边的第一响应人队伍。

第三节　感恩与敬畏文化和法治四川的构建

古希腊亚里士多德在其《政治学》中写道："要使事物合乎正义（公平），

须有毫无偏私的权衡；法律恰恰正是这样一个中道的权衡。"古希腊法学家西塞罗在其《法律篇》里写道："大海和陆地服从宇宙，而人类生活是受最高法律的命令的管辖。"两位先贤道出了法律的价值和法治的意义。

一、敬畏历史与法治四川的构建

中共十八大以来，习近平同志深刻总结了法治和人治的历史规律和法治的重大意义，指出：法治和人治问题是人类政治文明史上的一个基本问题，也是各国在实现现代化过程中必须面对和解决的一个重大问题。综观世界近现代史，凡是顺利实现现代化的国家，没有一个不是较好解决了法治和人治问题的。相反，一些国家虽然也一度实现快速发展，但并没有顺利迈进现代化的门槛，而是陷入这样或那样的"陷阱"，出现经济社会发展停滞甚至倒退的局面。后一种情况很大程度上与法治不彰有关。习近平同志还指明：经验和教训使我们党深刻认识到，法治是治国理政不可或缺的重要手段。依法治国是中国共产党领导人民治理国家的基本方略。因此，治蜀兴川的基本方略就是依法治蜀、法治兴川。法治四川体现了法治中国的要求，是法治中国的组成部分，法治四川的构建又会推动法治中国的实现。各省、市、区在人口、民族、经济、文化、教育等方面存在一定差异，在迈向法治的过程中需要结合地方实际，制定体现法治精神和要旨的地方性法规、规章等。比如在民族地区推行法治，既要体现中央的精神，也要考虑民族地区的历史文化、宗教传统与风俗习惯等，更要在施策过程中不断将执行结果及时总结反馈给中央。为此，四川结合省情，依照宪法和法律的规定，制定了《四川省依法治省纲要》，全面贯彻落实依法治国基本方略，把治蜀兴川的经济、社会、文化、教育等各项事务纳入法治化轨道。

二、感恩人民与法治四川的构建

纵观历史，四川及生活在这片土地上的人民，为中华文明的发展作出了重大贡献。感恩四川人民，让人杰地灵的四川繁荣昌盛，是实现中国梦的重要组成部分。法治四川的构建是社会主要矛盾变革下的路径指引，是中国共产党全心全意为人民服务的宗旨体现，目的是为人民谋福祉。这是因为我国宪法和法律由全国人民代表大会制定，我国人民代表大会由人民选举产生的人大代表组成，因此人民代表大会代表人民意志所制定的法律是名副其实的良法。从这个角度而言，目无法纪、违法乱纪、徇私枉法、贪赃枉法等都是自私自利、不愿真心诚意服务人民的表现，其内在根源是心中没有装着人民,情感上不爱人民。感恩人民是敬畏法律的内在情感的源泉。每一个人,只有对人民常怀感恩之心,才能对法律常怀敬畏之心。国家公职人员更要时刻牢记权力是人民赋予的,权力是用来为人民服务的,因为宗旨使然,职责使然。

法治是推进四川治理体系和治理能力现代化的必经之路,它关系到每个四川人的幸福,是每个四川人的责任。走好这条路必须依靠人民,全民参与,方有合力。因此,构建法治四川需要感恩人民,需要坚持走群众路线,一切为了人民、依靠人民,充分发扬人民主人翁精神,让法治成为人民的信仰。发动人民参与到"科学立法、严格执法、公正司法、全民守法"的法治活动中,人人找准位置,各司其职,各履其责。建立全覆盖的人民监督体系,纠正和杜绝有法不依、违法不究、执法不严、司法不公等现象。这一切,感恩人民是源泉,是保障,是目的。

第四节 感恩与敬畏文化和团结四川的构建

我国是一个统一的多民族国家,多民族是我国一大特色。56个民族,56枝花,56族兄弟姐妹是一家,56种语言,汇成一句话,那就是爱我中华,实现中国梦,实现中华民族伟大复兴之梦。

一、感恩祖国,民族团结铸就繁荣复兴

纵观历史,横看世界,民族团结、和睦常常带来社会的繁荣、国家的昌盛;而民族斗争、分裂常常导致社会的衰退和国家的灭亡。世界一流强国不可能四分五裂,世界先进民族不会是一盘散沙。中国历史上的文景之治、贞观之治、康乾盛世等国力强盛、经济发达、文化繁荣的时期,均是在国家统一、民族团结、社会安定的情况下出现的。中华人民共和国成立以来,在中国共产党的领导下,各民族携手走上了社会主义道路,中华民族焕发出蓬勃生机和旺盛活力。在社会主义的康庄大道上,各民族之间经济与文化等的联系更加紧密,交流更加频繁,相互学习,取长补短,共同发展,不断进步。民族的团结与奋斗使神州大地面貌焕然一新,成就举世瞩目。正是以爱国主义为核心的民族精神使各族人民休戚与共地经历了祖国从站起来、富起来到强起来的历史性飞跃,强大的祖国是各民族幸福生活的不竭源泉,是各民族安居乐业之所,是各民族共同生活的家园。所以,

我们要感恩祖国，就要维护民族团结。民族团结成就祖国的繁荣昌盛。

习近平总书记指出，中国梦是民族的梦，也是每个中国人的梦。只要我们紧密团结，万众一心，为实现共同梦想而奋斗，实现梦想的力量就无比强大，我们每个人为实现自己梦想的努力就拥有广阔的空间。这揭示了实现中国梦的力量源泉。毛泽东同志说过：人民，人民，只有人民才是创造世界历史的动力。因此，实现中华民族伟大复兴是国家的梦想，也是各族人民的梦想，需要各民族人民团结一心、勇于拼搏、不懈奋斗。只要各族人民不忘初心，砥砺前行，中国梦就会早日实现。

二、感恩人民，民族团结同奔全面小康

党的十八大绘就了 2020 年全面建成小康社会的宏伟蓝图，这是各族人民手拉手、肩并肩，共同建设美好家园的近期目标。习近平同志多次讲过"小康不小康，关键看老乡"。这句生动而深刻的话指出了全面小康的重点和难点。没有农村的小康就没有全国的小康，没有少数民族地区的小康就没有全国的小康，没有"老少边穷"的小康就没有全国的小康。美好愿景让人振奋，脚下还需脚踏实地，一步一个脚印。我们应当看到：由于历史等原因，少数民族一般生活在高山河谷、边疆地区、贫困地区，比如西藏、新疆和四川的甘阿凉地区。在走向全面小康社会的过程中，这些地区是全面建成小康社会的主战场，需克服更大的困难和挑战，在精神上实施"扶智"与"扶志"的紧密结合，在物质上落实 "输血"与"造血"的统筹施治。

四川是一个拥有多民族的省份，这里有全国唯一的羌族聚居区、最大的彝族聚居区、第二大藏族聚居区，有彝、藏、羌、苗、回等多个少数民族，其中世居四川的少数民族有 14 个。四川省的少数民族人口已超过 400 万人，各少数民族中，人口数排在前列的彝族约 185 万人，藏族约 125 万人，羌族约 25 万人，苗族约 15 万人，回族约 10 万人，人口数上万的还有纳西族、傈僳族、蒙古族和满族。全国扶贫工作中，四川省是任务最重的省份之一，而各个少数民族地区又是全国扶贫工作的重中之重。2018 年 2 月，习近平同志看望四川凉山地区群众并主持召开打好精准脱贫攻坚战座谈会时要求："全面打好脱贫攻坚战，要按照党中央统一部署，把提高脱贫质量放在首位，聚焦深度贫困地区，扎实推进各项工作。"①

---

① 《习近平：提高脱贫质量聚焦深贫地区 扎扎实实把脱贫攻坚战推向前进》，新华网 http://www.xinhuanet.com/politics/2018-02/14/c_1122418496.htm。

按照党中央的统一部署和习近平同志的指示精神,四川直面困难,统筹规划、精准施策,奋勇向前,狠抓落实。到 2018 年年底,四川累计有脱贫人口约 550 余万,摘帽贫困村 9719 个,摘帽贫困县 50 个。而 2013 年年底,四川建档立卡贫困人口约 625 万人。截至 2018 年年底,四川省还有 70 余万贫困人口、1782 个贫困村、38 个贫困县,主要集中于藏区和彝区深度贫困地区。四川对扶贫攻坚以"位置摆得怎么样、抓得实不实、群众满意不满意,以此检验我们的群众感情深不深、看齐意识强不强"为标尺,把脱贫攻坚作为最大的政治责任、民生工程和发展机遇来定位,围绕"两不愁、三保障"的目标、针对产业、就业、住房、教育、医疗等环节,坚持将质量放在首位,不断"回头看""回头帮",实现又好又快的效果。在扶贫战略上,四川明确"凉山彝区脱贫攻坚任务最为艰巨,是影响全省夺取脱贫攻坚全面胜利的控制性因素"的认识,坚持综合施策,以最大力度的政策支持、最大力量的帮扶队伍、不拘一格的帮扶形式、最为清晰的责任落实,力求取得最为扎实的帮扶效果。

三、敬畏历史,民族团结发扬优秀文化

中华民族几千年历史,是爱国主义不断发扬光大的历史。爱国主义在历史长河里一直是中华民族团结不屈、昂扬向上的精神动力,是维护祖国统一和民族团结的纽带,是优秀传统文化的重要内容。在中华大地上,各族同胞勤劳、勇敢、奋进,共同开创了灿烂的中华文明,形成了统一的多民族国家,对推动人类的发展作出了重大贡献。尽管中华民族历史上经历过分裂、割据和战争等插曲,但也有过四次民族大融合。总体来看,祖国统一、民族团结始终是历史发展的主旋律。经过历史长河的洗礼,各民族水乳交融、团结互助、患难与共,形成伟大的中华民族。特别是各民族在历史上共御外侮、同仇敌忾,谱写了可歌可泣的不屈斗争史,如 19 世纪下半叶,维、回等族人民反英、俄对新疆的侵略,高山族人民反对割让台湾及反对日本殖民统治的斗争,满、蒙等族人民反抗沙俄入侵的斗争,彝、傣等族人民保卫云南边疆的斗争,藏、汉各族人民保卫西藏的斗争,海南黎、苗人民的抗日斗争,海南黎族人民的"白沙起义",湘鄂土家、苗等族人民的武装斗争等。

以下仅从中国近代抗日战争史中选列一二。

一是被毛泽东同志称为"百战百胜的回民支队",是抗日战争和解放战争时期在中国共产党的领导下于冀中成立的。当日本侵略者在华北展开大

扫荡时，回民支队在司令员马本斋的领导下，于河间、青县、沧县等地区对侵略者展开顽强英勇抵抗，并在清真寺帮助"回民抗战建国会"展开敌后游击战争，还协同八路军主力及贺龙率领的军队抗战。回民支队作战勇猛顽强，屡建战功，威震四方，沉重打击了日本侵略者，享有"攻无不克、无坚不摧、打不垮、拖不烂的铁军"之美誉。

二是被党中央赞为"冰天雪地里与敌周旋 7 年多的不怕困苦艰难奋斗之模范"的东北抗日联军。提到东北抗日联军，人们首先想到的是杨靖宇将军。"九一八"事变爆发后，受中国共产党的委派，领导东北抗日工作，先后组建中国工农红军第三十二军南满游击队和第三十七军海龙游击队、东北人民革命军第一军独立师、东北人民革命军第一军、东北抗日联军、抗日联军第一路军，杨靖宇分别担任了政治委员、师长兼政委、军长兼政委、总司令兼政委等职务。杨靖宇率领的部队因在吉林东南部和辽东等广大地区不断有力痛击日本侵略者，被日寇称为"东边道社会治安之癌"。联军不但发动了围攻大兴川、攻克伊通县营城子镇、进攻八道河子、破坏吉海铁路、攻打东集场子等战斗，而且歼击汉奸邵本良、索旅部队，在卢沟桥事变后西征支援关内，于黄土岗重创日军松原部队，立下了赫赫战功。东北抗日联军在敌后进行了长达十四年的艰苦抗战，牵制、歼灭了数十万日、伪关东军，支持、配合了全国的抗日战争，是全国抗日战争的重要组成部分。

1939 年秋冬季，因形势需要，杨靖宇指挥部队化整为零、分散游击，亲率警卫旅在吉林濛江一带开展游击战。最后，杨靖宇在弹尽粮绝的情况下，只身一人在冰天雪地与大量敌人周旋战斗五个昼夜，1940 年 2 月 23 日于濛江三道崴子壮烈牺牲，年仅 35 岁。这么多天没有食物供给，生存都困难，为何杨靖宇还能如此英勇和顽强？惶惑不解的日军强令医生解剖检查，发现杨靖宇将军胃肠里一粒粮食都没有，只有尚未消化的草根、树皮和棉絮。

东北抗日联军这支英雄部队中，还有许多领导人、指战员和战士来自朝鲜、满、赫哲、达斡尔、鄂温克、鄂伦春、锡伯等少数民族。

第五节　感恩与敬畏文化和开放四川的构建

习近平新时代中国特色社会主义思想四川篇章，指明了新时代治蜀兴川的开放格局。新形势下四川全面开发开放,需要以全域思维和全局视野,进行全新的谋划。四川进而提出,要找准全面开发开放的主攻点和突破口,推动西向、北向、东向、南向四向拓展,全域开放。

一、感恩时代,开放四川结硕果

近些年,虽然四川发展势头强劲,但要赶超靠前的省市,不仅要有赶超的意识、赶超的意志,还要有赶超的智慧。全面开放无疑是这种意识、意志和智慧的体现。

开放、合作、共赢是时代的潮流、趋势、方向。定位世界、定位中国、定位四川所处的历史新坐标,四川需要以更高层次、更宽领域、更广视野汇聚全球资源和生产要素,主动融入趋势,趁势而上,借力发展,打造开放型经济,形成可持续发展的模式和创新精神。

在网络贯通全球、科技日新月异的时代背景下,在四川交通枢纽四通八达的格局下,蜀道已经不再难,四川人固有的敢闯、敢干、敢拼的精神和合作包容精神在新时代将大放光芒。在机遇与挑战并存的新格局中,世情、国情、省情都为四川推进开放合作指明了方向,就是要坚定不移地构建更全面、更深入、更多元的对外开放新格局。

党的十八大以来,四川省委、省政府放眼全球和中国的开放大势,精准把握四川历史方位,强化未来四川发展"对内靠改革、对外靠开放"的理念,以"一带一路"、西部大开发、长江经济带等国家战略实施为契机,构筑内陆开放战略高地,形成完善的全方位对外开放合作系列体制机制,实现在全面开放上走在全国前列的目标。

在全面开放中,四川省根据国家的几大战略指引,把握国家的方向目标,对标国家要求四川做什么,结合四川优劣势在哪里,四川能够做什么,擅长做什么,需要做什么等问题,客观分析,精准研判,顺势而为。由此,四川制定、出台了《关于进一步扩大和深化对外开放合作的意见》《关于扩大开放促进投资若干政策措施的意见》《四川省参与建设丝绸之路经济带和21世纪海上丝绸之路实施方案》、外商投资管理体制改革12条、支持外商投资企业发展8条措施、外资准入全面进入"备案时代"、融入"一带一路"倡议的"251三年行动计划"、促进国际产能合作"111"工程等文件及举措,推进企业、产业、市场、人才"四个国际化",着力打造层次高、品质优的开放型经济。

落实全面开放战略,时不我待,只争朝夕。近几年,四川省以最大的诚意、积极的行动取得良好效果，先后举办了中外知名企业四川行、世界华商大会、川商返乡发展大会、科博会、四川全球推介、西博会等一系列投资与合作活动，吸引了中国航天高新技术产业园、英特尔"骏马"、京东方成都 6 代线、神龙汽车、吉利新能源汽车、中国电子新型显示器生产线、格罗方德晶圆等一批重大产业项目进驻四川，至 2018 年 6 月，在川落户的世界 500 强达到 347 家，境外世界 500 强 244 家。四川承办、举办了 G20 财长和央行行长会、《财富》全球论坛、欧美同学会第五届年会暨海归创新创业峰会等重要国际性会议，成立了中国（四川）自由贸易试验区，获得了 2021 年世界大学生夏季运动会举办权。此外，区域经济协作和开放合作载体不断拓展，形成了对接珠三角的"成都+川南临港片区"，实施成渝城市群国家战略，融入长江经济带发展，深化与粤港澳大湾区及台湾的交流合作，实施德国"工业 4.0"与"中国制造 2025 四川行动"全面合作，建立中法成都生态园并吸引苏伊士环能、标致雪铁龙佛吉亚等 30 多家法国企业入驻等，充分展现了四川全面开放格局和积极创新的态势。

二、敬畏历史，改革开放续华章

四川是中国改革开放总设计师邓小平同志的家乡，是中国改革开放的发源地之一。正如邓小平所说，"农村改革见效非常快，这是我们原来没有预想到的。当然，开始的时候，并不是所有的人都赞成改革。有两个省带头，一个是四川省，那是我的家乡；一个是安徽省，那时候是万里同志主持。我们就是根据这两个省积累的经验，制定了关于农村改革的方针政策。"四川的改革开放经历了四个阶段：1978 年至 1992 年以农村家庭承包经营为基础的统分结合的双层经营体制改革和以城市企业改革为重点的展开阶段；1992 年至 2002 年的以企业产权制度改革为中心、以国有企业改革为重点、创建社会主义市场经济体制框架体系的进取阶段；2002 年至 2012 年的深化经济体制改革、社会主义市场经济体制得到逐步巩固完善的提升阶段；2012 年至今的统筹推进"五位一体"总体布局和"四个全面"战略布局、全面实施"三大发展战略"、科学构建"一干多支、五区协同"格局的深化阶段。经过改革开放 40 年的发展，四川在经济上实现了历史性飞跃，至 2017 年 GDP 总量近 3.7 万亿元，连续三年稳居全国第 6 位，人均 GDP 超过 4 万元。城镇发展变化翻天覆地，交通从"蜀道难"变成"蜀道通"。成都也成功跨入国家中心城市建设行列。四川在民主法治建设方面实施了一系列改革创新举措，始终坚持依法治省战略，厉行法治推动治蜀兴川，取得明显成效。在文化建设方面，文化事业与文化产业齐头并进，推行加快、创新、融合、特色和精品发展五大战略，强力助推四川从文化资源大省向文化强省跨越。四川公共文化服务与建设已走在了全国前列。改革开放40年，四川社会建设逐步实现均衡发展和跨越发展，教育、医疗、卫生、社会保障、精准扶贫脱贫等成效显著，人民幸福感大大提高。在生态文明建设方面，确立绿色发展、构建美丽四川目标。四川局部污染治理、全面植树造林、沿江退耕还林还草、天然林保护、"河长治河"等起到了好的示范效应，也收到了好的效果。在党的建设方面，坚持党要管党、从严治党，紧扣中心、服务大局，成效显著。特别在改革开放和精准扶贫的攻坚克难时，在汶川、芦山地震的救灾和重建中，各级党组织和党员起到了中流砥柱的作用。

与祖国同行的改革开放40年，四川人民解放思想、精神抖擞、敢闯敢试，发扬"敢为天下先"精神，留下了多项"第一"、多个"首创"，在广袤的天府大地上创造了辉煌的业绩。如川剧等被长期禁锢的传统戏率先在四川解禁；1980年，新中国改革开放后的第一只对外公开发行股票的四川蜀都股份公司在成都成立，标志着公司股份制改革全面展开；1992年，在都江堰成立的新中国第一所民办学校光亚小学，开启了素质教育新时代；1995年，《华西都市报》在四川成都创刊，开启了中国报业的都市报系列；1986年，在成都市郫都区（原郫县）农科村产生了中国第一家农家乐徐家大院；1984年在西昌，中国第一个对外开放的航天发射场成立；1979年，《人民日报》首次刊登企业推销产品的广告，这家企业是四川宁江机床厂；1980年，四川广汉市向阳镇在全国率先撤销人民公社，揭开家庭联产承包责任制等改革序幕；1995年，中国西部地区第一条高速公路成渝高速公路建成通车；1991年，四川金融市场证券交易中心在成都市红庙子街60号挂牌开业，成为全国第一家证券交易中心等。

四川历史巨变的生动实践证明了开放之路的正确性和伟大性。四川破除内陆、盆地意识的地理和空间思想禁锢，由开放跟随走到开放前沿，融入经济全球化及"一带一路"倡议，推进内外市场、产业、区域的联动与协同，革除区域封锁、行业壁垒、地方保护、企业垄断等。坚持培育开放的文化、心态、环境，完善开放的政策、法规、规章，做好"放管服"的开放服务，打造"亲""清"新型政商关系，打通招商引资留人"绿色通道"，实现资源要素、人才科技、市场机遇和先进经验积极主动流入和拥抱四川。

第五章 感恩与敬畏文化的价值和四川公共文化建设的对策建议

将毛泽东同志的矛盾理论具体运用到公共文化建设中,笔者认为感恩和敬畏文化就是公共文化建设中心工作、主要环节和工作重点。人是精神和情感的动物,其从本质上来看,感恩与敬畏文化是每个人的人生信念坚定、道德理想正确、身体精神健康、生活情感丰富之源泉,也是良好社会秩序和美好公共道德形成的重要标志和两大基石。改革创新是时代的主旋律,它给中国带来了方方面面、影响深远的良好变化。但也要看到在精神世界存在的挑战和短板,如一些人思想观念的落后,一些领域道德水准的滑坡,部分人的意识形态受西方不良思潮的影响,以致出现了不懂感恩、不知敬畏的"真空状态"。这种影响是全面、深刻和久远的。为此,只有明白了感恩与敬畏文化的价值,人们才会去重视它,才会成为精神追求和自觉行动。所以,探讨感恩与敬畏文化的价值,加强四川省公共文化建设的宏观建议也是对这些问题和要求的回应。

第一节 感恩与敬畏文化的价值

一、感恩与敬畏文化是中国优秀传统文化的两大基石

感恩与敬畏文化是中国优秀传统文化的两大基石,它是中华民族的精神基因,是中华民族伟大复兴的基础。

(一)中华传统中的感恩文化[①]

一是感恩思想与行为并重。中国文化自古就格外看重"恩情"。施恩、

[①] 曹雅欣:《国学与社会主义核心价值观》,光明日报出版社 2011 年版,第 162-165 页。

报恩，是中国历来传唱的价值理念，因而，像"滴水之恩，当涌泉相报""知恩图报，善莫大焉""羊有跪乳之恩，鸦有反哺之义""父恩比天高，母恩比海深"这样的词语才会深入人心、广为流传。再比如"结草衔环"这个成语表达的是感恩、报德，里面包含着老人在战场结草绳替女儿报恩以及黄雀衔玉环回报救命之恩的两个故事；"退避三舍"最早来源是晋文公报答楚成王在他避祸流亡时的收留之恩；"一饭千金"是韩信报答民间老妇在他走投无路时的一饭之恩。而富有神话色彩的传说更是对恩情一说再说：《白蛇传》是白蛇报恩许仙的故事，《柳毅传》是龙女报恩柳毅的故事，《聊斋志异·小翠》是狐仙报恩王源智的故事，乃至《红楼梦》中的林黛玉对贾宝玉，也是以今生眼泪报前世雨露浇灌之恩而引发的故事……

由此可见，中国传统文化中歌颂的恩情，是把"感恩"的心情更进一步体现，落实为"报恩"的具体行为。风云际会中的施恩与受恩、感恩与报恩，更偏向于一种道德宣扬的故事脚本。对存在于寻常人家的恩情，中国文化也有自己的词汇表达：父母对子女之恩，叫作"慈"。孟郊《游子吟》说"慈母手中线，游子身上衣"，《老子》称"吾有三宝，一曰慈，二曰俭，三曰不敢为天下先"。爱子之恩的最直接体现，就是慈。子女报父母之恩，叫作"孝"。《孟子》说"孝子之至，莫大乎尊亲"，而孟郊在诗里说完父母的慈恩，就紧接着说"谁言寸草心，报得三春晖"。要读"孝"，不能不读《陈情表》，"乌鸟私情，愿乞终养"。尊亲之恩就是孝；报主知遇之恩，叫作"忠"。什么是忠？司马光说，"尽心于人曰忠"。尽己之心，忠人之事，就是忠于对方的信任。"忠心护国成勋业"，为主分忧，临危受命，推功揽过，赤诚奉公。要读"忠"，不能不读《出师表》，"鞠躬尽瘁，死而后已"。尽心任其事，竭力服其职，就是忠。报朋友、兄弟之恩，叫作"义"。贺铸词说"少年侠气，交结五都雄""立谈中，死生同，一诺千金重"；谢灵运赞美屈原、宋玉、贾谊、司马相如等人，说"英辞润金石，高义薄云天"；袁枚以自家经历记录"一双冷眼看世人，满腔热血酬知己"。什么是义？孟子说"义之实，从兄是也"，在家中对兄长的义气和敬爱，推广为社会上对朋友的义气和敬爱，就是义胆侠肝，所以才会有陶渊明诗说"落地为兄弟，何必骨肉亲"。惺惺相惜之恩，就是义。在中国文化里，有时候并不直言恩情，报父母养育之恩的词汇是孝，报君主知遇之恩的词汇是忠，报朋友互助之恩的词汇是义，划分得非常分明。然而针对男女之情，却直接说成是彼此之恩情，所以叫作"恩爱"：执手相对，叫"一日夫妻百日恩"；劳燕分飞，叫"昭阳殿里恩爱绝"；女子对丈夫的眷恋难舍，会怅惘说"红颜未老恩先断"；男子对妻子的念念不忘，会自责说"报答平生未展眉"。

男女相爱，在中国人看来，是给予了彼此恩情，所以要彼此报答对方的恩德。所以中国古典式的爱情，更是一种彼此守护的恩情，叫作"结发为夫妻，恩爱两不疑"。既然儒家经典讲"修身齐家治国平天下"，既然人民把国家称作"祖国母亲"，那么，在中国文化中，最高程度的感恩、报恩，就不是仅仅针对小情小爱的个体，而是面对哺育了自己的民族和国家。当我们无时无刻不在体会着"天之无恩而大恩生"，怎可对脚下的土地不知恩？怎可对自己的文化不感念？怎可对民族的同胞不感恩？怎可对祖国的培养不报恩？所以陆游说"位卑未敢忘忧国"，于谦说"一片丹心图报国"，曹植说"捐躯赴国难，视死忽如归"，林则徐说"苟利国家生死以，岂因祸福避趋之"。

中国文化讲"恩"，不仅是感恩，更是报恩。感恩父母之慈，还以孝；感恩主上之遇，还以忠；感恩友朋之亲，还以义；感念夫妻之情，还以恩；感念祖国之恩，还以爱。感恩从身边到远方的所有殷殷之情，感恩家庭，感恩社会，感恩祖国。

二是我国古代有深厚的感恩文化，并流传至今。清明节有对先人的感恩之心，重阳节有对老人的感恩之心。除以上所载，还有《诗经·大雅》中的"投我以桃，报之以李"，《诗经·卫风》中的"投我以木桃，报之以琼瑶。匪报也，永以为好也"，龚自珍《己亥杂诗其五》中的"落红不是无情物，化作春泥更护花"，《了凡四训》中的"远思扬祖宗之德，近思盖父母之愆。上思报国之恩，下思造家之福。外思济人之急，内思闲己之邪"，皮日休的《宏词下第感恩献兵部侍郎》中的"犹有报恩方寸在，不知通塞竟何如"，杜甫《奉赠韦左丞丈二十二韵》中的"常拟报一饭，况怀辞大臣"，冯梦龙《醒世恒言》中的"大恩未报，刻刻于怀。衔环结草，生死不负"，《论语·宪问》中的"或曰：'以德报怨，何如？'子曰：'何以报德？以直报怨，以德报德。'"

三是佛教丰富了我国感恩文化的内涵。如《大方广如来不思议境界经》："知恩者，虽在生死，善根不坏；不知恩者，善根断灭，是故，诸佛称赞知恩报德者"；《大智度论》："知恩是生大悲根本，开善业初门，且知恩人承世间爱敬，其名誉远闻，又生后生天，终成就佛道；反之，不知恩人，其劣于畜生"；《观佛相海经》："有恩不报，是阿鼻（地狱）因"；《大乘本生心地观经》："四恩者：一父母恩，二众生恩，三国王恩，四三宝恩"。佛教讲"三德"："智德，破一切之无知而具无上菩提者。断德，断一切之烦恼而具无上涅槃者。恩德，具大悲而救济一切众生者。智德和断德属自利，恩德是利他。"

（二）从传统文化中提取出感恩之心

中华民族是有着感恩传统的民族。无论是诗词歌赋，还是不计其数的感恩寓言与故事，抑或是中华民族历史的发展，从中均可看出，感恩是中华民族的文化基因。从汉字"恩"字的造字法也可看出其中的奥妙。《说文解字》："惠也。字从心从因，因亦声。"徐铉、徐锴的注解是："因者，有所因也。因心为恩。"这就说明弘扬感恩文化是我们传承过去之果和开启未来之因。

中国共产党成立以来，坚持以马克思主义为指导思想，并形成与中国革命和建设相结合的马克思主义中国化的一系列理论成果。马克思主义揭示了人类社会的发展规律，为人类的进步和解放指明了方向。马克思主义认为人是社会的人，人的本质属性是社会性，人的本质是一切社会关系的总和。我们坚持马克思主义及其中国化的理论成果，就是要建立人与人之间相互关爱、相互合作、平等互利的关系。在这样的社会中，人们只是分工不同，在各自的岗位上乐于奉献，共享丰富的物质与精神食粮，沐浴灿烂的阳光，呼吸清新的空气，漫步在碧草蓝天下，垂钓于江河湖海间。我为人人，人人为我。奉行物质贡献与精神贡献相统一。在这样的价值体系中，个人感恩社会、奉献社会既是自己生存和生活的需要，也是社会不断进步与发展的动力。

我国提出到2020年全面建成小康社会，发达地区对欠发达地区的扶助、城市对农村的帮助及全国范围内的精准扶贫都是感恩之心的突出表现和感恩文化在当下的生动实践。

（三）中华优秀传统文化中的敬畏文化

和康德所说过的敬畏头上的星空和心中的道德法则相比，中华民族敬畏的主要内容是人们内在的道德和相关物以及被称为天道的宇宙真理，是对已知世界和未知世界崇高事物的畏惧和敬重。对于敬畏，我国儒释道三家都有经典的论述。

儒家经典《论语·季氏》记载了孔子关于敬畏的名言："君子有三畏：畏天命，畏大人，畏圣人之言。"这里的"天命"就是万事万物的内在发展规律，"大人"是那散发道德和人性光芒的楷模，而"圣人"是传播真理和启迪智慧的人。孔子把是否有敬畏之心作为区分"君子"和"小人"的一大标准。明代思想家方孝孺则强调了敬畏对做人的作用："凡善怕者，必身有所正，言有所规，行有所止，偶有逾矩，亦不出大格。"

道家经典《老子》言："人法地，地法天，天法道，道法自然。"道家的道法自然强调了自然与本真的力量，要敬畏天道。而《庄子·至乐》记载了庄子另一种境界的敬畏天道：庄子妻死，惠子吊之，庄子则方箕踞鼓盆而歌。惠子曰："与人居，长子老身，死不哭亦足矣，又鼓盆而歌，不亦甚乎！"庄子曰："不然。是其始死也，我独何能无概然！察其始而本无生，非徒无生也而本无形，非徒无形也而本无气。杂乎芒芴之间，变而有气，气变而有形，形变而有生，今又变而之死，是相与为春秋冬夏四时行也。人且偃然寝于巨室，而我噭噭然随而哭之，自以为不通乎命，故止也。"

佛家强调敬畏因果。不论你愿意不愿意，认可不认可，在浩瀚的宇宙和广袤的生命世界均存在因果规律。佛家把人类的贪、嗔、痴、慢、疑称作"五毒心"。"五毒心"引起无数人间悲剧，"五毒心"产生的原因就是人的本心被蒙蔽。

（四）从传统优秀文化中锤炼出敬畏之心

曾国藩曾感悟道："恐惧者，修身之本。事前而恐惧，则畏，畏可以免祸；事后而恐惧，则悔，悔则可以改过。"人们普遍对法律有敬畏心是法治文化形成的前提，法治文化形成是法治国家建成的前提。党纪、国法、规章是红线、底线和高压线，只有内心充满对它们的敬畏，才有底线意识、红线意识，才会在内心深处真正明白什么可为，什么不可为，从而有所为，有所不为，日日三省吾身，行为三思后行，在法律的界限内自由生活。一个人如果没有了对法律的敬畏之心，就会欲望膨胀、触碰底线、言行猖狂、无法无天，最终走向毁灭。

儒释道三家的敬畏文化都告诉我们人当有所敬畏。敬畏自然是规律，征服自然是狂妄，与自然和谐共生是智慧。人不能主宰一切，在大自然面前很多时候都很渺小，比如人们不能避免地震、海啸、龙卷风等自然灾害。所以探索自然规律、顺应自然规律才是真正的大无畏精神，才能顺利发展。

中国传统优秀文化还告诉我们要敬畏人民。《荀子·王制篇》记载："庶人安政，然后君子安位。传曰：'君者，舟也；庶人者，水也；水则载舟，水则覆舟'。"纵观几千年的中国历史，人民才是历史真正的创造者和推动者。对此，毛泽东同志认为："人民，只有人民，才是创造世界历史的动力。"邓小平同志说："群众是我们力量的源泉，群众路线和群众观点是我们的传家宝。"习近平同志指出："坚持不忘初心，继续前进，就要坚信党的根基在人民、党的力量在人民，坚持一切为了人民、一切依靠人民，充分发挥广大人民群众积极性、主动性、创造性，不断把为人民造福事业推向前进。"

中国还有敬畏历史、生命、天地、神灵、祖先的传统文化，是中华民族生生不息的重要根源。敬畏之心如何形成？重要途径就是应当从传统优秀文化中锤炼、汲取。今天中国人民朝着中华民族伟大复兴的目标奋斗，就是在敬畏历史中明白落后就要挨打，只有自我强大才能保护自己。同时，优秀传统文化中的敬畏文化告诉我们，敬畏之心是信仰的前提，只有内心有敬畏，才会有真信仰。

二、感恩与敬畏文化是社会主义核心价值观的内核

感恩与敬畏文化是社会主义核心价值观的内核，而社会主义核心价值观是感恩与敬畏文化的外在表现。社会主义核心价值观的内容中包含了感恩与敬畏文化，而弘扬感恩与敬畏文化可促进社会主义核心价值观的培育和践行。

（一）内容上的包含关系

党的十八大要求积极培育和践行社会主义核心价值观，其基本内容为：倡导国家层面的价值目标：富强、民主、文明、和谐；倡导社会层面的价值取向：自由、平等、公正、法治；倡导公民个人层面的价值准则爱国、敬业、诚信、友善。实现国家层面的价值目标，就应当感恩自然、感恩祖国，敬畏自然、敬畏生命、敬畏历史；实现社会层面的价值取向，就应当感恩社会和他人、感恩祖国，敬畏生命、敬畏法律、敬畏网络等；实现公民个人层面的价值准则，就应当感恩社会和他人、感恩祖国，敬畏生命、敬畏法律、敬畏网络等。可以说，感恩文化和敬畏文化是社会主义核心价值观的内核。

（二）功能上的促进作用

1. 感恩文化对培育和践行社会主义核心价值观的促进作用

人的世界观、人生观和价值观对人行为的影响是最大的，有什么样的世界观、人生观和价值观就会有什么样的行为。人只有内心有善，才会有善良的行为；人内心有恶，就会有恶的行为。世界观、人生观和价值观是内在的。由于每一个道德主体的生活阅历、社会经历、价值观念、理解能力、接受水平都不相同，社会主义道德的主体呈现出复杂多样的特征，每一个具

体的道德主体的个人品德客观上处于不同的水平。① 这就决定了我们在培育和践行社会主义道德、感恩与敬畏文化时，须注意受众的不同层次、不同的实际情况，制定适合的逻辑层级，采取不同的措施。感恩与敬畏文化具有普世价值，拥有十分广泛的受众和价值认同。正因为如此，感恩与敬畏文化生成的感恩与敬畏思想对社会主义核心价值体系的建立有促进作用。

人类社会文明的产生源于人类对美好生活的向往和追求，源于人类的劳动和创造。感恩是人类改变世界的原动力。感恩自然，所以要爱护自然家园；感恩祖国，所以要爱祖国的大好河山、灿烂文化和骨肉同胞；感恩父母，所以要不断提高报答父母的能力；感恩社会和他人，所以要在为社会和他人奉献中实现自己的价值；感恩老师，所以要担负起传承文明、教育孩子的职责。感恩作为一种文化，除了表现在个人价值与社会价值实现过程中的互相促进，还体现在付出、创造、奉献、内心充满爱和人生价值实现的满足感与获得感等。

2. 敬畏文化对培育和践行社会主义核心价值观的促进作用②

敬畏是文明起源的触角。到底是什么促使古人逐渐从野蛮走向文明？原因有很多，但人类对于生存恐惧的思索是一个重要的原因。在长期的进化过程中，古人深刻地认识到自然对于人类生存和发展的决定性作用，从而对自然之道不断探索。虽然古人对敬畏的内涵的具体认识不一定有儒家、道家和佛教那样系统深刻，但是从新石器时代的祭坛以及礼器之中，我们可以感受到，古人那种对超越他们自身认识能力的神秘事物的虔诚。敬畏使古人迈进了文明的门槛。

敬畏是文明发展的一种线索。进入文明社会后，敬畏的内涵随着历史条件的变化不断更新，并不断被制度化和习俗化。如对自然的敬畏被规范为国家祭典，其中对天地的祭祀就有南郊祭天、北郊祭地、泰山封禅等种种形式，对人类自身道德本性的敬畏被规范为以君臣、父子、夫妇为核心的伦理纲纪，对生命世界复杂性的敬畏被转化为身（身体）、口（言语）、意（思想）的各种戒律，对祖先和先圣先贤的敬畏被规范为各种祭典。在一定的历史条件下，对敬畏的内涵的制度化和习俗化能力越高，其文明的稳定性就越高，对敬畏的内涵的更新和升华越快，其文明的变化也就越快。

敬畏是文明成熟的尺度。判断一种文明的成熟程度，敬畏的内涵的广

---

① 王立仁：《公民道德建设的基础性意蕴》，《光明日报》2002年2月5日。
② 方光华：《敬畏与感恩》，《华夏文化》2009年第2期，第17-18页，有改动。

度与深度是一个重要的标尺。成熟的文明一般有三个基本表现：它敬畏生命的神圣，关注生命的价值，肯定生命的意义；它敬畏自然的神圣，对人类理性的限度有深刻的认识，不会陶醉于对自然界的胜利之中；它敬畏历史的神圣，知道以礼敬的态度善待民族传统，同时知道欣赏其他民族文化的价值。而一个不够成熟的文明，其社会充满物质和功利化倾向，人们对于自己的情感世界和生命的意义麻木不仁，对征服和改造自然的力量盲目迷信，对历史文化传统和其他民族的文化价值无动于衷。敬畏是文明的重要元素，但它同时需要文化机制的制约。

古往今来，敬畏正是以其作为修身之道、伦理之基和德性底线的极端重要性，被恒久普遍地关注和重视。敬畏是人类最可贵的涵养。春秋时期，郑国派子濯孺子率兵侵卫，卫国派庾公之斯带兵抵抗。两军相遇，正值子濯孺子生病，拿不起弓来。庾公之斯对子濯孺子说：我射箭的技术来自尹公之他，而尹公之他又是你的学生，你是我的师爷，加上你身体不适，我不忍心用你传授的箭术把你害死。但今天你是侵略者，我不能背叛我的君主。庾公之斯抽出四支箭来在车轮上敲打，把金属箭头敲掉，将箭射在子濯孺子身上，带兵离去。庾公之斯既敬畏师徒情义，又敬畏国家公义，他不愿自己的行为造成内心紧张与痛苦，力求把二者的矛盾处理得恰到好处。

心存敬畏方能诚信与友善。儒家认为心存敬畏的人能仁民爱物，推己及人。道家也指出，敬畏天道的人能包容万物，对万物的境遇充满慈爱。佛教认为心存敬畏的人具备缘众生而起慈心的众生缘慈。一个人深刻感受到自身的痛苦，也就能对他人的痛苦感同身受，产生悲情，自然地由衷地衍生出对他人的友情，并扩展为对一切众生的普遍的平等的慈爱。

心存敬畏方能敬业。敬畏会有所恐惧，但恐惧本身不等于敬畏。敬畏是对恐惧的思索。恐惧往往源于对事物的不了解或无法掌握，而敬畏是越了解越加敬仰。恐惧使人产生卑怯，而敬畏使人崇高。敬畏使人谦卑，但绝不会使人畏馁。孔子说："志士仁人，无求生以害仁，有杀身以成仁。"（《论语·卫灵公》）孟子也说："自反而不缩，虽千万人，吾往矣。"（《孟子·公孙丑上》）一般认为老子是卑弱自持的人，但"举世混浊而我独清，众人皆醉而我独醒"，那种逆潮流而动的勇气无人可比。

心存敬畏的人善于停止。孔子说，心存敬畏的人时行则行，时止则止，勿意必固我，他不会一意专行，不会刚愎自用，不会固执己见，不会唯我独尊。《大学》云："知止而后有定，定而后能静，静而后能安，安而后能虑，虑而后能得。"能够知其所止，意志才有定力；意志有了定力，心才能安静下来；心安静下来，才不会妄动；不妄动，才能思虑周详；思虑周详，才能真正有所收获。老子也说，心存敬畏的人有自知之明，他知道最大的灾祸是不知道满足，最大的罪过是贪得无厌，"故知足不辱，知止不殆，可以长久。"(《老子》44章)佛教认为，心存敬畏的人自己能主宰自己，能随缘任运，自由自在。

心存敬畏才能遵守法则。敬畏，是一种心怀神圣感的尊敬和惶恐。在当今社会里，做人做事非常需要有一点敬畏之心，否则就会变得浮躁、庸俗，甚至肆无忌惮，为所欲为。现代社会，人们可敬畏的事物似乎越来越少。在一些地方一些人中，对权力的滥施超过了对法律的敬畏，对丑恶现象的追逐胜于对公众民意的敬畏，从而深深陷入罪恶的泥坑，演绎了一幕幕人间悲剧。曾几何时，天不怕地不怕成为国人的一大风尚，大有王朔的小说："我是流氓我怕谁"的气概。于是，吸烟、酗酒、随地吐痰、垃圾遍地；于是把吃野味当作一种时尚，无论是天上飞的、地下跑的，山里藏的、水中游的，凡是能猎捕到的，无一不成为人们餐桌上的美食。人们并不懂得对自然规则的肆无忌惮就会招致灭顶之灾。抑制邪恶的真正力量是恐惧，而不是空阔的仁慈。不懂得敬畏，就是破坏规则，破坏我们赖以正常生活的规则，最后自食其果。在澳洲，人们把遵守规则视为一种高尚的美德。你可以看到尽管一个人在野外垂钓，钓到了不够尺寸的小鱼，一定放归大江大河；钓到了公螃蟹带回家，钓到了母螃蟹同样放归大海。因为澳洲为了保护自然资源已经做出了规定。澳洲人一丝不苟地执行，在规则面前，他们宁可循规蹈矩，也绝不越雷池半步。而国人则不同，譬如在交规面前，只怕警察，不怕红绿灯。没有警察的地方，任凭红灯闪烁，依然照行不误。在我们的心中只敬畏灾难，从不敬畏规则。岂不知，不敬畏规则必然致灾难。心存敬畏才能珍爱生命。①

第二节　加强四川省公共文化建设的宏观建议

公共文化建设中出现的问题正是要不断解决的关键环节之一。对四川省公共文化建设中出现的问题，笔者进行了着重的分析和解读，并就其路径优化提出自己的政策建议和构建机制。主要包括以感恩和敬畏文化夯实民众的核心价值观，积极培育多元化的主体，强力促成供给合力，积极鼓

---

① 《做人做事需要有敬畏之心!》，搜狐网 http://www.sohu.com/a/148003021_334077。

励公民个体参与，不断增强供给意识，合理选择供给方式、逐渐增强供给的科学性，完善供给运行机制、不断提高模式运行效率，城镇更新以文化为内核、建可持续精神家园，走出文旅融合新路，展生态之美呈人文之韵。

一、以感恩和敬畏文化夯实民众的核心价值观

中共中央办公厅印发的《关于培育和践行社会主义核心价值观的意见》指出，培育和践行社会主义核心价值观要坚持以下原则：坚持以人为本，尊重群众主体地位，关注人们利益诉求和价值愿望，促进人的全面发展；坚持以理想信念为核心，抓住世界观、人生观、价值观这个总开关，在全社会牢固树立中国特色社会主义共同理想，着力铸牢人们的精神支柱；坚持联系实际，区分层次和对象，加强分类指导，找准与人们思想的共鸣点、与群众利益的交汇点，做到贴近性、对象化、接地气；坚持改进创新，善于运用群众喜闻乐见的方式，搭建群众便于参与的平台，开辟群众乐于参与的渠道，积极推进理念创新、手段创新和基层工作创新，增强工作的吸引力感染力。本书已阐述了感恩与敬畏文化是构建公共文化的两大基石，也是构建社会主义核心价值观的基石。敬畏文化（对自然、历史、法律、生命和互联网的敬畏）解决人类的安全生存问题，感恩文化（对亲人、祖国、老师、自然、社会和他人的感恩）解决人类的科学发展问题。以感恩和敬畏文化夯实民众的社会主义核心价值观是历史的指引和现实的需要，符合以文化人的客观规律。从传播学来说，以感恩和敬畏文化夯实民众的社会主义核心价值观更体现出其便于理解、易于牢记的特性。就如汉高祖刘邦到咸阳后约法三章："杀人者死，伤人及盗抵罪"，也如毛泽东同志提出的"为人民服务"。人的思想除了受道德、法律等影响外，更广、更深、更重要的是受文化的影响。如果以感恩与敬畏文化为纲，以敬畏自然、敬畏历史、敬畏法律、敬畏生命、敬畏互联网和感恩亲人、感恩祖国、感恩老师、感恩自然、感恩社会为目，纲举目张，社会主义核心价值观必然能内化为精神追求、外化为自觉行动。

二、积极培育多元化的主体，强力促成供给合力

四川省公共文化建设中，多元主体是多元供给模式的实现要素之一。在这些多元主体中，要采用相应的模式机制对其进行有效的管理和科学的培育，使其各个主体之间能够形成上下联动、融通互动以及互促互进的良性运行机制和体系，在真正意义上激发各个主体之间的最大潜能，以便形

成最佳最优的合力效应。

首先，政府在公共文化建设中要逐渐丢弃全权包揽的做法，由全能型政府向服务型政府转变，政府的权力需下放、分散，以政策引导与发挥各主体智慧结合的方式进行文化建设和文化供给。所以说，政府的这种供给主导者的身份有待改变。政府虽然属于公共文化建设中的主导者，但依然存在管控过多的现象。这样一种情况就意味着政府在公共文化建设中的职能和身份有待改变，这必然要求政府在公共文化建设中找准自身的定位，确立好自身的角色，积极有效地转变政府职能，尽量实现政府职能角色由指挥者向合作者转变。政府要在整个过程中放弃大而全的指挥者的角色，不要事无巨细地管控方方面面，而是要通过政策定向、市场监督、社会管理等方式提供财政支持和监督配套，给予其他文化建设的主体一定的空间。特别是要与其他的文化建设主体形成良好的互动机制，促进文化建设的发展和繁荣。

其次，社会文化组织在公共文化建设中逐渐发挥出更强有力的建设作用和引导作用，逐渐壮大为公共文化建设中的一股新鲜的血液。其建设性作用和引导性作用愈加凸显，但是其全部的供给优势并没有得到真正的彰显和发挥，反而受到其他层面的一些制约和限制。为了加强社会组织作为公共文化建设主体的功能性作用，增强文化供给的有效性和科学性，我们必须不断加强社会文化组织自身的建设和优化，在整个文化建设的过程中要不断提高文化供给的能力。当然，这是一个长期的历史过程，社会文化组织要在建设的过程中，加强自身建设的思路，坚持自身定位与国家整体全局的战略规划紧密结合，人员配备、体制机制制度与社会需要紧密结合，使文化产品和物资得以精准投放，良好运营。建立健全有效的人才引进机制、培养机制、发展机制和激励机制，不断引进先进的人才和技术，做到人才和技术的与时俱进。

最后，公民参与公共文化建设有利于提高公共文化建设的供给效率和沟通协调的机制，而且还有利于提高公民参与公共文化建设的积极性和主动性。而在整个公共文化建设的过程中，公民参与文化建设可以有效地拓展文化建设的供给范围，这种公共文化供给是以人为本、可持续发展的要求和体现，以实现民众自我设计、自我管理、自我提升。要在公共文化建设中取得较好的成绩，部分公民要转变自身观念，提高文化建设的参与力度。应该对部分公民参与主体进行正确的价值观引领和准确的疏导，积极鼓励他们参与到文化建设的大潮当中来，实现主体的单纯需求身份向供给和需求主体转换，充分发挥主人翁精神，汇聚文化建设的强大力量。

三、积极鼓励公民个体参与，不断增强供给意识

公民既是公共服务的受益者，也应当是参与建设的主体。公共文化建设就是要形成全民参与、全民共建、全民共享的格局。公民个体参与公共文化的建设有利于提高公共文化建设的供给效率，而且在整个公共文化建设的过程中有利于实现政府和公民个体之间的有效沟通，释放公民参与文化建设的积极性和主动性。公民在参与公共文化建设的过程中，要不断地凸显公民自我设计、自我管理和自我娱乐的具体表现。但是，从当前四川省公共文化建设的供给情况来看，公民个体参与文化建设依然不被重视，公民个体参与公共文化建设较为消极和被动，持续性和有效性缺失。因此，下面就从公民个体转变自身观念和政府正确的引导两个方面来进行论证。

公民自身观念的转变是提高公民参与文化供给的重要动力。在公共文化建设的过程中，由于长期的文化建设都是政府主导的，大部分的文化建设是由政府全权包揽，这就在一定程度上挤占了其他文化建设主体的参与空间。长此以往就形成了其他的文化建设主体参与的积极性和主动性被消解和被稀释掉了。因此，公民对于公共文化的滞后认识，形成了他们对公共文化服务认知的偏差，对于其中的建设文化强国和实现文化繁荣以及文化自信则缺乏应有的大局意识。既然已经形成了这样的一种被动局面，这就必然要求我们对公民参与文化建设和文化供给从观念上纠偏，从精神上鼓励，从兴趣上引导，从制度上保障，从方式上吸引，并在整个过程中不断增强公民参与文化供给的意识。

加强政府的正确引导和帮助。政府在公共文化建设中占有先天的资源和机会优势，所以，公共文化建设中还需要加强政府的引导和支持。而公民个体在公共文化建设方面的能力参差不齐，能调动的资源又极其有限。因此，政府也要不断提升施政水平，与时俱进地对公民个体进行正确的引导和帮助。政府对公民个体在文化建设中的作用可以通过政策倾斜来予以帮助，并加大财政方面的支持力度，加强对公民相关专业技术培训，使得公民个体的文化建设和文化供给得到真正意义上的扶持和帮助。

四、合理选择供给方式，逐渐增强供给的科学性

当前，四川省在公共文化供给中出现的一些问题，这在前面的章节中我们已经提出并进行了分析和解读。就四川省在文化供给中出现的问题，

我们主要是从政府供给、市场供给、民间供给和个人供给几个方面进行总结的。但是从目前我们分析得出的结论来看，四川省公共文化建设中供给方式的独立运行多，协同创作和合作供给少，多元化的供给模式和多元化的供给结构依然是在中下游地区运行，协同运作发展创新的程度很低。更为关键的是，这些供给主体之间的运行还存在着供给无序的现象。这些情况的存在和时常发生导致了各个主体之间关系不清，权责不明，配合不畅，推进不力。这些问题的存在使四川省公共文化建设的效果和可持续发展都不及预期。因此，有必要对这些供给方式进行科学合理的安排和精心至诚的选择，达到最佳的效果，让各种供给方式优势互补、科学协调，所有供给主体权责明晰、群策群力、通力合作。

首先，公共文化建设中的政府供给。政府供给既包含公共文化建设大政方针政策的制定者，也包含公共文化产品的供给者、运行者及掌控者。当然，这种供给方式有其巨大的功能和效应。比如说，政府有单方面做决定的决策权和执行权，受其他行政手段牵制的可能性较小，从而决定了政策的贯通性和持续性。但是，在整个过程中，效率低下也是非常明显的。这也是因为缺乏竞争机制而导致的效率低下，须改进和完善。

其次，公共文化建设中的市场供给。在公共文化建设中，市场作为供给主体，有着独特的功能和效果。市场作为供给主体，其所提供的文化产品有排他性的特点。我们现实生活中司空见惯的商业演出活动，这部分具有排他性的企业文化推广往往和公益相结合，只要符合法律和社会主义核心价值观，企业单独供给就受到鼓励，利用市场经济的作用调动企业供给的主动性，同时还培育了企业的社会责任感。这就必然要求市场作为公共文化建设的重要供给主体，充分利用市场作为经济活动最为活跃的空间，选择最佳最优的经济运行方式激励企业及个体进行文化建设，提高、优化公共文化供给质量和效率。

再次，公共文化建设中的民间供给。在四川省的公共文化建设中，民间供给的效率和发展水平整体比较低，但不乏亮点，如企业家樊建川所建的建川博物馆聚落。从根本上来讲，民间供给实际上是一种自愿组合、自愿进行文化供给的选择方式。而从文化供给的方式选择上来说，这种公共文化供给的方式主要包括：民间组织以自有的或筹集的资金进行文化服务和产品生产，人员、场地、生产、营销都由自己完成；民间组织提供资金和平台，文化产品和服务向社会组织或和个人招标或购买。

最后，公共文化建设中的个人供给。这里的个人供给主要指的是公民个人或个体的文化供给。整个过程主要包括了文化活动的资金筹集、文化产品的生产、文化服务的常规提供，等等。当然，这些文化供给的活动都是由公民个体完成的。但是，我们必须明确的是，在全球化的时代背景下，社会分工越来越细，公民个体力量更显得有限，这种供给方式往往多用于小规模、低技术含量、低要求的文化服务。因此，在高校及科研机构里，有突出能力的个人往往都由单枪匹马向团队作战转变。

五、完善供给运行机制，不断提高模式运行效率

四川省公共文化建设中，机制体制须要根据时和势的发展变化、人物和地域不同类别而不断调整和完善，保证机制运行的效率和质量。这是文化供给各个方面和各个环节具备可操作性的前提和保证。在整个过程中，以部分带动整体的完善，以整体促进部分的优化，提高整个运行机制的高效完整运行。随着多元供给模式的发展，决策机制和设备管理体制等方面也应愈加成熟完善，既要建立为公共文化服务的专门机构，还要设立专门管理文化建设设备的部门。大力培养和支持文化建设专门人才，努力保证专门设备供给，及时提供技术支出，让专业人才打通公共文化建设的最后一公里，让政府的公共文化服务不变性、不走样。当然，这个过程必须要让公民个体参与其中，给民众提供多渠道、多方式的表达通道，鼓励其畅所欲言，让民众的真实想法与政府的决策对接，保证政府大政方针政策的科学合理。同时，设备管理部门要对文化建设的设备设施进行合理管理和科学配置使用，并定期进行检查和维修，不能使其荒废和年久失修。而且，还要完善资金筹集机制，不断提高社会筹集资金能力。社会中的文化筹集资金会滋生更多的文化建设主体，并提供大量的文化服务和就业机会。在新时代，必须与时俱进地将大数据、云计算、互联网+、物联网等高科技运用到公共文化建设中，保证立项评估、资金投放、过程监控、问题推理、结果反馈等"事前、事中、事后"每一步工作的精细化和科学性，实现可持续发展。

六、城镇更新以文化为内核，建可持续精神家园

城镇更新是个系统工程，每个环节都要有深思熟虑的规划、科学合理的论证，对前人、对城镇的奉献常怀感恩之心，对城镇的历史常怀敬畏之心。在所有的工作中，首当其冲的就是把文化作为城镇更新的核心，在新时代社会主要矛盾发生重大变革的时代背景下，摒弃唯GDP论等观念，坚

持用"五位一体"的战略思想统领城镇更新工作，坚定文化的内核地位，实现城镇文化建设的纲举目张。保证了文化的内核地位，接下来的工作就是要认清和论证城镇的文化内核是什么、怎么建。首先，在建设力量上，要认识到这项工作的艰巨性和专业性，这不是仅靠每个城镇的管理者就能完成的，需要集合群众意见和各方智慧，借力高校科研院所及文化类市场主体，比如可以将一些关键的环节、一些专业性极强的公共文化服务面向社会甚至全球招投标，切忌政府主管部门的闭门造车和心血来潮的拍脑袋。其次，在对城镇的文化认识上，认清自己城镇的文化内核，至少要有昨天、今天和明天的维度。厘清这个城镇的昨天就会感恩祖先创造的文明，明白先人创造此城镇文明的精神是什么，城镇曾经有怎样优秀传统文化。接着需要做的是全面分析今天的现状，将昨天的历史文化与今天的特点和优势进行有机结合。在厘清昨天和分析今天的基础上展望明天，这种展望是立足于科学信息技术、人工智能技术扑面而来、空前发展的今天，展望明天的城镇该是什么样子，不然就会造成人力物力和资源的浪费。最后，要有放眼世界和全国的眼光，他山之石可以攻玉，学习是捷径，但学习是为了借鉴和超越。人类在城镇发展史上的闪光智慧是具有共性的，将共性和个性有机结合才能实现智慧共享，更好地服务于城镇文化建设。对焦新时代中国特色社会主义思想，才能有城镇文化建设正确定位和方向，定位于互联网+及人工智能等时代背景，城镇文化建设方可不落后于时代。

七、走出文旅融合新路，展生态之美，呈人文之韵

诗和远方终于在一起了！2019年，随着文化和旅游部正式挂牌，文化和旅游走向整合，这代表了新理念、新方向、新指引、新路径。毋庸置疑，走文旅融合之路是当下四川公共文化建设的重要路径，必将推动治蜀兴川迈上新台阶。走文旅融合路，让文化成为旅游的灵魂，让文化为旅游发展提供强劲动力，让文化事业为旅游产业提供精神给养，让文化遗产+旅游、非遗+旅游、博物馆+旅游、文创+旅游、艺术+旅游等成为新动能、新业态，充分利用信息化、大数据、AI、AR、VR等前沿科技，让文旅融合不断焕发出勃勃生机。走文旅融合路，让自然、文化等风景名胜活起来，提升其文化含量和品位，传播中华文明、彰显文化自信，顺应人们对美好生活的向往。走文旅融合路，实现观光与体验旅游相结合，落实"五位一体"的发展战略，实现人与自然和谐共存，美美共生。四川作为文化资源和旅游资源富集地，文旅融合的天时、地利、人和条件俱备，正是扬风起帆的好

时机。2019年4月29日，中共四川省委办公厅发表《关于大力发展文旅经济加快建设文化强省旅游强省的意见》。彭清华同志在四川省文化和旅游发展大会上指出，"四川文化是伟大中华文明的重要组成部分，在漫长的历史长河中凝聚形成了开放包容、崇德尚实，吃苦耐劳、敢为人先，达观友善、巴适安逸的人文精神，具有浓郁独特的巴风蜀韵。大自然的特别眷顾成就四川'天府之国'的美誉，也赋予了得天独厚的旅游资源。雄奇秀美的自然风光与绚烂多彩的人文景观在这里相互映衬、相得益彰，展现出无穷魅力。"[①]面对文旅融合"风口"，四川将按照"宜融则融，能融尽融，以文促旅，以旅彰文"的要求，迎风起舞，有序推进文化事业、文化产业和旅游业的融合发展，使四川早日由文化与旅游资源大省变为文化与旅游强省。

2019年4月29日，四川省明确提出在全省"一干多支、五区协同"战略部署下，文化旅游发展将建设"一核五带"的总体布局。"一核"是建设成都文化旅游经济发展核心区，支持将成都打造成世界文创名城、旅游名城、赛事名城和国际美食之都、音乐之都、会展之都，增强成都的世界旅游吸引力和影响力。"五带"分别是建设以大熊猫文化、古蜀文明等为主要特征的环成都文化旅游经济带，以长江文化、民俗文化等为主要特征的川南文化旅游经济带，以巴文化、蜀道文化等为主要特征的川东北文化旅游经济带，以彝文化、"三线"文化等为主要特征的攀西文化旅游经济带，以藏羌民族文化、长征文化等为主要特征的川西北文化旅游经济带。围绕总体布局，将结合全省特点，着力培育打造三星堆国家大遗址保护利用示范区、长征主题国家文化公园、藏羌彝文化产业走廊、中国（四川）大熊猫国际文化旅游周、"十大"世界级文化旅游精品等"一区一园一廊一周十大"枢纽项目，推动四川文化旅游尽快形成标志性品牌。同时，将实施文化遗产保护利用、文艺精品创作展演、历史名人文化传承创新、全城旅游创建、文旅特色小镇培育、精品线路推广、节会品牌培塑、交流合作等"八大文旅融合发展重点工程"，形成百花齐放、春色满园的局面。[②]

---

① 《彭清华在四川省文化和旅游发展大会上强调：大力推动文旅融合发展，加快建设文化强省旅游强省》，四川在线网 https://sichuan.scol.com.cn/gcdt/201904/56862889.html。
② 《四川将构建文化旅游发展"一核五带"总体布局》，四川在线网 https://sichuan.scol.com.cn/ggxw/201904/56862517.html。

参考文献

[1] 马克思恩格斯选集：第1卷[M]. 北京：人民出版社，1972.

[2] 毛泽东. 毛泽东选集：第一卷[M]. 北京：人民出版社，1991.

[3] [美]海明威. 丧钟为谁而鸣[M]. 上海：上海译文出版社，2011.

[4] 康德. 实践理性批判[M]. 北京：商务印书馆，2000.

[5] 蔡俊. 敬畏我们的历史[N]. 人民日报，2014-1-28.

[6] [法]阿尔贝特·史怀泽. 敬畏生命[M]. 上海：上海社会科学院出版社，1992.

[7] [法]阿尔贝特·史怀泽. 对生命的敬畏——阿尔贝特·史怀泽自述[M]. 上海：上海人民出版社，2007.

[8] 蒋朝君. 道教生态伦理思想研究[M]. 北京：东方出版社，2006.

[9] 陈鸣. 西方文化管理概论[M]. 太原：书海出版社，2006.

[10] 叶澜. 教育理论与学校实践[M]. 北京：高等教育出版社，2000.

[11] 万平. 论儒家感恩文化的核心理念及其现代价值[J]. 湖南社会科学，2011（5）.

[12] 钟铧，解芳. 感恩·感恩文化·感恩教育[J]. 德州学院学报，2013（1）.

[13] 陈伊生. 论感恩文化的内涵与当代价值[J]. 湖北函授大学学报，2016（12）.

[14] 李澍. 儒家思想观下的高校校园感恩文化内涵[J]. 中国集体经济，2010（25）.

[15] 湛红艳. 学生感恩教育探析[J]. 中国成人教育，2008（11）.

[16] 张利燕，侯小花. 感恩：概念、测量及其相关研究[J]. 心理科学，2010（2）.

[17] 何安明，刘华山. 感恩的内涵、价值及其教育艺术探析[J]. 黑龙江高教研究，2012（4）.

[18] 刘洪. 高校感恩教育的内涵及实施途径[J]. 学校党建与思想教育，2008（12）.

[19] 张晓洪，孙渝莉. 大学生感恩的心理机制及干预途径研究[J]. 学校党建与思想教育，2015（5）.

[20] 张海鸥，唐碧红．从《孔子》看国学的缺失和文化的敬畏之心[J]．电影艺术，2010（3）．

[21] 任剑涛．敬畏之心：儒家立论及其与基督教的差异[J]．中国哲学，2008（8）．

[22] 武元婧．施韦泽敬畏生命的伦理思想及其当代启示[J]．新西部，2016（24）．

[23] 余卫国．敬畏之心的存有与和谐社会的建构"君子三畏"及其现代意义[J]．湖北社会科学，2011（6）．

[24] 王强．培养敬畏法律的文化自觉问题研究[J]．西安政治学院学报，2015（1）．

[25] 严加银．当代青少年感恩教育探究——以传统孝道为视角[J]．西南大学学报，2008（4）．

[26] 张玉嵩．当今大学生感恩意识状况及其强化途径[J]．学校党建与思想教育，2008（7）．

[27] 彭春丽，张宝．论感恩教育缺失问题[J]．求索，2007（9）．

[28] 汤海丽，吴玉明．感恩的困境与社会主义感恩文化构建[J]．铜陵学院学报，2010（6）．

[29] 敬畏文化学习文化振兴文化服务文化[N]．河南日报，2012-01-11．

[30] 徐仁成，赵霞．传统文化融入高校感恩教育的实效性研究[J]．黑龙江高教研究，2014（12）．

[31] 张晓洪，孙渝莉．大学生感恩的心理机制及干预途径研究[J]．学校党建与思想教育，2015（5）．

[32] 刘洪．高校感恩教育的内涵及实施途径[J]．学校党建与思想教育，2008（12）．

[33] 陈军弟．新媒体环境下大学生感恩教育路径探析[J]．中国成人教育，2014（21）．

[34] 苏静．青少年感恩品质形成机制研究[J]．中国青年研究，2008（9）．

[35] 王婕．青少年感恩观念培育的途径探析[J]．中州学刊，2015（9）．

[36] 王建平，喻承甫．青少年感恩的影响因素及其机制[J]．中州学刊，2015（9）．

[37] 丰根凤，彭青．大学生感恩教育对策研究[J]．中国成人教育，2007（11）．

[38] 祝国超．大学生感恩教育实践存在的问题与对策[J]．教育探索，2009（11）．

[39] 王强. 培养敬畏法律的文化自觉问题研究[J]. 西安政治学院学报, 2015（1）.

[40] 何安明, 刘华山. 感恩的内涵、价值及其教育艺术探析[J]. 黑龙江高教研究, 2012（4）.

[41] 陶志琼. 关于感恩教育的几个问题的探讨[J]. 教育科学, 2004（4）.

[42] 陈坚良. 和谐社会视野下公共文化服务体系的构建[J]. 学术论坛, 2007（11）.

[43] 张勇. 敬畏生命：中国传统文化的一个关键词[J]. 现代大学教育, 2009（2）.

[44] 刘文俭. 公民参与公共文化服务体系建设对策研究[J]. 行政论坛, 2010（3）.

[45] 陈亮. 论公共文化的基本特性[J]. 山东行政学院山东省经济管理干部学院学报, 2006（5）.

[46] 周晓丽, 毛寿龙. 论我国公共文化服务及其模式选择[J]. 江苏社会科学, 2008（1）.

[47] 万林艳. 公共文化及其在当代中国的发展[J]. 中国人民大学学报, 2006（1）.

[48] 齐勇锋. 完善公共文化服务体系提高国家文化软实力[J]. 中国特色社会主义研究, 2012（1）.

[49] 周晓丽, 毛寿龙. 论我国公共文化服务及其模式选择[J]. 江苏社会科学, 2008（1）.

[50] 张晓明, 李河. 公共文化服务：理论和实践含义的探索[J]. 出版发行研究, 2008（3）.

[51] 蔡辉明. 新农村公共文化服务供给均等化的制度设计[J]. 老区建设, 2008（10）.

[52] 傅才武. 国家公共文化服务体系建设的价值评估及政策定位[J]. 江汉大学学报, 2010（6）.

[53] 沈望舒. 塑造幸福感——中国社会公共文化服务的现实任务[J]. 北京观察, 2006（11）.

[54] 陈威. 大力构建公共文化服务体系实现人民群众基本文化权益[J]. 领导之友, 2007（5）.

[55] 向勇, 喻文益. 公共文化服务绩效评估的模型研究与政策建议[J]. 现代经济探讨, 2008（1）.

[56] 邱伟. 农村公共文化服务体系建设路径新探索[J]. 湖北省社会主义

学院学报，2014（4）．

[57] 杨玲彦．农村公共文化服务体系建设研究[D]．沈阳：辽宁大学，2013．

[58] 张良．农村文化的内涵分析[J]．理论与现代化，2013（8）．

[59] 曹爱军，张存刚在．新农村公共文化服务发展的创新思路[J]．太原大学学报，2009（2）．

[60] 胡智锋，杨乘虎．免费开放：国家公共文化服务体系的发展与创新[J]．清华大学学报，2013（1）．

[61] 洪伟达，王政．以图书馆为基础推进公共文化服务体系建设[J]．图书馆建设，2014（3）．

[62] 祁述裕，曹伟．构建现代公共文化服务体系应处理好的若干关系[J]．国家行政学院学报，2015（2）．

[63] 李国新．现代公共文化服务体系建设与公共图书馆发展[J]．中国图书馆学报，2015（3）．

[64] 翁列恩，钱勇晨．我国公共文化服务需求反馈模式研究[J]．文化艺术研究，2014（2）．

[65] 陈强．从汶川地震看我国突发事件应急管理的过程和原则[J]．福建论坛：人文社会科学版，2008．

后 记

本课题缘起于具有四川渊源的《临江仙·滚滚长江东逝水》和《攻心联》，多次让我神游其中、思绪万千。联想到四川这片神奇的土地上发生的重要历史画面和故事，更让我深深震撼：宋代川人抗击金蒙的战争，近现代四川保路运动、抗日战争，四川人一次次在危亡时刻挺起不屈的钢铁脊梁，力挽狂澜，在四川路程和时间最长的红军长征创造的人类史上的奇迹，在中国两弹城的两弹一星精神，四川汶川大地震后的抗震救灾精神，建川博物馆这国内首屈一指的民间博物馆……为什么在四川？为什么是四川人？这绝不是历史的巧合，而是四川这片神奇而美丽的土地上的山、水、人和事形成的文化的驱使，其中最为主要的就是感恩与敬畏文化。纵观历史，感恩与敬畏文化和有着天府之国美誉的四川有着天合之作，不解之缘，已融入了川人的精神血脉，成为川人的文化基因。

作为一名土生土长的四川人，我除了为之自豪以外，常怀为家乡做点什么的责任感和使命感？作为一名教师，虽才疏学浅，但坚信奉献须尽力，人生才有价值。"治蜀兴川——论感恩与敬畏公共文化建设"是懒于思考的我，大脑忽闪而过的火花，我坚信它是智慧的火花，故试着以此为课题做些思考和研究。

源远流长的中国优秀传统文化是我们文化自信的前提和基础，为文化强国提供了深厚的文化底蕴和支撑，而感恩与敬畏文化就是中国优秀传统文化的两大基石。感恩与敬畏文化旨在以人为本，致力于人类的可持续发展，敬畏文化可以让人们有敬有畏，因敬生畏，远离危难，更加安全地生活，感恩文化可以使人们心中有爱，感恩、报恩、施恩，更加幸福地生活。所以感恩与敬畏文化就是解决安全与发展的文化，理当成为社会公共文化建设的核心，为中华民族伟大复兴注入强大的智慧力量。

基于以上思考，形成本书的构想。本书是关于感恩与敬畏公共文化研究助推治蜀兴川的著作，读者为公共文化建设决策者、管理者、服务者、参与者和人民群众。本书共有六大部分，绪论部分是本书的背景和初衷：以文化人——从源头改变人们的行为，文化强省——顺应文化强国的时代召唤，幸福人民——响应中国社会主要矛盾的指引，助力复兴——挖掘优秀传统文化内核，以知促行——践行习近平新时代中国特色社会主义思想"四川篇"。第一章公共文化及相关概念的内涵部分旨在清晰定义与准确理解公共文化的概念、特征与功能，感恩文化、敬畏文化的含义与内容；第二章是四川省公共文化建设的问题与成因，以问题导向完成从现状到问题到成因的分析。第三章是四川感恩与敬畏文化的形态与具体表现，这部分内容系深藏于是四川人民内心的记忆，自然原始地揭示了四川与感恩与敬畏文化有天作之合，也昭示了感恩与敬畏文化理所当然应当成为四川公共文化建设的力量源泉和伦理基石，同时有前事不忘后事之师的警示作用。第四章是感恩与敬畏文化在治蜀兴川中的作用，概括了感恩与敬畏文化与美丽四川的创建，感恩与敬畏文化与多难四川的重建，感恩与敬畏文化与法治四川的构建，感恩与敬畏文化与团结四川的构建，感恩与敬畏文化与开放四川的构建五个维度，这是笔者把治蜀兴川和感恩与敬畏文化深度结合的创新思考。第五章是感恩与敬畏文化的价值和四川公共文化建设的对策建议，此部分在论感恩与敬畏文化的价值时，阐明了感恩与敬畏文化是中国优秀传统文化的两大基石，是社会主义核心价值体系的内核，在公共文化建设中具有无可替代的文化价值和时代价值。加强四川省公共文化建设的宏观建议部分是对四川公共文化现状、问题、原因分析后的建议思考。

本书的学术价值和应用价值在于：探索了治蜀兴川与公共文化建设的新视角，新动力，新路径，本研究有助于中华民族伟大复兴，有利于治蜀兴川迈上新台阶，取得好成绩，使四川人民在感恩与敬畏文化中自觉践行习近平新时代中国特色社会主义思想"四川篇"，讲好四川故事，弘扬中国文化。为治蜀兴川和公共文化建设的决策者、管理者、服务者、参与者提供决策咨询和参考服务。

在我研究的过程中，常因一周20节课而体累，也因跨学科而"气短"，时感心有余而力不足，自知疏漏之处颇多，故班门弄斧非我之本意，只期求得抛砖引玉之效，则足矣！

写完本书，非常感谢推荐本课题立项的专家，尽管我不知道您的名字，感谢四川省社科联，没有你们的鼓励和委托，本研究不可能完成，这也是我力不从心、多次想放弃的时候，没有放弃的理由。感恩！

　　在此，感谢我的家人、朋友的理解和帮助，感谢西南交通大学出版社编辑对本书出版的建议和帮助，谢谢！

　　由于笔者才疏学浅，对问题的认识和分析不一定正确，也不一定有足够的深度。书中观点如有不妥之处，敬请专家和同仁批评和指正。本书在编辑过程中选用的作品，由于有些作者或译者通信地址不详，未能及时取得联系，特此表示歉意。敬请原作者或译者见到本书后，及时与我们联系，我们将按照国家有关规定向您支付稿酬及赠送样书。

钟佩霖
2018年秋于成都